# Wie Sprache dem Verstehen hilft

Santina Wey

# Wie Sprache dem Verstehen hilft

## Ergebnisse einer Interventionsstudie zu sprachsensiblem Geographieunterricht

Santina Wey
Berlin, Deutschland

Beim vorliegenden Text handelt es sich um einen Abdruck der an der Friedrich-Alexander-Universität Erlangen-Nürnberg eingereichten Dissertation mit dem Titel „Sprachsensibler Geographieunterricht. Ergebnisse einer quasi-experimentellen Interventionsstudie im Design-Based Research".
Tag der mündlichen Prüfung: 15.07.2021
Vorsitzende/r des Promotionsorgans: Prof. Dr. Jan Christoph Schubert
Gutachter/in: Prof. Dr. Jan Christoph Schubert
Prof. Dr. Kristina Peuschel
Drittprüferin: PD Dr. Anja Steinlen

ISBN 978-3-658-36037-5 ISBN 978-3-658-36038-2 (eBook)
https://doi.org/10.1007/978-3-658-36038-2

Die Deutsche Nationalbibliothek verzeichnet diese Publikation in der Deutschen Nationalbibliografie; detaillierte bibliografische Daten sind im Internet über http://dnb.d-nb.de abrufbar.



Planung/Lektorat: Stefanie Eggert
Springer VS ist ein Imprint der eingetragenen Gesellschaft Springer Fachmedien Wiesbaden GmbH und ist ein Teil von Springer Nature.
Die Anschrift der Gesellschaft ist: Abraham-Lincoln-Str. 46, 65189 Wiesbaden, Germany

*Meinem Großvater*

# Vorwort

Hautfarbe, Geschlecht, sexuelle Identität und Orientierung, sozialer Status und ökonomische Ressourcen sowie etliche Kriterien mehr entscheiden in Deutschland auch 2021 noch maßgeblich über Bildungserfolg und Teilhabe. Meinen Privilegien ist es zu verdanken, dass ich diese Dissertation erfolgreich abschließen kann.

Mein persönlicher Anspruch an die vorliegende Dissertation ist es, einen Beitrag zu mehr intersektionaler Teilhabegerechtigkeit zu leisten. Ich bin der festen Überzeugung, dass Vielfalt unsere Gesellschaft bereichert und sie daher nicht früh genug Bestandteil unseres Lebens sein kann. Mein Dank gilt deshalb in erster Linie all den Vordenker*innen und Aktivist*innen, die es durch ihren unermüdlichen Einsatz in vielerlei Hinsicht möglich gemacht haben, dass ich diese Arbeit anfangen und abschließen konnte. Besonders bedanke ich mich bei denjenigen Frauen, die mir durch ihr Tun Vorbild und Inspiration und in schwierigen Zeiten Trost und Antrieb waren. Ohne ihre Visionen wären auch meine weit unter dem Möglichen geblieben.

Die Umsetzung dieses Projekts wäre ohne meine Betreuer*innen und Kolleg*innen nicht denkbar gewesen. Besonderer Dank für Ratschläge, Fragen und Kritik sowie für die nötigen Freiräume und das Vertrauen während des gesamten Promotionsprozesses gilt Prof. Dr. Jan Christoph Schubert. Dr. Barbara Geist möchte ich für die Begleitung meiner Arbeit aus sprachdidaktischer Perspektive danken. Dr. Dietmar Gölitz hat mich in meiner Arbeit insbesondere in Hinblick auf die Methodik unterstützt; darüber hinaus bin ich ihm sehr dankbar für etliche Buch- und Blogempfehlungen, Perspektivwechsel sowie für den Austausch, der mich auch über diese Arbeit hinaus bereichert hat. Außerdem bedanke ich mich bei Prof. Dr. Kristina Peuschel und PD Dr. Anja Steinlen für die Begutachtung meiner Arbeit. Mein Dank gilt außerdem Stefanie Gernet, Jan Hofmann,

Dr. Romy Hofmann, Dr. Steffen Höhnle, Solveig Hörnicke, Igor Korovin, Nick Naujoks, Marie-Luisa Ortner, Michaela Salinger, Sophia Schramme, Christiane Tellesch-Bülow, Bernhard Thieroff, Hanna Velling und Ann-Sophie Winklmaier. Für verbleibende Schwächen bin ich verantwortlich.

Ich bedanke mich bei den Schulleitungen, Lehrpersonen und insbesondere den Schüler*innen, mit denen ich das Projekt gemeinsam umgesetzt habe. Ohne diese Kooperationen sowie der Zustimmung der Berliner Senatsverwaltung für Bildung, Jugend und Familie hätte die Studie nicht verwirklicht werden können.

Dank gilt auch der Heinrich-Böll-Stiftung, die mich finanziell unterstützt hat und mich darüber hinaus durch ihre Netzwerke und die Mitstipendiat*innen in meiner persönlichen Entwicklung gefördert hat. Außerdem möchte ich mich bei Catherina Pieroth für die außeruniversitären Perspektiven auf Wissenschaft und ihre Ratschläge bedanken.

Meinen Eltern Susanne und Jürgen Wey bin ich dankbar dafür, dass sie mich immer darin ermutigt haben, eigene Wege zu gehen. Sie waren auf diesen Wegen immer für mich da und haben mir Fehler eingeräumt. Sie haben mir alles gegeben, was ich brauchte, um selbstbestimmt ein glückliches Leben führen zu können. Meinem Bruder Alexander Wey gilt mein Dank für seine Geduld mit mir, seine Nachsicht und Ratschläge. Natalia danke ich für ihr Interesse an meiner Forschung und die Gespräche auch darüber hinaus. Meinen Großeltern Gertrud und Edmund Wey danke ich dafür, dass sie immer an mich geglaubt haben.

Von Herzen bedanke ich mich bei Eva, Matthias und Luise Platzer, die mir eine zweite Familie sind; Simon Mues, der unsere WG zu einem Zuhause macht; Darko Leonidas Specht, für ein Verständnis von Entfremdung und für eine Ahnung davon, was Hegel zu meiner Arbeit sagen würde; Wera Pustlauk, die mir in ihrer Struktur und Willensstärke Vorbild, Beraterin und Freundin ist; Ole Knetemann für Zerstreuung, Tanz und den Austausch über die eigentlich wichtigen Dinge im Leben; Torben Titze für die Zeiten am Kotti; Manuel Loistl für Ozean und Horizont; Carina Lenhart für Tatorte und Inainaroses; Christina Dromann dafür, dass ich immer bei ihr unterkommen kann; Ariane und Jack Hoyer für Glitzer in meinem Leben; Jay Schreiber dafür, dass er mich in meinem Wissensdurst ermutigt und herausfordert; Dank an die Patagonian Girls, Tamara Lütkemeier, Judith Kellerer, Ronja Kraus und Claire Schulze für ihre Freund*innenschaft; und schließlich an Kjeld Michel Lindenblatt für so vieles, das ich nicht in Worte fassen kann.

Abschließend will ich im Vorwort zu dieser Arbeit, in der es zentral um die Bedeutung von Sprache im Fachunterricht geht, die Welt der Bücher und was sie mir bedeutet nicht unerwähnt lassen. Mich mit Walter Faber auf Reisen zu begeben, mich im Briefwechsel von Paul Celan und Ingeborg Bachmann zu verlieren,

Whiskys mit Simone de Beauvoir im Paris der 1920er Jahre zu trinken, irische Schafe auf satten Weiden zu zählen, mit Sven Lehmann den Mauerfall zu erleben, Andreas Egger unter Tränen beim Bau Schweizer Seilbahnen beizuwohnen und vorauseilende Wehmut mit Tanja und Jerome zu fühlen – um nur einige wenige Erinnerungen zu nennen – hat mich auf eine Art bereichert, berührt, geerdet und beflügelt, ge- und entfesselt, kurzum, geprägt, dass diese Einflüsse unmöglich spurlos an dieser Arbeit vorbeigegangen sein können.

Santina Wey

# Zusammenfassung

Die Ergebnisse internationaler Studien wie PISA, TIMSS und IGLU zeigen neben anderen zentralen Variablen wie dem sozioökonomischen Status wesentliche Zusammenhänge zwischen Sprachkompetenzen und Bildungserfolg. Aus fachdidaktischen Studien ist bekannt, dass dieser Zusammenhang auch für Fachkompetenz und Fachsprache anzunehmen ist. Das legt nahe, dass fachsprachliche Anforderungen auch im Geographieunterricht explizit adressiert werden müssen, um allen Schüler*innen ungeachtet ihrer sozioökonomischen und räumlichen Herkunft Zugang zu fachlichem Inhalt zu gewähren. Bisher gibt es diverse konzeptionelle Ansätze und teilweise auch empirische Befunde zu sprachsensiblem Geographieunterricht. Design-Kriterien, die für die Konzeption von sprachsensiblem Geographieunterricht in der Schul- und Unterrichtssprache Deutsch herangezogen werden und die Grundlage für Wirksamkeitsuntersuchungen sein könnten, gibt es bisher allerdings nicht. Ziel der Arbeit war es, erstens Design-Kriterien sprachsensiblen Geographieunterrichts zu entwickeln und diese in eine sprachsensible Unterrichtsreihe zu überführen. Zweitens sollte die sprachsensible Unterrichtsreihe hinsichtlich der Zielvariablen Fachwissen und Fachsprache von Schüler*innen auf ihre Wirksamkeit hin überprüft werden.

Im methodischen Rahmen von Design-Based Research wurden Forschungs- und Entwicklungsarbeit miteinander verzahnt. Auf Basis des aktuellen Forschungsstandes konnten vier Design-Kriterien sprachsensiblen Geographieunterrichts abgeleitet werden. Diese Kriterien kamen anschließend in einer sechsstündigen Unterrichtsreihe zum Thema Schalenbau der Erde und Plattentektonik zur Anwendung.

Die Unterrichtsreihe wurde in siebten Klassen an Berliner Sekundarschulen in zwei Design-Zyklen durchgeführt und forschend begleitet. Die Ergebnisse des ersten Zyklus (N = 135) führten zu einer Überarbeitung der Kriterien und einem Re-Design der Unterrichtsreihe. Anschließend fand ein zweiter Zyklus (N = 185), ebenfalls bestehend aus Durchführung, Auswertung und Überarbeitung, statt. Die Datenerhebungen erfolgten je Zyklus im Prä-Post-Follow-up-Design mit Experimental- und Kontrollgruppe. Beide Gruppen behandelten den gleichen Inhalt im gleichen zeitlichen Umfang; als unabhängige Variable wurde das Maß an Sprachsensibilität in beiden Gruppen variiert. Neben verschiedenen Kontrollvariablen wurden als abhängige Variablen das Fachwissen und die Fachsprache untersucht. Zur Erhebung des Fachwissens kam ein selbst entwickelter Fachwissenstest zum Einsatz (Cronbachs $\alpha = .79$). Die Fachsprache wurde mittels eines adaptierten C-Tests (Cronbachs $\alpha = .96$) und einer ebenfalls an den Zweck der Studie angepassten Profilanalyse (Cronbachs $\alpha = .78$) erhoben.

Um mögliche Gruppenunterschiede prüfen zu können, wurden t-Tests für unabhängige Stichproben durchgeführt. Die Beurteilung möglicher Gruppenunterschiede erfolgte primär mittels der empirischen Effektgröße Cohens d. Zentrale Erkenntnis bezüglich der Haupteffekte des Treatments ist, dass die Experimentalgruppe in Hinblick auf den Erwerb von Fachwissen und Fachsprache statistisch signifikant und mit mittlerer Effektgröße vom sprachsensiblen Geographieunterricht profitiert ($d = .51$, $\alpha = .05$, $\beta - 1 = .80$). Die Befunde deuten also darauf hin, dass sprachsensibler Geographieunterricht dafür geeignet ist, sowohl die fachlichen als auch die fachsprachlichen Kompetenzen von in Bezug auf das Deutsche sprachstarken und sprachschwachen Schüler*innen zu fördern.

# Abstract

International studies such as PISA, TIMSS, and PIRLS show significant correlations between language competencies and educational success. Moreover, didactic studies show that this correlation can also be assumed for subject-related knowledge and technical language. This suggests that technical language requirements must also be explicitly addressed in geography lessons to give all students access to geographical knowledge regardless of their socioeconomic and geographical origin. So far, there are various conceptual approaches and also partly empirical findings on language-sensitive geography teaching. However, there are no design criteria that could be used for the conception of language-sensitive geography lessons in German and could be the basis for effectiveness studies. This work aimed to develop design criteria for language-sensitive geography lessons and transfer them into a language-sensitive teaching unit. Secondly, the language-sensitive teaching unit was tested for its effectiveness concerning geographical knowledge and technical language.

Within the methodological framework of design-based research, research and development work was intertwined. Based on the current state of research, four design criteria for language-sensitive geography lessons could be derived. These criteria were then applied in a six-hour teaching unit on the topic of Earth's shell structure and plate tectonics. The teaching unit was conducted in seventh grade at Berlin secondary schools in two design cycles and was accompanied by research. The first cycle (N = 135) led to a revision of the criteria and a re-design of the teaching unit. A second cycle (N = 185), also consisting of implementation, evaluation, and revision followed. Data collection was performed per cycle in a pre-post-follow-up design with an experimental and a control group. Both groups covered the same content at the same amount of time; as an independent variable, the degree of language sensitivity was varied in both groups. In addition to different control variables, the dependent variables were geographical knowledge and technical language. A self-developed knowledge test determined geographical knowledge (Cronbach's $\alpha = .79$). The technical language was raised using an adapted C-test (Cronbach's $\alpha = .96$) and a profile analysis (Cronbach's $\alpha = .78$), which was also adapted to the study's purpose.

In order to be able to examine possible group differences, t-tests for independent samples were carried out. The evaluation of possible group differences was primarily based on the empirical effect size of Cohen's d. The central finding regarding the treatment's main effects is that the experimental group benefits significantly and with a medium effect size from language-sensitive geography instruction in terms of acquiring geographical knowledge and technical language ($d = .51$, $\alpha = .05$, $\beta - 1 = .80$). Thus, the findings indicate that language-sensitive geography lessons are suitable for promoting the geographical knowledge and technical language skills of both students with strong and weak German language skills.

# Inhaltsverzeichnis

# Abkürzungsverzeichnis

| | |
|---|---|
| $\alpha$ | Alpha-Fehler |
| $\Delta$ | Delta |
| AFB | Anforderungsbereich |
| d | Cohens d |
| DaE | eutsch als Erstsprache |
| DaZ | Deutsch als Zweitsprache |
| DBR | Design-Based Research |
| $d_{emp}$ | empirischer d-Wert |
| df | Freiheitsgrade |
| $d_{krit}$ | kritischer d-Wert |
| EG | Experimentalgruppe |
| EPA | Einheitliche Prüfungsanforderungen |
| FS | Fachsprache |
| FW | Fachwissen |
| GeoLieb | Geographie ist ein Lieblingsfach |
| Geschl | Geschlecht |
| $H_0$ | Nullhypothese |
| $H_1$ | Alternativhypothese |
| ISS | Integrierte Sekundarschule |
| KG | Kontrollgruppe |
| L1 | Erstsprache |
| L2 | Zweitsprache |
| LGVT | Lesegeschwindigkeits- und -verständnistest |
| LRS | Lese-Rechtschreib-Schwäche |
| m | Mittelwert |
| MGL | mittlere und gute Leser*innen |

| | |
|---|---|
| p | Signifikanzniveau |
| r | Korrelationskoeffizient nach Pearson |
| s | Standardabweichung |
| SE | Selbsteinschätzung |
| SGU | Sprachsensibler Geographieunterricht |
| SL | Schwächste Leser*innen |
| Spr | Sprache |
| t1 | Erster Erhebungszeitpunkt |
| t2 | Zweiter Erhebungszeitpunkt |
| t3 | Dritter Erhebungszeitpunkt |
| $t_{krit}$ | kritischer t-Wert |

# Abbildungsverzeichnis

# Tabellenverzeichnis

# Teil I
# Theorie und Design sprachsensiblen Geographieunterrichts

Der empirischen Arbeit (vgl. Teil II) zugrunde liegen der theoretische und empirische Forschungsstand der relevanten Forschungsdisziplinen sowie die Entwicklung der Design-Kriterien für sprachsensiblen Geographieunterricht und die daraus entstehende Unterrichtsreihe. Ziel von Kapitel 2 und 3 ist es, die Forschungslage in den relevanten Bezugsdisziplinen so darzustellen, dass daraus Design-Kriterien für sprachsensiblen Geographieunterricht abgeleitet werden können (vgl. Kap. 4). Auf Basis von Teil I der Arbeit wird die erste Forschungsfrage „Was sind Design-Kriterien sprachsensiblen Geographieunterrichts?" beantwortet.

# Einleitung 1

Gesellschaftliche Teilhabe ist in Deutschland maßgeblich von der Bildung einer*s jeden abhängig. Diese allerdings ist in Deutschland stark beeinflusst vom sozioökonomischen Hintergrund (vgl. Baumert et al. 2006a, S. 78; Becker 2011, S. 87; Stanat et al. 2019, S. 319). Das ist eine Schieflage, die sich besonders evident in den Ergebnissen verschiedener, groß angelegter Schulleistungsstudien der vergangenen Jahre zeigt. In der Mathematik, den Naturwissenschaften und im Lesen schneiden Schüler*innen mit niedrigem sozioökonomischen Hintergrund signifikant schlechter ab (vgl. Müller/Ehmke 2016, S. 311; Reiss et al. 2019, S. 13; Stubbe et al. 2020, S. 272; Weis et al. 2019, S. 158). Es besteht ausgehend von diesen Studien darüber hinaus Grund zur Annahme, dass auch weitere Fähigkeiten mit dem sozioökonomischen Status korrelieren, aber bisher noch nicht empirisch erfasst wurden. Insbesondere der Zusammenhang zwischen sozialer Herkunft und Lesekompetenz, der in Deutschland im OECD-Ländervergleich überdurchschnittlich hoch ist (vgl. Reiss et al. 2019, S. 9), ist alarmierend. Denn Lesekompetenz gilt als einer der zentralen Prädiktoren für Bildungserfolg (vgl. Bos et al. 2017, S. 23).

> Sprachliche Kompetenzen gelten als Schlüsselqualifikation für eine erfolgreiche Integration in das Bildungssystem und bilden nicht nur schulische Leistungen in einem bestimmten Kompetenzbereich ab, sondern sind zentrale Voraussetzungen für den Erwerb weiterer Kompetenzen – auch in anderen Leistungsbereichen. (Olczyk et al. 2016, S. 53)

Olczyk et al. (2016) fassen den Zusammenhang zwischen Sprachkompetenz und Bildungserfolg im deutschen Schul- und Bildungskontext zusammen. Bereits vor Eintritt in die Schule zeigt sich bei etwa einem Fünftel der fünfjährigen Kinder


S. Wey, *Wie Sprache dem Verstehen hilft*,
https://doi.org/10.1007/978-3-658-36038-2_1

Sprachförderbedarf. Kinder aus Familien, die von mindestens einer Risikolage[1] betroffen sind, weisen überdurchschnittlich häufig Sprachförderbedarf auf; Stand 2018 sind 29 % der Kinder in Deutschland von mindestens einer Risikolagen betroffen (vgl. Autorengruppe Bildungsberichterstattung (AB) 2020, S. 42).

Kinder und Jugendliche mit Migrationshintergrund sind überproportional häufig von Risikolagen betroffen (47 %) (vgl. AB 2020, S. 42). Sie zeigen außerdem über alle Bildungsetappen hinweg ein geringeres sprachliches Niveau im Deutschen als die Referenzgruppe ohne Migrationshintergrund (vgl. Olczyk et al. 2016, S. 33). Auf die schulische Laufbahn schlägt sich dies von Anfang an insofern nieder, als die Rückstellungen von der Einschulung maßgeblich vom sprachlichen Kompetenzniveau in der Unterrichtssprache Deutsch abhängen (vgl. Kempert et al. 2016, S. 157). Die sprachlichen Unterschiede setzen sich dann weiter fort. So differieren die Leseleistungen zwischen Kindern mit und ohne Migrationshintergrund am Ende der Grundschulzeit mit etwa einem Lernjahr Unterschied erheblich (vgl. Hußmann/Stubbe/Kasper 2017, S. 201; Wendt/Schwippert 2017, S. 231). Kinder mit Migrationshintergrund besuchen außerdem vergleichsweise häufiger die weniger prestigeträchtigen Bildungszweige der Sekundarstufe I, erlangen demgemäß seltener eine Hochschulzugangsberechtigung und einen beruflichen Bildungsabschluss (vgl. Dumont et al. 2014, S. 142; Olczyk et al. 2016, S. 33). Auch außerschulische Bildungsangebote werden von Kindern mit Migrationshintergrund deutlich seltener in Anspruch genommen (vgl. AB 2016, S. 171–172). Dies ist insbesondere deshalb prekär, da für fast ein Fünftel aller Kinder im Kindergartenalter die Bildungseinrichtungen der einzige Ort sind, an dem sie Deutsch sprechen und diese daher als weichenstellende Orte der Sprachförderung betrachtet werden können (vgl. AB 2020, S. 103). Insgesamt lässt sich konstatieren, dass Kinder mit Migrationshintergrund deutlich häufiger von Risikolagen betroffen sind und dass bei ihnen häufiger ein Sprachförderbedarf diagnostiziert wird als bei Gleichaltrigen ohne Migrationshintergrund (vgl. Wenzel 2010, S. 65). Dies ist insofern wenig überraschend, als der Zeitpunkt des Deutscherwerbs meist zeitlich versetzt ist.

Doch auch 22 % der Kinder, die zu Hause überwiegend Deutsch sprechen, gelten als sprachförderbedürftig; erneut lässt sich ein Zusammenhang mit dem sozioökonomischen Status herstellen, der weiter oben bereits erläutert ist (vgl. AB 2020, S. 99). Dass Lebensverläufe endogen derart vorstrukturiert zu sein scheinen, zeigt auch die Tatsache, dass sich Kinder aus nichtakademischen Elternhäusern seltener für ein Studium entscheiden, selbst wenn sie

[1] Risikolage 1: formal gering qualifizierte Eltern; Risikolage 2: sozial schwache Familie; Risikolage 3: finanziell schwache Familie (vgl. AB 2020, S. 6).

eine Hochschulzugangsberechtigung haben (vgl. AB 2020, S. 185–186; Hillmert 2014, S. 89). Losgelöst von der schulischen Bildung wird der Bedarf an Sprachförderung auch mit Blick auf den Grad der Literalität in Deutschland offensichtlich (vgl. Nickel 2011, S. 53). So verfügen 12,1 % der Deutschen, also etwa sechs Millionen Menschen, über eine geringe Literalität; das heißt, sie können bestenfalls einfache Sätze lesen und schreiben (vgl. Grotlüschen et al. 2019, S. 4–5).

Die dargestellten gruppenbezogen unterschiedlichen Eingangsvoraussetzungen stellen ein zentrales Problem in einem demokratischen System dar. Demokratie baut auf die Prämisse, dass alle alles erreichen können und niemand vorschnell aus bestimmten Bereichen ausgeschlossen wird (vgl. Becker 2011, S. 90; Ditton 2010, 67). Dabei ist es nicht die Schule, die diese Ungleichheiten schafft; sie ist es aber, die diese reproduziert und mit der Maßgabe, alle gleich zu behandeln, die massiven Unterschiede nicht zu schließen vermag (vgl. Mafaalani 2020, S. 14). Die dargestellten Zahlen deuten darauf hin, dass deutsche Bildungsinstitutionen in ihren Strukturen Benachteiligungen für bestimmte Schüler*innengruppen reproduzieren, indem sie ungleiche Eingangsvoraussetzungen nicht ausreichend berücksichtigen. Auch mit Blick auf Artikel 3, Absatz 3 des Grundgesetzes für die Bundesrepublik Deutschland ist das problematisch.

> Niemand darf wegen seines Geschlechtes, seiner Abstammung, seiner Rasse[2], seiner Sprache, seiner Heimat und Herkunft, seines Glaubens, seiner religiösen oder politischen Anschauungen benachteiligt oder bevorzugt werden. Niemand darf wegen seiner Behinderung benachteiligt werden. (Art. 3, Grundgesetz der Bundesamt für Justiz 23.05.1949)

Es ist eine gesellschaftliche und eine bildungs-, sozial- und migrationspolitische Aufgabe, die Kopplung von Herkunft und Bildungserfolg zu lösen und wirksame Ansätze dagegen zu entwickeln (vgl. Ehmke/Jude 2010, S. 241). Dass wenige Stunden zusätzlichen Deutschunterrichts in der Woche diese strukturellen Ungleichheiten in Bezug auf Sprache nicht auflösen können, ist ebenso offensichtlich wie problematisch. Das Problem muss viel grundsätzlicher und multiperspektivisch adressiert werden (vgl. Herwartz-Emden 2007, S. 18). Eine Konsequenz kann es sein, dass schulische Bildung stärker als bislang auch sprachliche Bildung als durchgängiges Moment fächerübergreifend in ihr Zentrum rückt. Ein weiteres Argument für sprachsensiblen Fachunterricht ist, dass

---

[2] Der Rassebegriff wird in Bezug auf Menschen seit vielen Jahren kritisch diskutiert und abgelehnt. Die Bundesregierung hat sich im Herbst 2020 darauf geeinigt, den Rassebegriff aus dem Grundgesetz zu streichen (vgl. Geuther 21.10.2020).

jedes Fach für sich eigene sprachliche Anforderungen hat, denen nicht allein im Deutschunterricht begegnet werden kann (vgl. Nückles/Wittwer 2014, S. 234–235). Sprachsensibler Fachunterricht bedeutet durchgängige Sprachbildung, die als Querschnittsaufgabe aller Fächern betrachtet wird (vgl. FörMig Berlin 2009, S. 4). Dass Sprachbildung Aufgabe jedes Faches sein sollte, lässt sich auch an den bisherigen Befunden zum Zusammenhang zwischen Fach- und Sprachkompetenz ablesen. Insbesondere in der Mathematik, aber auch für die Fächer Physik, Biologie und Geschichte gilt der Zusammenhang von Sprach- und Fachkompetenz inzwischen als vielfach belegt (vgl. u. a. Bos et al. 2012a; Deppner 1989; Handro 2018; Höttecke et al. 2017; Paetsch et al. 2015; Schmiemann 2011). Auf Basis dessen ist anzunehmen, dass der Zusammenhang zwischen Fachkompetenz[3] und Fachsprache auch für andere Fächer, so auch den Geographieunterricht, besteht. Für den Geographieunterricht liegen bisher verschiedene konzeptionelle Ansätze in Form konkreter Unterrichtsmaterialien für eine sprachsensible Unterrichtsausrichtung vor (vgl. u. a. Budke/Kuckuck 2017b; Schwarze 2019). Außerdem gibt es Forschung zu bilingualem Geographieunterricht sowie dem Argumentieren (vgl. u. a. Budke/Morawski 2019; Morawski/Budke 2017; Uhlenwinkel 2015). Übertragbare Design-Kriterien, also Kriterien, nach denen sprachsensibler Geographieunterricht geplant und durchgeführt werden kann, sprachsensible Unterrichtsinterventionen oder empirische Wirksamkeitsstudien liegen bisher allerdings nicht vor. Dabei könnte sprachsensibler Geographieunterricht einen Beitrag dazu leisten, den unterschiedlichen Eingangsvoraussetzungen verschiedener Schüler*innengruppen zu begegnen.

An dieser Stelle setzt die vorliegende Arbeit für das Fach Geographie, als Brückenfach zwischen Natur- und Gesellschaftswissenschaften, an (vgl. DGfG 2017, 5, 8). Sprachsensibler Geographieunterricht (SGU) begreift Fachsprache im Geographieunterricht als Lerngegenstand und Schlüssel zum fachlichen Verständnis. Es ergeben sich zwei Fragestellungen, die empirisch zu prüfen sind.

(1) Welche Design-Kriterien hat sprachsensibler Geographieunterricht?
(2) Wie wirksam ist sprachsensibler Geographieunterricht im Vergleich zu Geographieunterricht ohne sprachsensible Ausrichtung hinsichtlich
- des Erwerbs[4] von Fachwissen und
- des Erwerbs von Fachsprache?

[3] In der Forschung wird der Kompetenzbegriff heterogen verwendet. Untersuchungsgegenstand der vorliegenden Studie ist das Fachwissen als ein Teil fachlicher Kompetenz und der Fachsprache, die ebenfalls als ein Teil sprachlicher Kompetenzen betrachtet wird.

[4] In der vorliegenden Arbeit bezeichnet Erwerb die Differenz des Wissens zwischen zwei bzw. drei Erhebungszeitpunkten (t2–t1; t3–t1; t3–t2).

Auf übergeordneter Ebene gliedert sich die Arbeit in drei Teile (vgl. Abb. 1.1).

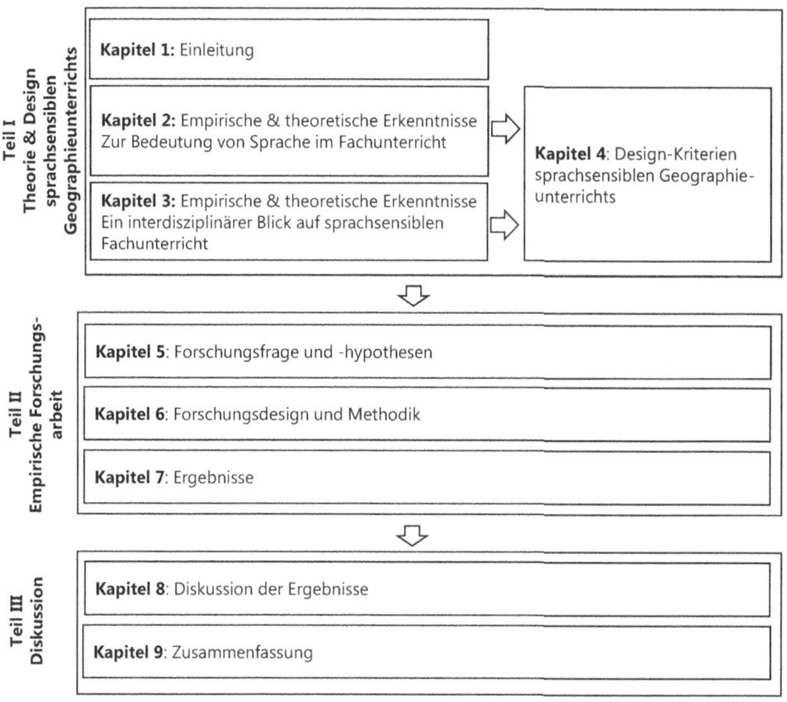


**Abb. 1.1** Gliederung der Arbeit. (Eigene Darstellung)

Teil I stellt die theoretische und empirische Grundlegung sowie die Entwicklungsarbeit dar. Kapitel 2 erklärt in einer Einführung unter den Schlagworten Sprache und Fachunterricht, was grundsätzlich unter sprachsensiblem Geographieunterricht zu verstehen ist und warum er notwendig erscheint. Ausgehend von einer definitorischen Abgrenzung von Alltags-, Bildungs- und Fachsprache (vgl. Abschn. 2.1) thematisiere ich die Rollen von Sprache im Geographieunterricht sowie Studien dieses Forschungsstrangs (vgl. Abschn. 2.2). Da es bisher keine Studien in der Geographiedidaktik gibt, die den Zusammenhang von Sprach- und Fachkompetenz oder die Wirksamkeit sprachsensibler Interventionen empirisch untersuchen, wird der Blick an dieser Stelle interdisziplinär geweitet.

Daher werden entsprechende Studien aus anderen Fächern berücksichtigt (vgl. Abschn. 2.3).

Kapitel 3 beschäftigt sich mit der Frage, wie sprachsensibler Geographieunterricht aussehen sollte. Auch an dieser Stelle werden unterschiedliche Disziplinen betrachtet: Zunächst werden Erkenntnisse aus der Pädagogik, der Schulpädagogik sowie der pädagogischen Psychologie dargestellt, um sich dem Begriff von gutem Unterricht zu nähern. Dieser wird anschließend mit Perspektiven der Geographiedidaktik konkretisiert (vgl. Abschn. 3.1). Für sprachsensiblen Geographieunterricht sind außerdem Erkenntnisse aus der Erst- und Zweitspracherwerbsforschung von Relevanz (vgl. Abschn. 3.2). Abschließend werden Sprachfördermaßnahmen aus der Sprachdidaktik dargelegt, wobei schwerpunktmäßig und übergeordnet das sprachliche Scaffolding im Zentrum der Ausführungen liegt (vgl. Abschn. 3.3).

Kapitel 4 synthetisiert die beiden vorangegangenen Kapitel, indem die aus den bisherigen Ausführungen abgeleiteten Design-Kriterien für sprachensensiblen Geographieunterricht erläutert werden. Jedes Kriterium wird in einem Unterkapitel knapp vorgestellt und mit Beispielen aus der entwickelten Unterrichtsreihe veranschaulicht (vgl. Abschn. 4.1–4.4).

Teil II umfasst die empirische Wirksamkeitsforschung. Kapitel 5 ist das Scharnier zwischen dem Theorieteil auf der einen Seite und dem empirischen Teil auf der anderen. Zunächst wird die Forschungsfrage basierend auf den Ausführungen in Teil I dargelegt (vgl. Abschn. 5.1) und mithilfe von Forschungshypothesen ausdifferenziert (vgl. Abschn. 5.2). Kapitel 6 stellt das Forschungsdesign und die Methodik im Einzelnen vor. Dabei werden zunächst die grundlegenden Charakteristika von Design-Based Research erläutert (vgl. Abschn. 6.1). Anschließend beleuchte ich zentrale Aspekte der Datenerhebung, wobei die eingesetzten Erhebungsinstrumente im Zentrum der Ausführungen stehen (vgl. Abschn. 6.2). Die Datenaufbereitung als weiterer Schritt findet ebenfalls Berücksichtigung (vgl. Abschn. 6.3). Die Methodik der Datenauswertung bildet ein weiteres Unterkapitel, in dem insbesondere die angewendeten statistischen Verfahren erörtert werden (vgl. Abschn. 6.4); darauf folgt das Sampling der Studie inklusive Stichprobengröße und Stichprobenziehung (vgl. Abschn. 6.5). Die methodischen Ausführungen münden abschließend in eine Zusammenfassung (vgl. Abschn. 6.6). In Kapitel 7 werden die Beobachtungen und Ergebnisse der Studie formuliert. Ausgehend von Unterrichtsbeobachtungen und relevanten Rückmeldungen von Lehrkräften und Schüler*innen (vgl. Abschn. 7.1) wird die Güte der Studie, insbesondere verschiedene Dimensionen der Validität, geprüft (vgl. Abschn. 7.2). Die Kapitel 7.3 bis 7.6 betreffen die eigentliche Ergebnisdarstellung, wobei der Blick zunächst auf bezugsgruppenspezifische Eingangsvoraussetzungen fällt (vgl. Abschn. 7.3). Es folgen die Treatmenteffekte (vgl. Abschn. 7.4) sowie spezieller die bezugsgruppenspezifischen Treatmenteffekte (vgl. Abschn. 7.5). Ein Blick auf die Beständigkeit der Treatmenteffekte über alle Messzeitpunkte hinweg schließt die Ergebnisdarstellung ab (vgl. Abschn. 7.6).

Teil III ist als Synthese der ersten beiden Teile zu verstehen, in dem die Ergebnisse der empirischen Forschungsarbeit vor dem Hintergrund des aktuellen Forschungsstandes theoretisch (vgl. Abschn. 8.1) und für die Praxis (vgl. Abschn. 8.2) eingeordnet werden. Darüber hinaus werden die Grenzen der Forschungsarbeit aufgezeigt (vgl. Abschn. 8.3) sowie weitere Forschungsfragen und Ansätze für Folgeforschung diskutiert (vgl. Abschn. 8.4). Die Arbeit schließt mit einer Zusammenfassung (vgl. Kap. 9).

# Zur Bedeutung von Sprache im Fachunterricht

# 2

Nachfolgend werden basierend auf einer begrifflichen Abgrenzung von Alltags-, Bildungs- und Fachsprache (vgl. Abschn. 2.1) die verschiedenen Rollen von Sprache im Geographieunterricht diskutiert (vgl. Abschn. 2.2). Dieses Kapitel soll offenlegen, warum sprachsensibler Geographieunterricht eine sinnvolle und notwendige Ausrichtung des Geographieunterrichts ist. Mit diesem Wissen werden anschließend verschiedene Studien zum Zusammenhang von Sprache und Fachkompetenz sowie relevante Interventionsstudien aus weiteren Fächern vorgestellt (vgl. Abschn. 2.3).

## 2.1 Sprache ist nicht gleich Sprache: eine definitorische Abgrenzung

Deutsch, das ist eine von circa 6.500 bis 8.000 Einzelsprachen[1] (vgl. Vogel 2012, S. 1; Wiater 2006, S. 57), das vielfältige Varietäten aufweist. Diese sind mitunter von der geographischen Lage und der sozialen Zugehörigkeit der Sprecher*innen, aber auch von der Funktion einer sprachlichen Äußerung sowie der Situation, in der sie getätigt wird, abhängig. Eine Einzelsprache ist also mannigfaltig; und zwar auf eine Weise, die es nahelegt, dass auch sprachliche Kompetenz nicht eindimensional sein kann. Was unter sprachlicher Kompetenz gefasst wird und was nicht, welche Eigenschaften eine Person zu einem*r sprachlich kompetenten Sprecher*in machen, sind Definitionsfragen. So werden Sprachen und

[1] Angaben zur Anzahl der Sprachen auf der Welt variieren stark. Eine allseits akzeptierte Klassifikation von Sprache ist bisher noch nicht geleistet (vgl. Videosott 2006, S. 52).



S. Wey, *Wie Sprache dem Verstehen hilft*,
https://doi.org/10.1007/978-3-658-36038-2_2

deren Varietäten von Autor*in zu Autor*in unterschiedlich definiert und voneinander abgegrenzt. Die verschiedenen Konstrukte und Definitionen existieren völlig inkonsistent parallel nebeneinander.

Die Theorie der Einzelsprache als Sammlung vieler Varietäten geht nicht nur davon aus, dass es eine Norm als solche nicht gibt, sondern behauptet auch, dass das, was allgemein als Hoch- oder Standarddeutsch bezeichnet wird, eine Varietät des Deutschen ist (vgl. Becker/Hundt 1998, S. 118). Für den Begriff Varietät finden sich in der Literatur noch eine Reihe anderer Begriffe, die weitgehend synonym verwendet werden: Subsprache, Jargon, Genre, Stil, Register und Lekt (vgl. u. a. Adamzik 1998; Feilke 2012a; Hess-Lüttich 1998; Hoffmann 1998; Höttecke et al. 2017; Roelcke 2020). Um die verschiedenen Ausprägungen des Deutschen zu bezeichnen, wird nachfolgend der Begriff Varietät gewählt, der als „eine Menge von Varianten, die in Bezug auf Variablen fixiert sind" (Becker/Hundt 1998, S. 119) definiert ist. Durch die Bestimmung der Variablen ist also eine Klassifikation in verschiedene sprachliche Varietäten möglich. Dabei ist die Variation die Veränderung selbst und die Varietät das Ergebnis der Variation. Man unterscheidet bei synchroner[2] Sprachbetrachtung drei verschiedene Dimensionen der Varietäten: diatopische, diastratische und diaphasische Dimensionen (vgl. Abb. 2.1).

Regionale Varietäten (diatopische Dimension) sind vor allem in Form von Dialekten bekannt. Soziale Varietäten (diastratische Dimension) hingegen betreffen eine bestimmte soziale Schicht und werden oft als Soziolekte bezeichnet. So sprechen Jugendliche mit ihren Peers in der Regel anders als mit ihren Lehrer*innen. Für die vorliegende Arbeit von besonderer Relevanz ist die Kategorie der funktional-situativen Varietäten (diaphasische Dimension). Synonym zu diesem Begriff wird in der Fachliteratur häufig von Registern gesprochen. Eine trennscharfe Unterscheidung insbesondere zwischen den diaphasischen und diastratischen Varietäten ist allerdings nicht immer möglich (vgl. Michalak 2012b, S. 69). Ein denkbarer Zugang, um die Kriterien für ein Register zu definieren, gründet auf der systematisch-funktionalen Linguistik mit ihrem prominentesten Vertreter Halliday. Ihm zufolge sind Register „a set of meanings that appropriate to a particular function of language, together with words and structures which express these meanings" (Halliday 1978, S. 195). Mittels der Kriterien *field* (Bezugsbereich), *mode* (Medium/Konzeption) und *tenor* (Interaktionssituation) lassen sich dieser Logik zufolge verschiedene sprachliche Register unterscheiden. Für die folgenden Begriffsabgrenzungen sind die Kriterien der funktionalen

[2] Bei diachroner Betrachtung spielen als vierte Varietät auch historische Varietäten eine Rolle.

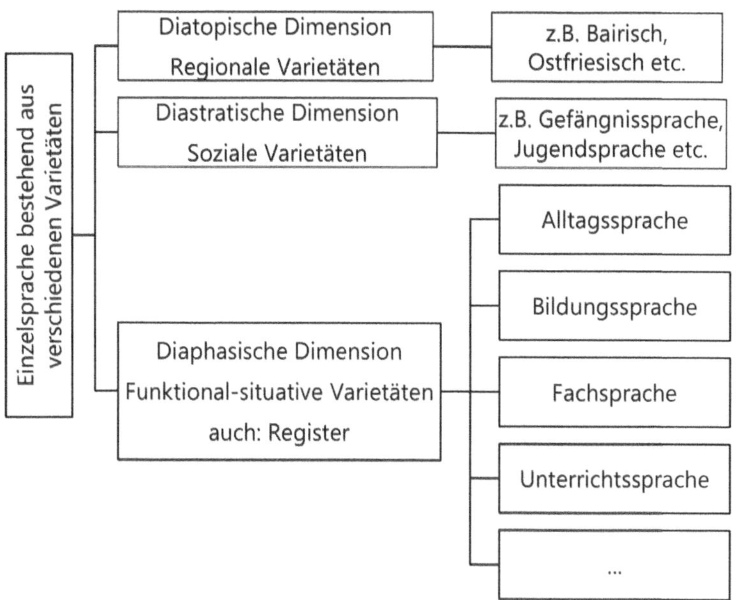


**Abb. 2.1** Synchrone Sprachvarietäten im Überblick. (Eigene Darstellung)

Grammatik, die den zweckgebundenen Charakter von Sprache fokussieren, maßgeblich (vgl. Dik/Hengeveld 1997; Halliday 1978; Hengeveld/Mackenzie 2008; Leckie-Tarry 1995). Sie werden angereichert durch Zugänge von Bernstein (1971) aus der Soziolinguistik, der Linguistik mit Koch/Oesterreicher (1985) sowie der Erziehungswissenschaft mit Cummins, Jim (1979), um ein umfassendes Bild der sprachlichen Register zu zeichnen.

Das Kriterium *field* bezeichnet „den Redegegenstand, den Inhalt der Verständigung, das Thema eines Textes […], den Texttyp, […] das Sach-, Fach- und Arbeitsgebiet, in dem sprachlich gehandelt wird [und] über das sprachlich verhandelt wir" (Hess-Lüttich 1998, S. 210). *Mode* unterscheidet zwischen dem Medium und der Konzeption einer Sprachäußerung (vgl. Koch/Oesterreicher 1985, S. 17). Es wird einerseits darin unterschieden, ob eine Äußerung gesagt (medial mündlich) oder geschrieben (medial schriftlich) wird und andererseits, ob diese Äußerung schriftlich (eher planvoll) oder mündlich (eher spontan) konzipiert wurde (vgl. Tab. 2.1).

**Tab. 2.1** Unterscheidung sprachlicher Äußerungen nach Medium und Konzeption mit Beispielen

| | konzeptionell mündlich | konzeptionell schriftlich |
|---|---|---|
| medial mündlich | Gespräch mit Freund*innen<br>Gespräch mit Mitschüler*innen in der Pause | Politische Rede<br>Wissenschaftlicher Vortrag<br>Referat in der Schule |
| medial schriftlich | Grußkarte<br>SMS | Gesetzestext<br>Fachliteratur |

Quelle: verändert nach Koch/Oesterreicher 1994, S. 588

Zuletzt wird ein sprachliches Register über den *tenor* definiert, das heißt über das Verhältnis der Kommunikationspartner*innen zueinander (vgl. Riebling 2013, S. 113). Handelt es sich beispielsweise um ein freundschaftliches, privates Verhältnis oder ein professionelles Verhältnis unter Fachkolleg*innen? Trotz dieser Kriterien ist eine trennscharfe Unterscheidung von Registern nicht immer möglich.

### 2.1.1 Alltagssprache vs. Bildungssprache

Unter Berücksichtigung der drei genannten Kriterien werden nachfolgend Alltags- und Bildungssprache voneinander abgegrenzt und definiert. Abgesehen von der im Folgenden dargestellten funktionalen Unterscheidung zwischen *field*, *mode* und *tenor* werden Überlegungen des Soziologen Bernstein (1971) als wichtige Grundlage für die Begriffsabgrenzung von Bildungs- und Alltagssprache integriert. Er unterscheidet bereits in den frühen 1970er-Jahren eine *public language*, der sich vorwiegend die Arbeiterklasse bedient von einer *formal language*, die ihm zufolge den höheren sozialen Schichten vorbehalten ist. Bemerkenswert daran ist, dass Bernstein (1971) in diesen Überlegungen bereits ein soziales Gefälle in der Verwendung von Alltags- und Bildungssprache sieht, das lange Jahre im Schulsystem kaum Beachtung fand. Erst in den letzten 20 Jahren wird diese Schieflage aufgrund der Ergebnisse verschiedener Schulleistungsstudien bedeutsam.

*Bezugsbereich (field)*
In alltagssprachlichen Situationen ist es möglich, dass Sätze unvollständig oder ungrammatisch sind und dennoch von den Gesprächspartner*innen verstanden und akzeptiert werden, zum Beispiel:

A: „Wie komme ich zur Schule?"

B: „Geradeaus, links."

Die Kommunikation gelingt, weil der Erlebniskontext des Gesagten bei den Kommunizierenden derselbe ist (vgl. Lange/Gogolin 2010, S. 12). Die Bedeutung dessen, was gesagt wird, geht dabei meist nicht (nur) aus der verbalen Sprache, sondern (auch) aus nonverbalen und paraverbalen Signalen, wie Gestik, Mimik, Satzmelodie oder Betonung hervor (vgl. Schmölzer-Eibinger et al. 2013, S. 17). Bei der Wegbeschreibung zur Schule, die möglicherweise noch durch Zeigebewegungen unterstützt wird, ist es überflüssig, genaue Angaben zu Strecke und Himmelsrichtung des Weges zu machen, da sich diese aus dem unmittelbaren, gemeinsamen Erlebniskontext erschließen. Der Fokus liegt auf der Verständigung von gemeinsamen Inhalten, nicht auf sprachlicher Korrektheit. Insbesondere in informellen Kontexten, wie zum Beispiel in der Pause, auf dem Schulweg oder in der Freizeit, wird von Alltagssprache[3] Gebrauch gemacht. Wenn in Alltagssprache gesprochen oder geschrieben wird, so betrifft das den Bezugsbereich des Alltags wie Personen, Tätigkeiten oder Ereignisse (vgl. Riebling 2013, S. 115). Schüler*innen dient Alltagssprache außerhalb der Schule zur Bewältigung ihres Alltags; sie machen sich mit ihr verständlich und drücken Gefühle und Wünsche aus. Alltagssprache ist dementsprechend gekennzeichnet durch Emotionalität, subjektive Bewertungen und ausdrucksstarke, bildreiche Begriffe (vgl. Michalak et al. 2015, S. 48). Im Rahmen der Bildungssprache ist dies eher nicht der Fall; Objekte wie zum Beispiel Stadtpläne, Gesetze, Nachrichten (auch über Personen) oder Anträge bilden den Gesprächsanlass. Bildungssprache ist in verschiedenen (Bildungs-)Kontexten von Bedeutung, die „in konzeptionelle und explizite Zusammenhänge eingebunden" (Riebling 2013, S. 116) sind. Neben Schule und Ausbildung sind damit auch all jene Kommunikationssituationen gemeint, in denen ein formeller Sprachgebrauch gefordert wird, wie zum Beispiel bei Behörden, Ärzt*innenbesuchen oder im beruflichen Umfeld (vgl. Kurtz et al. 2015, S. 2).

> Die Bildungssprache ist die Sprache, die überwiegend in den Massenmedien, in Fernsehen, Rundfunk, Tages- und Wochenzeitungen benutzt wird. Sie unterscheidet sich von der Umgangssprache durch die Disziplin des schriftlichen Ausdrucks und durch

[3] Synonym zum Begriff der Alltagssprache werden in der Literatur auch „Umgangssprache" (vgl. Habermas 1981a) oder „Allgemeinsprache" (Ahrenholz 2010; Michalak/Bachtsevanidis 2012) verwendet. Im Rahmen dieser Arbeit wird nur der Begriff „Alltagssprache" verwendet.

> einen differenzierteren, Fachliches einbeziehenden Wortschatz; andererseits unterscheidet sie sich von Fachsprachen dadurch, daß sie grundsätzlich für alle offensteht, die sich mit den Mitteln der allgemeinen Schulbildung ein Orientierungswissen verschaffen können. (vgl. Habermas 1981b, S. 330)

*Medium/Konzeption (mode)*
Alltagssprache ist durch konzeptionelle Mündlichkeit geprägt, orientiert sich also an der mündlichen Kommunikationsstruktur, was häufig mit geringerer Explizitheit einhergeht (vgl. Höttecke et al. 2017, S. 2). „Die Unmittelbarkeit der ‚gesprochenen' Kommunikation […] ermöglicht eine größere Spontaneität; die Planung kann weniger aufwendig – sozusagen während des Äußerungsaktes selber – erfolgen" (Koch/Oesterreicher 1985, S. 20). Bildungssprache im Gegensatz dazu ist durch konzeptionelle Schriftlichkeit geprägt; entspricht folglich den Merkmalen der Schriftsprache, wird aber auch medial mündlich verwendet (vgl. Habermas 1981b, S. 330).

*Interaktionssituation (tenor)*
Die Interaktionssituation wird durch das soziale Verhältnis der Sprecher*innen zueinander beschrieben. In formellen Kontexten ist das Verhältnis zum Gegenüber anders als in informellen, privaten Alltagssituationen. Insbesondere im öffentlichen Rahmen werden soziale Rollen vorgegeben, die das Sprechen beeinflussen. Selbstverständlich wird auch die alltägliche Lebenswelt in Rollen strukturiert, „sie ist aber insgesamt durch eine stärkere Personenorientierung gekennzeichnet als der institutionelle Kontext" (Riebling 2013, S. 122). Alltagssprache zeichnet sich tendenziell durch eine größere emotionale Nähe zum*r Kommunikationspartner*in aus (vgl. Koch/Oesterreicher 1994, S. 588), wohingegen in der Bildungssprache ein unpersönlicher *tenor* vorherrscht (vgl. Ortner 2009, S. 2228). Im bildungssprachlichen, so auch im schulischen Kontext überwiegen asymmetrische Interaktionsbeziehungen, die sich darin ausdrücken, dass „den interagierenden Personen in Abhängigkeit von ihren Status bestimmte Spektren an kommunikativen Handlungsmöglichkeiten eröffnet [werden; eigene Ergänzung]" (Riebling 2013, S. 123). Im Geographieunterricht sind diese Asymmetrie sowie das Wissensgefälle und die weiteren Aspekte der Bezugssituationen im Verhältnis zwischen Lehrperson und Schüler*in ebenfalls abgebildet.

Im Gegensatz zu Alltagssprache zeichnet sich Bildungssprache also eher durch Distanz denn durch Nähe aus; Koch/Oesterreicher (1985) sprechen in diesem Kontext auch von „Sprache der Nähe" und „Sprache der Distanz":

> Die Kombination ‚Dialog', ‚freier Sprecherwechsel', ‚Vertrautheit der Partner', ‚face-to-face-Interaktion', ‚freie Themenentwicklung', ‚keine Öffentlichkeit', ‚Spontaneität', ‚starkes Beteiligtsein', ‚Situationsverschränkung', etc. charakterisiert den Pol ‚gesprochen'. Die ihm entsprechende Kommunikationsform läßt sich am besten auf den Begriff Sprache der Nähe bringen. Analog charakterisiert die Kombination von ‚Monolog', ‚kein Sprecherwechsel', ‚Fremdheit der Partner', ‚räumliche und zeitliche Trennung', ‚festes Thema', ‚völlige Öffentlichkeit', ‚Reflektiertheit', ‚geringes Beteiligtsein', ‚Situationsentbindung', etc. den Pol ‚geschrieben'. Die ihm entsprechende Kommunikationsform definieren wir als Sprache der Distanz. (Koch/Oesterreicher 1985, S. 21)

Ist der Erlebniskontext der Sprecher*innen nicht derselbe, so liegt eine größere Distanz zwischen Gesagtem und eigentlich Gemeintem vor; zwischen Bezeichnendem und Bezeichnetem (vgl. Gogolin/Lange 2011, S. 112; Saussure 1913). „Um diese Diskrepanz zu überwinden, sind sprachlich komplexe Strukturen notwendig, deren Form sich […] an dem Regelwerk orientiert, das für die geschriebene Sprache gilt" (Lange/Gogolin 2010, S. 12). Das weiter oben genannte Beispiel der alltagssprachlichen Wegbeschreibung illustriert dies gut (vgl. S. 24). Während die Wegbeschreibung aufgrund des gemeinsamen Erlebniskontexts auch ohne komplexe sprachliche Strukturen gut verständlich ist, wären die gleichen Aussagen ohne Kontext nicht mehr verständlich. Der Zusammenhang zwischen sprachlich einfach/komplex und Verständlichkeit ist allerdings nicht immer gegeben. Mitunter sind verkürzte Strukturen schwieriger zu verstehen als ausführliche Strukturen (vgl. Härtig et al. 2019, S. 281–284).

Zur Unterscheidung von Alltags- und Bildungssprache hat Cummins (1979) zentrale Beiträge geleistet. Er differenziert in seinen Untersuchungen zwischen zwei sprachlichen Registern: alltagssprachliche dialogische Sprachkompetenz (BICS – Basic Interpersonal Communication Skills) und kognitiv-akademische Sprachkompetenz (CALP – Cognitive Academic Language Proficiency) (vgl. Cummins, Jim 1979, S. 198). BICS ist Alltagssprache und meint damit die Befähigung in alltäglichen Situationen, kontextgebunden und konzeptionell mündlich zu kommunizieren. Die Bezeichnung CALP hingegen ist das Gegenteil und wird synonym zur Bildungssprache verwendet (vgl. Siebert-Ott 2001, S. 32).

Alltags- und Bildungssprache sind nicht immer klar voneinander abzugrenzen. Sie werden außerdem in der Literatur unterschiedlich definiert und es existieren verschiedene Begriffe parallel nebeneinander. Zusammenfassend kann festgehalten werden, dass Alltagssprache in der Tendenz eher in alltäglichen Kontexten, konzeptionell mündlich und vorwiegend mit Kommunikationspartner*innen, die einem*r vertraut sind, verwendet wird, wohingegen in Abgrenzung dazu Bildungssprache in formellen Kontexten gebraucht wird, konzeptionell an

Schriftsprache angelehnt ist und sich durch eine größere emotionale Distanz zwischen den Sprecher*innen auszeichnet. Dadurch, dass Alltagssprache im Vergleich zu Bildungssprache in der Literatur häufig als *ungenau* definiert wird, wird Bildungssprache allgemein zu Ungunsten der Alltagssprache als die entwickelte, ausgereifte Variante der Alltagssprache herausgestellt (vgl. Gantefort 2013, S. 72; Ortner 2009, S. 2227). Diese Auffassung wird in der vorliegenden Arbeit nicht geteilt. Denn schließlich entscheiden Funktion und Situation darüber, welches sprachliche Register angemessen ist. Wenn die Bedürfnisse einer Situation in Alltagssprache erfüllt werden, so passt diese *genau* und ist anderen Registern vorzuziehen (vgl. Höttecke et al. 2017, S. 3; Rincke 2010, S. 246).

### 2.1.2 Bildungssprache vs. Fachsprache

Bildungs- und Fachsprache teilen zentrale Charakteristika, weswegen eine Abgrenzung voneinander nicht trennscharf ist. Anhand der Kategorien *field, mode* und *tenor* zeigt sich, dass Bildungs- und Fachsprache eher ein Spektrum bilden und keine abgeschlossenen Begriffe sind.

*Bezugsbereich (field)*
Während Fachsprachen in der Linguistik in der Regel über die Zuordnung zu einem konkreten Fach definiert werden, fungiert Bildungssprache fächerübergreifend. Das, was Fachsprachen am eindeutigsten kennzeichnet, ist„das Fach, der Gegenstand, das Thema, über das kommuniziert wird“ (Adamzik 1998, 184). Der Bezugsbereich beschränkt sich dabei auf die „wissenschaftlichen oder (berufs-) technischen Fachbereiche“ (Riebling 2013, S. 117). Bildungssprache hingegen weist genau diese Fächergrenzen nicht auf, sondern bildet ein Scharnier zwischen Alltags- und Fachsprache, sodass ein Austausch zwischen den Registern möglich ist; sie dient im Wesentlichen fachexterner oder vermittelnder fachinterner Kommunikation.

*Medium/Konzeption (mode)*
Hinsichtlich der *mode*-Kategorie lassen sich keine klaren Grenzen zwischen Bildungssprache auf der einen und Fachsprache auf der anderen Seite ziehen. Eine Anordnung zwischen den Polen konzeptionell mündlich und konzeptionell schriftlich zeigt Tendenzen; die Grauabstufung weist darauf hin, dass „die Register keine hermetischen Systeme darstellen, sondern eine Reihe von Übergangsformen kennen“ (Riebling 2013, S. 121) (vgl. Abb. 2.2).

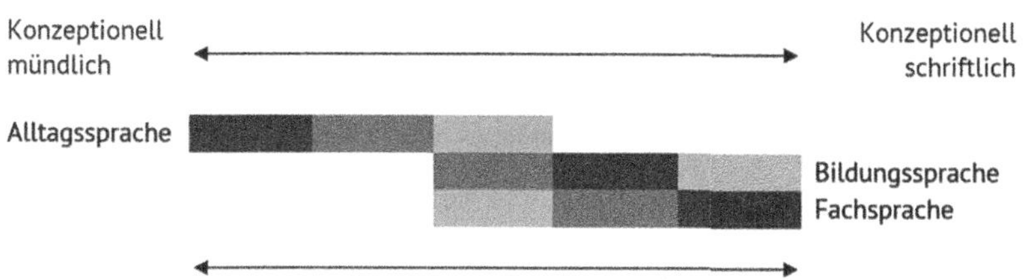


**Abb. 2.2** Schematische Anordnung der Alltags-, Bildungs- und Fachsprache zwischen den Polen konzeptioneller Mündlichkeit und Schriftlichkeit. (Quelle: verändert nach Riebling 2013, S. 121)

*Interaktionssituation (tenor)*
Die Interaktionssituationen in Bildungs- und Fachsprache decken sich; beide finden in öffentlich-institutionellem Rahmen statt, wobei das Verhältnis der Gesprächspartner*innen eher durch emotionale Distanz und Fremdheit bestimmt ist. Insbesondere im Kontext der Schule zeichnen sich die Sprechenden durch Asymmetrien im Wissens- und Kompetenzstand aus. Die Lehrperson ist den Schüler*innen in der Regel bildungs- und fachsprachlich voraus.

Bildungs- und Fachsprache unterscheiden sich nur hinsichtlich ihres Bezugsbereichs eindeutig, während in den anderen Kategorien nur Unterscheidungstendenzen oder sogar Übereinstimmungen auszumachen sind. Auf sprachlicher Ebene zeigen sich daher am deutlichsten Unterschiede auf lexikalischer Ebene in Form von Fachbegriffen (vgl. Köhne et al. 2015, S. 69). Die Merkmale von Fach- und Bildungssprache sind wie das Konstrukt Bildungs- und Fachsprache von Autor*in zu Autor*in unterschiedlich festgelegt. In einer umfangreichen Auflistung fassen Wildemann/Fornol (2016, S. 114–120) die verschiedenen Merkmale von Bildungssprache aus unterschiedlichen Quellen zusammen. Die Merkmale betreffen jeweils unterschiedliche Teilbereiche der allgemeinen Linguistik (vgl. Bußmann/Gerstner-Link 2002), insbesondere Syntax (Aufbau von Wortgruppen und Sätzen), Semantik (Bedeutung von Wörtern und Sätzen), Morphologie (Aufbau von Wörtern und Wortformen) sowie Lexik (Wortschatz). Ausgeklammert werden Phonologie (Lautsystem der Sprache) sowie Orthographie (Schriftsystem der Sprache). Auf den Bereich der Pragmatik (Bedeutung sprachlicher Äußerungen und ihre Anwendung) sowie diskurslinguistische Aspekte wird als Exkurs im folgenden Abschnitt eingegangen (vgl. Abschn. 2.1.3); denn dieser Teilbereich wird in der Debatte um Fachsprache noch selten genannt. Nachfolgend sind diejenigen Merkmale aufgezählt, die in diversen Quellen übereinstimmend als Merkmale für Bildungssprache genannt werden (vgl. Tab. 2.2).

**Tab. 2.2** Übersicht über Merkmale von Bildungssprache

| | |
|---|---|
| Passivgebrauch | Ahrenholz 2013; Bailey 2006; Biber 1988; Eckhardt 2008; Feilke 2012a; Gogolin et al. 2007; Heppt et al. 2012; Jeuk 2010; Kniffka/Roelcke 2016; Luchtenberg 1988; Maas 2010; Ohm et al. 2007; Quehl/Scheffler 2008; Reich 2008; Rincke 2010; Roelcke 2020; Rösch 2005; Schmölzer-Eibinger 2013; Steinmüller/Schwarnhorst 1987 |
| Relativsätze | Ahrenholz 2013; Bailey 2006; Biber 1988; Quehl/Scheffler 2008; Reich 2008; Schleppegrell 2001, 2006; Steinmüller/Schwarnhorst 1987 |
| Komplexe Attribute | Ahrenholz 2013; Feilke 2012a; Gogolin et al. 2007; Hempel et al. 2019; Luchtenberg 1988; Maas 2010; Ohm et al. 2007; Ortner 2009; Reich 2008; Rincke 2010; Roelcke 2020; Schmölzer-Eibinger 2013 |
| Partizipialkonstruktionen | Ahrenholz 2013; Biber 1988; Jeuk 2010; Koch/Oesterreicher 1985, 1994; Leckie-Tarry 1995; Ohm et al. 2007; Ortner 2009 |
| Funktionsverbgefüge | Feilke 2012a; Jeuk 2010; Luchtenberg 1988; Reich 2008; Roelcke 2020; Schmölzer-Eibinger 2013 |
| Nominalisierungen | Bailey 2006; Biber 1988; Fang et al. 2006; Feilke 2012a; Gibbons 2010; Gogolin et al. 2007; Heppt et al. 2012; Jeuk 2010; Koch/Oesterreicher 1985, 1994; Leckie-Tarry 1995; Luchtenberg 1988; Ortner 2009; Rincke 2010; Rösch 2005; Schleppegrell 2001, 2006; Schmölzer-Eibinger 2013; Steinmüller/Schwarnhorst 1987 |
| Hypotaxen | Bailey 2006; Heppt et al. 2012; Koch/Oesterreicher 1985, 1994; Leckie-Tarry 1995; Luchtenberg 1988; Ortner 2009; Schmölzer-Eibinger 2013 |
| Fachbegriffe | Bailey 2006; Eckhardt 2008; Feilke 2012a; Gogolin et al. 2007; Heppt et al. 2012; Koch/Oesterreicher 1985, 1994; Leckie-Tarry 1995; Luchtenberg 1988; Nodari/Steinmann 2008; Ohm et al. 2007; Ortner 2009; Reich 2008; Rincke 2010; Schleppegrell 2001, 2006; Schmölzer-Eibinger 2013; Steinmüller/Schwarnhorst 1987; |
| Präpositionen | Bailey 2006; Eckhardt 2008; Feilke 2012a; Koch/Oesterreicher 1985, 1994 |
| Konnektoren | Ahrenholz 2013; Biber 1988; Eckhardt 2008; Gogolin et al. 2007; Jeuk 2010; Koch/Oesterreicher 1985, 1994; Leckie-Tarry 1995; Ohm et al. 2007; Quehl/Scheffler 2008; Roelcke 2020; Schleppegrell 2001, 2006 |

(Fortsetzung)

**Tab. 2.2** (Fortsetzung)

| | |
|---|---|
| Komposita | Eckhardt 2008; Feilke 2012a; Fuhrhop/Olthoff 2019; Gogolin et al. 2007; Leckie-Tarry 1995; Luchtenberg 1988; Ohm et al. 2007; Quehl/Scheffler 2008; Reich 2008; Rincke 2010; Roelcke 2020; Rösch 2005; Schmölzer-Eibinger 2013; Steinmüller/Schwarnhorst 1987 |
| Pronomen, Adverbien | Eckhardt 2008; Feilke 2012a; Jeuk 2010; Quehl/Scheffler 2008 |

Quelle: verändert nach Fornol 2020, S. 67; Wildemann/Fornol 2016, S. 114–120

### 2.1.3 Exkursorische Überlegungen zur Notwendigkeit von Fachsprache

Es kann kritisch und grundsätzlich die Frage gestellt werden, inwiefern es anhand der aufgelisteten Merkmale überhaupt möglich ist, Aussagen über die fachsprachliche Kompetenz zu treffen. Ist gutes fachsprachliches Handeln nur dann möglich, wenn eine Reihe der oben genannten Merkmale erfüllt ist? Mehrere Autor*innen weisen in diesem Kontext auf die Notwendigkeit hin, die pragmatische und diskursive Ebene von Fachsprache und damit verbunden die Sprachsoziologie nicht aus dem Blick zu verlieren (vgl. Fornol 2017; Morek/Heller 2012; Oleschko 2017a). Denn auch Fachsprache sollte angemessen verwendet werden. In diesem Kontext wird die soziale Funktion von Fachsprache „als Eintritts- und Visitenkarte“ (Morek/Heller 2012, S. 76) beleuchtet, die in den obigen Ausführungen zu Bernstein (1971) impliziert ist. Um diese soziale Dimension besser zu verstehen, hilft ein knapper Exkurs in die Arbeiten des Soziologen Bourdieu (1982). Er unterscheidet verschiedene Arten von Kapital. Neben dem klassischen ökonomischen Kapital (z. B. Geld, Aktien, Schmuck) benennt er soziales (z. B. Beziehungen), symbolisches (z. B. Prestige) und kulturelles Kapital als entscheidende Kriterien für Schichtzugehörigkeit. Kulturelles Kapital umfasst dabei die Fähigkeit zur guten, gewählten Rhetorik. Bourdieu zufolge ist der Sprachgebrauch status- und klassenspezifisch und reproduziert Bildungsungleichheiten. Dass große Schulleistungsstudien wie PISA, TIMSS und IGLU den sozioökonomischen Status beispielsweise relativ zuverlässig über die Anzahl der Bücher in einem Haushalt erheben, macht diesen Zusammenhang zwischen Sprache und Kapital und damit auch den Titel „Bildungssprache als Eintritts- und Visitenkarte“ offensichtlich. Man könnte Bildungs- und Fachsprache auch

> […] als ‚Geheimsprache' der Bildungs- und Lebenschancen zuteilenden Institution Schule bzw. als ihr eigentliches, aber geheimes Curriculum sehen, das bislang kaum transparent und eindeutig kodifiziert ist und an dem sich viele Lernende mächtig reiben oder gar scheitern. (Vollmer/Thürmann 2010, S. 109)

Vor diesem Hintergrund erscheint die Frage berechtigt, ob nicht eher eine Abkehr von Fachsprache zielführend ist auf dem Weg hin zu mehr Chancengleichheit. Ist es nachhaltiger, die ausschließenden, bildungssprachlichen Kreise aufzulösen, statt alle dazu befähigen zu wollen, sich in diesen Kreisen bewegen zu können? Letztlich wird es zur Überwindung der Diskrepanzen Anstrengungen aus beiden Richtungen brauchen. Schüler*innen sollten, so sie wollen, Zugang zu Fachsprache haben, sie verstehen und als Kulturwerkzeug verwenden können. Denn jedenfalls bis zu einem bestimmten Grad ist Fachsprache notwendig. Sie ist, wie oben aufgeführt, präzise, korrekt und führt dazu, dass sich Menschen derselben Community fachlich angemessen verständigen können. Auch die verschiedenen, in der Einleitung aufgeführten Studien, die den Zusammenhang zwischen Sprache und Fachkompetenz nahelegen sowie die noch folgenden Ausführungen zur Studienlage deuten darauf hin, Sprache wegen ihrer erkenntnisschaffenden Funktion unbedingt im Fachunterricht zu adressieren. Außerdem ist die Schule wegen des prinzipiell egalitären Charakters der Schulpflicht grundsätzlich ein geeigneter Ort, um Unterschiede aufzuweichen (vgl. Mafaalani 2020, S. 15). Darüber hinaus ist Fachsprache ein nicht zu unterschätzendes gruppenstiftendes Element, das zu einem Gefühl von Zusammengehörigkeit führt. Andererseits ist es genau dieses gruppen- und identitätsstiftende Charakteristikum von Fachsprache, das ausschließt. Denn Mitglied einer Gruppe zu sein, bedeutet auch, nicht zu einer anderen zu gehören. Die Kriterien, die zu Gruppenzugehörigkeit oder -ausschluss führen, müssen immer wieder hinterfragt und problematisiert werden. Wie sinnvoll oder -frei sind dabei bestimmte Kriterien? So sei dahingestellt, inwiefern es komplexe Satzstrukturen, eine hohe Dichte an Fachbegriffen, ungebräuchliche Verben und Adjektive oder passiven Satzbau braucht, um die Zugehörigkeit der sprechenden Person zu einer bestimmten Gruppe zu verdeutlichen. Letztlich geht es um adressant*innengerechtes sprachliches Handeln. Die Frage, wie das auszusehen hat, muss individuell und kontextabhängig immer wieder neu beantwortet werden. Genau in dieser Frage (Wie schreibe/spreche ich für wen?) liegt eine weitere Notwendigkeit für sprachsensiblen Fachunterricht. Denn um sich für oder gegen einen bestimmten Sprachstil entscheiden zu können, müssen die verschiedene Stile zunächst beherrscht werden.

### 2.1.4 Schul- und Unterrichtssprache im Gefüge von Alltags-, Bildungs- und Fachsprache

Im Rahmen der vorliegenden Arbeit werden ausschließlich die funktional-situativen Varietäten, die im Kontext Schule relevant sind, betrachtet, sprich: Alltags-, Bildungs- und Fachsprache.[4] Bei manchen Autor*innen ist zusammenfassend von Schul- und/oder Unterrichtssprache die Rede, die heterogen und teils widersprüchlich definiert sind (vgl. u. a. Feilke 2012b). Der Begriff Schulsprache (Schleppegrell 2004) wird nachfolgend aufgrund der Unklarheit über den eigentlichen Bezugsbereich nicht verwendet. Die Unterrichtssprache, auf die Bezug genommen wird, ist Deutsch. Nur wenn die Unterrichtssprache ausreichend beherrscht wird, kann überhaupt fachlicher Wissenserwerb stattfinden (vgl. Fornol 2020, S. 11). Für die einzelnen sprachlichen Varietäten werden die eingeführten Begriffe von Alltags-, Bildungs- und Fachsprache im Kontext der Schule verwendet. Es wurden ausführlich Unterschiede und Gemeinsamkeiten von Alltags-, Bildungs- und Fachsprache dargelegt; daraus resultieren als Zusammenfassung dieses Kapitels die folgenden Definitionen.

**Alltagssprache** wird vorwiegend in alltäglichen Kontexten verwendet und zeichnet sich durch konzeptionelle Mündlichkeit aus, wie es für Gespräche in gesprochener Sprache mit (gut) bekannten Kommunikationspartner*innen üblich ist.

**Bildungssprache** dient der Kommunikation in öffentlich-formellen Kontexten. Das, worüber gesprochen wird, findet nicht im unmittelbaren und gemeinsamen Erlebniskontext der einander meist weniger bekannten Sprecher*innen statt, sodass komplexere sprachliche Mittel und Strukturen der Schriftsprache verwendet werden müssen, um die Distanz zwischen Gesagtem und eigentlich Gemeintem zu überbrücken. Die zentrale Funktion von Bildungssprache ist die Vermittlung zwischen alltäglichen und fachlichen Inhalten.

[4] Selbstredend wird im Rahmen der Schule auch von regionalen und sozialen Varietäten (diatopische und diastratische Dimensionen) Gebrauch gemacht. Fokussiert werden in der vorliegenden Arbeit nur funktional-situative Varietäten (diaphasische Dimension), also sprachliche Register.

In der **Fachsprache** bezieht sich der Kommunikationsgegenstand nicht auf den gemeinsamen und unmittelbaren Erlebniskontext, sodass sprachliche Mittel und Strukturen der Schriftsprache zum Verständnis verwendet werden müssen. Zentraler Unterschied zur Bildungssprache ist, dass der Kommunikationsinhalt durch das entsprechende Fach begrenzt wird; daraus ergeben sich insbesondere Unterschiede auf lexikalischer Ebene.

## 2.2 Die Rolle(n) von Sprache(n) im Geographieunterricht

Sprache hat, wie die dargelegten Ausführungen zeigen, in ihren verschiedenen Varietäten unterschiedliche Ausprägungen und Funktionen, die sich auch im Geographieunterricht zeigen. Doch welche Funktionen hat Sprache im Geographieunterricht im Einzelnen? Sprache als „die Fähigkeit zu sprechen“ (Dudenredaktion 2011, S. 876) fungiert in zweierlei Form. Zum einen dient sie der Kommunikation zwischen Individuen, ist also *Medium* (vgl. Becker-Mrotzek/Quasthoff 1998, S. 5). Zum anderen ist sie kognitive Leistung, die geübt werden muss (vgl. Volmert 2005, S. 13) und somit sowohl ein *Lernziel* als auch ein mögliches *Lernhindernis* des Geographieunterrichts. Mit Blick auf die verschiedenen Rollen von Sprache sind diskontinuierliche Darstellungsformen insofern besonders beachtenswert, als diese die verschiedenen Rollen von Sprache im Geographieunterricht miteinander verbinden. Diese verschiedenen Rollen stelle ich nachfolgend in der Theorie sowie im Licht der geographiedidaktischen Forschung dar.

### 2.2.1 Sprache als Lernziel

Seit dem PISA-Schock im Jahr 2000 (Baumert et al. 2006b), in dem die im internationalen Vergleich schlechten Leistungen deutscher Schüler*innen offensichtlich wurden, ist Sprache auch in einigen Bildungsstandards und Curricula natur- und gesellschaftswissenschaftlicher Fächer verankert. Der Kompetenzbereich Kommunikation ist in den Nationalen Bildungsstandards im Fach Geographie festgeschrieben. Die Schüler*innen sollen dazu befähigt werden, geographische Sachverhalte zu verstehen und sich sachgerecht auszudrücken (K1) sowie mit anderen in Interaktion zu treten (K2):

K1 Fähigkeit, geographisch/geowissenschaftlich relevante Mitteilungen zu verstehen und sachgerecht auszudrücken.

Schülerinnen und Schüler können

- S[5]1 geographisch relevante schriftliche und mündliche Aussagen in Alltags- und Fachsprache verstehen,
- S2 geographisch relevante Sachverhalte/Darstellungen (in Text, Bild, Grafik etc.) sachlogisch geordnet und unter Verwendung von Fachsprache ausdrücken,
- S3 bei geographisch relevanten Aussagen zwischen Tatsachenfeststellungen und Bewertungen unterscheiden,
- S4 geographisch relevante Mitteilungen fach-, situations- und adressatengerecht organisieren und präsentieren.

K2 Fähigkeit, sich über geographische/geowissenschaftliche Sachverhalte auszutauschen, auseinanderzusetzen und zu einer begründeten Meinung zu kommen.

Schülerinnen und Schüler können

- S5 im Rahmen geographischer Fragestellungen die logische, fachliche und argumentative Qualität eigener und fremder Mitteilungen kennzeichnen und angemessen reagieren,
- S6 an ausgewählten Beispielen fachliche Aussagen und Bewertungen abwägen und in einer Diskussion zu einer eigenen begründeten Meinung und/oder zu einem Kompromiss kommen (z. B. Rollenspiele, Szenarien).

(DGfG 2017, S. 22–23)

Budke/Kuckuck (2017a) betrachten die von den Nationalen Bildungsstandards im Fach Geographie geforderten sprachlichen Kompetenzen vor dem Gemeinsamen Europäischen Referenzrahmen für Sprachen[6]. Sie unterscheiden für den Bereich Sprachkompetenz die für den Geographieunterricht relevanten Dimensionen Sprachrezeption, Sprachinteraktion und Sprachproduktion sowohl im Mündlichen als auch im Schriftlichen (vgl. Europarat 2001, S. 62–91). Bezogen auf den Geographieunterricht meint Sprachrezeption, dass Schüler*innen fachspezifische Darstellungen wie z. B. Klimadiagramme, topographische Karten, Texte, Filme, aber auch Unterrichtsgespräche verstehen können. Die Kompetenzdimension Sprachproduktion meint, dass Schüler*innen geographische Phänomene,

[5] S = Standard

[6] Der gemeinsame Europäische Referenzrahmen für Sprachen (GER) erfüllt eine Vielzahl von Funktionen und dient zwischenzeitlich vordergründig zur Beurteilung von Lernfortschritten in einer Fremdsprache. Ziel ist die bessere Vergleichbarkeit europäischer Sprachzertifikate durch Maßstäbe für den Erwerb von Sprachkenntnissen. Der GER wird als Referenzrahmen herangezogen, da er die verschiedenen Anforderungsbereiche an Sprache vor dem Hintergrund der multilingualen Schulrealität sinnvoll aufschlüsselt.

Probleme und Zusammenhänge in angemessener Form mündlich und schriftlich versprachlichen können. Die Dimension der Sprachinteraktion bezieht sich auf den mündlichen oder schriftlichen Austausch über geographische Fachinhalte zwischen mindestens zwei Personen (vgl. Budke/Kuckuck 2017a, 16).

Durch die Festschreibung des Kompetenzbereichs Sprache in den Nationalen Bildungsstandards des Faches Geographie findet sich dieser auch in den circa 50 verschiedenen deutschen Curricula für den Geographieunterricht (verschiedene Klassenstufen und Schulformen in 16 verschiedenen Bundesländern) wieder; wenn auch in unterschiedlichem Ausmaß und unterschiedlicher Komplexität. Budke/Weiss (2014) haben die Lehrpläne hinsichtlich der Sprachkompetenz analysiert und herausgestellt, dass Sprache als Lernziel häufig implizit vorhanden ist, da es als Medium für sehr unterschiedliche Anforderungen benutzt wird. Explizit wird Sprache als Lernziel insbesondere in der Forderung nach dem Erwerb von Fachbegriffen. Die Schüler*innen sollen ihren Fachwortschatz ausbauen und die gelernten Fachbegriffe in einen inhaltlichen Kontext einbinden sowie zur Beantwortung geographischer Fragestellungen nutzen. Ferner sollen sie in der Lage sein, Fachsprache in Alltagssprache zu übersetzen (vgl. Budke/Weiss 2014, S. 114–116). Hofmann et al. (2012) stellen in einem Beitrag zum konstruktivistischen Raumverständnis die besondere Bedeutung von Sprache zur Reflexion über Raum dar. Grundtenor ist, dass Raum nicht normativ gesetzt ist, sondern durch Bedeutungszuschreibungen – (auch) über Sprache – *gemacht* wird (vgl. Hofmann et al. 2012, S. 50). Dies ist ein zentraler Gedanken bei der Diskussion um Sprache als Lernziel in einem konstruktivistischen Verständnis von Geographie(lernen) und Raum, der durch Kommunikation entsteht[7] (vgl. Schwarze 2019, S. 115).

### 2.2.2 Sprache als Lernmedium

Der Erwerb geographischer Kompetenzen ist nicht sprachfrei möglich. Dies ist insofern wenig überraschend, als Sprache das zentrale Medium des Geographieunterrichts und des Fachunterrichts im Allgemeinen ist (vgl. Felder 2006, S. 42). Fachliche Informationen werden sprachlich vermittelt, Unterrichtsmedien werden

[7] Die allgemeine Skepsis gegenüber Sprache als eindeutigem, normiertem Medium kam mit der konstruktivistischen Wende auf und wird unter dem Begriff *linguistic turn* gefasst. Sprache wird demnach nicht länger nur als Medium gesehen, das die Wirklichkeit objektiv erfasst; viel eher wird „alle menschliche Erkenntnis durch Sprache strukturiert" (Nünning 2004, S. 147) und somit das Denken durch Sprache entsprechend beeinflusst.

unter Nutzung der Sprache ausgewertet, Diskussionen über fachliche Zusammenhänge geführt, Arbeitsergebnisse formuliert und Lernfortschritte ebenfalls sprachlich kommuniziert (vgl. Michalak et al. 2015, S. 13). Sprache ist damit die Grundlage des Erwerbs fachlicher Inhalte und gleichzeitig die zu erwerbende Grundlage, um fachlich angemessen zu kommunizieren.

Für das Fach Geographie zeigt sich, dass die Informationsaufnahme über verschiedene textliche und nicht-textliche Darstellungsformen erfolgt. Ein Fokus der Informationsdarstellung liegt auf Sachtexten, die gelesen, verstanden und ausgewertet werden sollen. Die Bedeutung von Sprache schreibt sich im Unterrichtsgespräch fort. Schüler*innen sollen Argumente verstehen und bewerten können sowie unter Beachtung der eigenen Subjektivität selbst Argumente in einer Auseinandersetzung entwickeln und vertreten; das alles ist ohne Sprache nicht möglich. Dies gilt in gleichem Maße für die Präsentation von Arbeitsergebnissen, die sprachlich präzise und korrekt umgesetzt werden sollen. Ein weiterer zentraler Bereich des Geographieunterrichts ist die kritische Reflexion über genutzte Informationen und Medien, aber auch über Unterrichtsergebnisse und den eigenen Lernprozess, die eigene Meinung oder eigene Argumentationsketten. Auch hierzu muss sich wesentlich und auf ausreichend hohem Niveau der Sprache bedient werden (vgl. Budke/Weiss 2014, S. 114–116). In diesem Zusammenhang spielen in den deutschen Lehrplänen Operatoren, die zu kognitiven und sprachlichen Handlungen auffordern, eine zentrale Rolle (vgl. Thürmann 2012, S. 5). Fachübergreifend wichtige Sprachhandlungen im Unterricht sind unter anderem *beschreiben, erklären, vergleichen, analysieren* und *interpretieren* (vgl. Michalak et al. 2015, S. 52).

> Mit der Formulierung von Operatorenlisten für zentrale Prüfungen und mit der Verwendung von Operatoren in der Unterrichtspraxis ist das Ziel verbunden, Klarheit darüber zu schaffen, wie eine Aufgabe zu bearbeiten ist. Während Fragen höchstens implizit zum Ausdruck bringen, in welcher Form sie beantwortet werden sollen, und während bestimmte, geschlossene Fragetypen leicht auf Ein-Wort-Antworten oder eine bloße Wissensabfrage hinauslaufen, besteht mit der Formulierung von Aufgaben mit Operatoren die Möglichkeit, die mit ihnen verbundenen inhaltlichen und sprachlichen Anforderungen klarer und transparenter darzustellen. Allerdings ist diese Transparenz keineswegs automatisch gegeben, und es ist notwendig, bei der Formulierung von Aufgabenstellungen weitere, oft auch fachspezifische Präzisierungen vorzunehmen sowie in einem differenzierenden und sprachfördernden Unterricht Unterstützungsangebote bereitzustellen. (Peuschel/Burkard 2019a, S. 56)

Die Operatoren haben fachspezifische Ausprägungen. So unterscheidet sich beispielsweise der Operator *begründen* von Fach zu Fach teilweise wesentlich (vgl. Tab. 2.3).

**Tab. 2.3** Der Operator *begründen* in den Einheitlichen Prüfungsanforderungen (EPA) ausgewählter Fächer

| | |
|---|---|
| Geographie | Aussagen (zum Beispiel eine Behauptung, eine Position) durch Argumente stützen, die durch Beispiele oder andere Belege untermauert werden |
| Ethik | einen Sachverhalt oder eine Aussage durch nachvollziehbare Argumente stützen |
| Ev. Religion | Aussagen durch Argumente stützen |
| Geschichte | Aussagen (z. B. Urteil, These, Wertung) durch Argumente stützen, die auf historischen Beispielen und anderen Belegen gründen |
| Philosophie | Hinsichtlich der Ursachen und Folgerungen schlüssige Zusammenhänge ausführlich und differenziert darlegen |
| Sozialkunde/ Politik | Zu einem Sachverhalt komplexe Grundgedanken unter dem Aspekt der Kausalität argumentativ und schlüssig entwickeln |

Quelle: verändert nach Peuschel/Burkard 2019a, S. 57

Die verschiedenen Operatoren werden in den Curricula drei Anforderungsbereichen (AFB) zugeordneten. Für das Fach Geographie umfasst der Anforderungsbereich I Reproduktionsleistung, Anforderungsbereich II erfordert Reorganisations- und Transferleistung und der dritte Bereich bezieht sich auf Leistungen der Reflexion und Problemlösung (KMK 2005). Ebenso wie die Definition der Operatoren selbst, ist auch deren Zuordnung zu Anforderungsbereichen nicht in jedem Fach gleich.

> In den EPA für die Fächer Geographie, Geschichte, Philosophie, Sozialkunde/Politik und Wirtschaft werden zum Beispiel die Operatoren *beschreiben* und *wiedergeben* jeweils dem AFB I zugeordnet, *analysieren* und *erläutern* zählen zum AFB II, während *beurteilen, entwickeln* und *Stellung nehmen* dem AFB III zugeordnet werden. Daneben gibt es aber auch Operatoren, die zwei oder sogar allen drei Anforderungsbereichen zugeordnet sind, und zwischen den Fächern bestehen teils Unterschiede in den Zuordnungen. So wird zum Beispiel *darstellen* im Fach Sozialkunde/Politik nur dem AFB I zugeordnet, im Fach Philosophie hingegen den AFB I und II. *Interpretieren* im Fach Geschichte und *eine philosophische Problemreflexion durchführen* im Fach Philosophie verlangen jeweils Leistungen in allen drei Anforderungsbereichen. (Peuschel/Burkard 2019a, S. 56)

Die unterschiedlichen Definitionen der Operatoren sowie deren heterogene Zuordnung zu den Anforderungsbereichen in den Fächern legt erneut eine explizite fachspezifische Adressierung von Sprache im Geographieunterricht nahe.

### 2.2.3 Sprache als mögliches Lernhindernis

Sprache ist also ausgemachtes Lernziel in Curricula und Bildungsstandards und es ist auch das zentrale Medium, um genau diese sprachlichen sowie fachlichen Ziele zu erreichen. Doch die Anforderungen an das Lernen von Fachsprache (vgl. Abschn. 2.1) können ohne explizite Adressierung zum Lernhindernis werden.

Schüler*innen behandeln aktuelle gesellschaftliche Probleme häufig auch außerhalb der Schule in ihrem privaten Alltag und umgekehrt. Sowohl in der Alltags- als auch in der Unterrichtsrealität kann daher eine Vermischung der unterschiedlichen Register stattfinden. So, wie die Schüler*innen mit alltagssprachlich geprägtem Vorwissen in den Unterricht kommen, können sie umgekehrt z. B. auch fachliche Texte im Alltag lesen. Ein aktuelles Beispiel ist der Klimawandel, der im Geographieunterricht behandelt wird, über den sich viele Schüler*innen im privaten Kontext in Bewegungen wie *Fridays for Future* austauschen und der zentraler Gegenstand der Berichterstattung in sozialen und weiteren Medien ist. Die Schüler*innen verfügen also möglicherweise über Informationen, Meinungen und Formulierungen, die sie im Alltagskontext und in Alltagssprache erworben haben. Im Bildungskontext, zum Beispiel beim Lesen eines Fachtextes zum Klimawandel im Geographieunterricht, reichen die alltagssprachlichen Kompetenzen der Schüler*innen aber möglicherweise nicht mehr aus, um Inhalte angemessen zu verstehen und eigene Gedanken fachsprachlich angemessen zu versprachlichen. So gibt es teilweise Fachbegriffe, welche im Fachkontext eine andere Bedeutung haben, als aus dem Alltag bekannt, oder metaphorisch besetzt sind (z. B. Treibhauseffekt). Außerdem müssen die Schüler*innen die Fähigkeit erwerben, alle typischen im Geographieunterricht eingesetzten Medien, wie Texte, Grafiken, Karten, Statistiken etc., zu entschlüsseln.

### 2.2.4 Diskontinuierliche Darstellungsformen und deren Vernetzung als Lernziel, -medium, -hindernis und -hilfe

Eine besondere Rolle in der Diskussion um Sprache und Geographieunterricht nehmen diskontinuierliche Darstellungsformen ein, die sowohl als Lernziel und Lernhindernis, aber auch als Lernmedium und -hilfe fungieren können. Die hohe Anzahl an verschiedenen diskontinuierlichen Darstellungsformen, die Text mit Bild- und Diagrammelementen verbinden, stellen eine Besonderheit des Geographieunterrichts dar (vgl. Kuckuck 2019, S. 179). Zu ihnen gehören Karten, Klimadiagramme, Alterspyramiden, Höhenprofile, Experimente, Modelle, Schemata, Diagramme und Tabellen. All jene Darstellungsformen treten aber auch im Alltag, zum Beispiel in Zeitungen, Nachrichten oder sozialen Medien auf (vgl. Michalak et al. 2017, S. 78). In der Literatur werden der Wechsel und die Vernetzung verschiedener Darstellungsformen als besonders gewinnbringend für das fachliche Verständnis herausgestellt. Doch damit positive Effekte durch den Wechsel von Darstellungen entstehen können, müssen Lernende zunächst dazu befähigt werden, Darstellungsformen überhaupt angemessen zu verstehen und in weiterer Konsequenz zu versprachlichen. Bevor diskontinuierliche Darstellungsformen Lernhilfe sein können, ist ihr Begreifen zunächst Lernziel, damit sie kein Lernhindernis sind (vgl. Ainsworth et al. 2002, S. 25). Diskontinuierliche Darstellungsformen sind nicht selbsterklärend; die Lernenden müssen sie selbst aktiv deuten. Auch „Informationen aus Bildern und Bilderfolgen zu entnehmen, richtet spezifische Verstehensanforderungen an Rezipienten" (Damman-Thedens/Michalak 2012, S. 139). Dies legt nahe, eine *visual literacy* in der Schule fächerübergreifend aktiv zu erwerben (vgl. Michalak 2012a, S. 109). Mit Diagrammen zum Beispiel werden Schüler*innen verstärkt erst an weiterführenden Schulen konfrontiert; sie wissen aus der Grundschulzeit noch nicht viel damit anzufangen (vgl. Stecken 2013, S. 299). Um den vielfältigen sprachlichen und fachlichen Anforderungen von diskontinuierlichen Darstellungsformen gerecht zu werden, schlagen Michalak/Müller (2015, 2016, 2017) sogenannte Sprach-Fach-Netze vor. Diese stellen eine sequenzierte Unterstützung dar. Dabei handelt es sich um ein vierphasiges Modell zur Analyse diskontinuierlicher Darstellungsformen. Das Modell beinhaltet standardisierte Fragen, die anhand verschiedener Erwartungshorizonte aus den Bildungsstandards entwickelt wurden. Es soll außerdem sprachliche Unterstützung gewährleisten. Die erste Phase dient der Orientierung, in der die Dokumentation zentraler Rahmendaten, wie beispielsweise Titel, Quelle, Ort und Zeit der Daten aus dem Diagramm aufgeführt werden. Die zweite Phase soll die genaue Betrachtung der enthaltenen Information eines Diagramms ermöglichen. In Phase drei erfolgt die Erklärung, in der mögliche Gründe, Ursachen und Folgen erläutert werden. Innerhalb dieser Phase müssen Kontextinformationen genutzt werden, die über die im Diagramm dargestellten Informationen hinausgehen. Die vierte Phase der Beurteilung/Bewertung beinhaltet zwei wesentliche Aspekte. Zum einen eine Bewertung bzw. Beurteilung des Diagramms und zum anderen eine Bewertung der dargestellten Inhalte (vgl. Michalak/Müller 2015, S. 153–154). Erste empirische Befunde zeigen eine positive Wirkung bei der Versprachlichung und dem Verständnis von diskontinuierlichen Darstellungsformen, obwohl Anschlussuntersuchungen noch ausstehen, da bisher eine zu geringe empirische Basis vorliegt (vgl. Michalak/Müller 2016, S. 47).

Werden die Darstellungsformen verstanden, so können sie den fachlichen und sprachlichen Verstehensprozess im Geographieunterricht durch Darstellungsvernetzung unterstützen. Während für das Fach Mathematik diverse Studien den positiven Einfluss von Darstellungswechseln auf das Mathematiklernen herausstellen, gibt es für das Fach Geographie noch keine entsprechenden Untersuchungen. Da der Geographieunterricht allerdings ebenso wie der Mathematikunterricht mit einer Reihe von diskontinuierlichen Darstellungen arbeitet, ist anzunehmen, was Wittmann (1981, S. 91) für den Mathematikunterricht argumentiert: „Wissen, das in verschiedenen Darstellungen erworben wurde und verfügbar ist, kann leichter behalten werden und die Fähigkeit, Wissen nach Bedarf in die eine oder andere Form zu transponieren, erhöht die Flexibilität und den Erfolg beim Problemlösen". Werden die Darstellungsformen in ihrer Struktur verstanden, so können sie eine große Lernhilfe sein, insbesondere dann, wenn die Kombination mehrerer Darstellungsformen durchgeführt wird. Dann kann eine Art Übersetzungstätigkeit zwischen realer Sachsituation, Experiment (vgl. Gottwald 2016; Scheuer et al. 2010, S. 92), Bild und der symbolischen Darstellung operationalisiert werden. Die Vernetzung der Darstellungen sollte also unbedingtes Lehr- und Lernziel des Geographieunterrichts sein. Die Darstellungsvernetzung fungiert dann als Problemlöse- und Argumentationsmittel, als Lernmedium, ebenso wie als Begriffs- und Vorstellungsstütze (vgl. Wessel 2015, S. 72). Darüber hinaus ist die Verwendung unterschiedlicher Darstellungsformen ein Schlüssel zur fachlichen und sprachlichen Zusammenführung.

> Der Wechsel der Darstellungsformen erweist sich als der didaktische Schlüssel zum fachlichen Verstehen und ist ein Anlass zur fachlichen Kommunikation. Es ist didaktisch klug, ja, sogar zwingend, diesen Wechsel der Darstellungsformen in das Zentrum der Didaktik des bilingualen Sachfachunterrichts zu stellen. Dadurch ist sichergestellt, dass an den Gegenständen und Belangen des Faches in originärer Weise gearbeitet wird. (Leisen 2005, S. 9)

Die wesentlichen Vorteile der Darstellungsvernetzung liegen in einer sprachlichen Entlastung durch Darstellungsvielfalt sowie der Entwicklung von Sprache und Vorstellungen durch den bewussten Einsatz grafischer und symbolischer Darstellung sowie die gezielten Wechsel der Register innerhalb der verbalen Darstellung (Wessel 2015, S. 77). Es wird also eine Vernetzung der Darstellungsformen angestrebt. Das Modell von Prediger/Wessel (2011), das zwischenzeitlich weiterentwickelt wurde, zeigt auf den verschiedenen Darstellungsebenen (symbolisch, verbal, bildlich, gegenständlich) auch die Untergliederung in Erstsprache (L1) und Zweitsprache (L2) und differenziert die verbale Ebene in die Register fachsprachlich, bildungssprachlich und alltagssprachlich. So wird einerseits auf die vielfältigen Zugangsmöglichkeiten und andererseits auf die möglicherweise sehr heterogenen Eingangsvoraussetzungen von Schüler*innen verwiesen (vgl. Abb. 2.3).

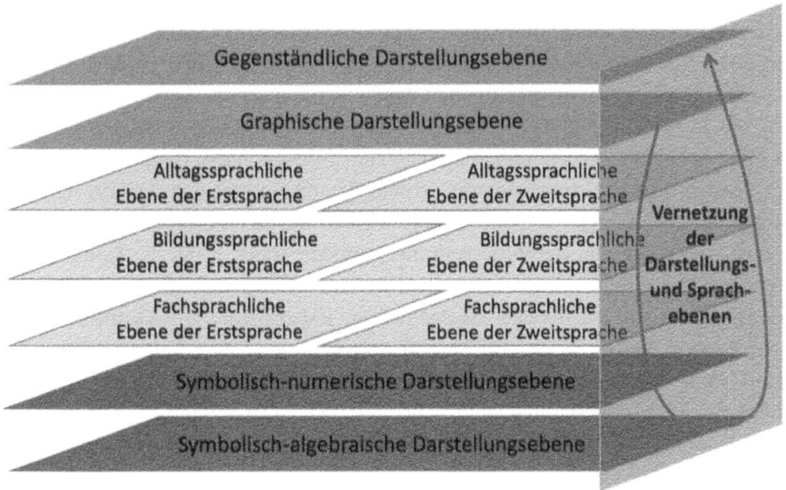


**Abb. 2.3** Modell zur Vernetzung der Darstellungs- und Sprachebenen im Fachunterricht. (Quelle: Prediger 2020, S. 43)

Im Gegensatz zu Darstellungen anderer Autor*innen wird nicht hierarchisch streng zwischen den Ebenen unterschieden. Lediglich die verbale Darstellung in alltags-, bildungs- und fachsprachlich wird eindeutig in der Schwierigkeit hierarchisiert. „Die anderen werden als gleichwertig betrachtet und sind in Hinblick auf ihren Abstraktionsgrad gestuft […]. Denn je nach Kontext und Thema können die Abstraktionsgrade variieren“ (Wessel 2015, S. 78–79). Die Darstellungsvernetzung stellt im Rahmen der vorliegenden Arbeit einen Kernpunkt für die Entwicklungsarbeit dar, da sie sowohl geographie- als auch sprachdidaktisch wertvoll erscheint. Für das Fach Biologie zum Beispiel hat sich die Verknüpfung von Text und Bild als entscheidend für den Aufbau fachspezifischer Kompetenzen erwiesen (vgl. Drumm 2017, S. 51). Die folgenden Punkte legen den Profit eines Darstellungswechsels im sprachsensiblen Fachunterricht aus interdisziplinärer Perspektive dar (vgl. Tab. 2.4).

Die nachfolgende Tabelle zeigt die verschiedenen Abstraktionsgrade von Sprache mit Beispielen für den Geographieunterricht aus der in der vorliegenden

**Tab. 2.4** Mehrwert von Darstellungswechseln

|  |
|---|
| 1. Fachlich: Es handelt sich um eine den Sachverhalten angemessene Darstellung. |
| 2. Didaktisch: Ein Sachverhalt wird leichter und besser verstanden, wenn er über verschiedene Formen der Darstellung angegangen wird. |
| 3. Methodisch: Ein Wechsel der Darstellungsformen ist motivierender. |
| 4. Lernpsychologisch: Es werden mehrere Wahrnehmungskanäle benutzt. |
| 5. Pädagogisch: Die Nutzung unterschiedlicher Darstellungsformen erlaubt eine ebenso angemessene wie leistbare Binnendifferenzierung und lässt die arbeitsteilige Bearbeitung in Gruppen zu. |
| 6. Sprachdidaktisch: Fachliche Inhalte sind ohne sprachliche Darstellung verständlich; anhand nicht-sprachlicher Darstellungen kann fachlich angemessene Versprachlichung explizit geübt werden. |

Quelle: verändert nach Leisen 2013, S. 37

Studie untersuchten, sprachsensiblen Unterrichtsreihe (vgl. Tab. 2.5). Dabei sind, wie auch für die Mathematikdidaktik, die unterschiedlichen Abstraktionsgrade abgebildet, wobei die abstrakten Darstellungen oft – aber nicht immer und nicht zwangsläufig – weniger intuitiv zugänglich sind als konkrete Darstellungen.

**Tab. 2.5** Wechsel der Darstellungsform im Fach Geographie

<table>
<tr><th></th><th>Ebene</th><th>Sprache</th><th>Bsp.: Plattentektonik (Dichte)</th></tr>
<tr><td>hoher Abstraktionsgrad</td><td>mathematisch</td><td>mathematische Sprache: Gesetze, Formeln, Maßeinheiten</td><td>Maßeinheiten<br>kontinentale Kruste = 2,7 g/cm$^3$<br>ozeanische Kruste = 3,0 g/cm$^3$</td></tr>
<tr><td></td><td>symbolisch</td><td>Symbolsprache: Diagramme, Graphen Tabellen</td><td>Tabelle
<table>
<tr><th></th><th>Erdbebengebiet</th><th>Jahr</th><th>Magnitude</th><th>Breitengrad</th><th>Längengrad</th></tr>
<tr><td>1</td><td>Nahe der Stadt Concepción, Chile</td><td>1960</td><td>9,5</td><td>38°S</td><td>74°W</td></tr>
<tr><td>2</td><td>Südalaska</td><td>1964</td><td>9,2</td><td>61°N</td><td>147°W</td></tr>
<tr><td>3</td><td>Vor der Westküste Nordsumatras, Indonesien</td><td>2004</td><td>9.1</td><td>3°N</td><td>96°O</td></tr>
</table></td></tr>
<tr><td></td><td>sprachlich</td><td>Fachsprache oder Alltagssprache in Form von Text, Mind-Map, Gliederung, Definitionen</td><td>Sachtext<br>Es gibt zwei verschiedene Arten der Erdkruste (Abb. 1):<br>1. Die kontinentale Kruste ist bis 70 km dick. Das Material ist relativ leicht, man sagt, die kontinentale Kruste hat eine geringe Dichte.<br>2. Die ozeanische Kruste liegt unter dem Meer und hat eine Dicke von 5-8 km. Das Material hat eine eine relativ hohe Dichte.</td></tr>
</table>

(Fortsetzung)

**Tab. 2.5** (Fortsetzung)

| | Ebene | Sprache | Bsp.: Plattentektonik (Dichte) |
|---|---|---|---|
| niedriger Abstraktionsgrad | bildlich | Bildsprache: Bild, Filmleiste, Zeichnung, Piktogramm, Karten | schematische Zeichnung 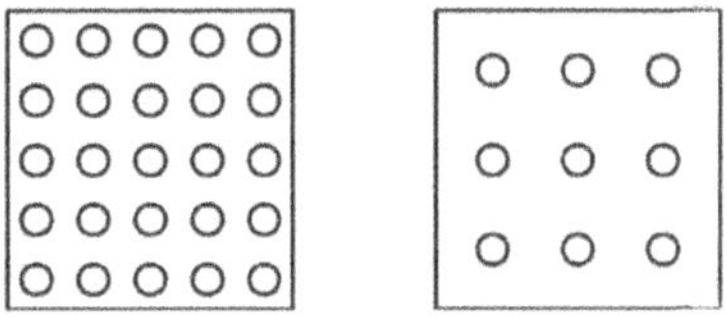 |
| | gegenständlich | nonverbale Darstellung: Gegenstand, Experiment, Handlung | Experiment 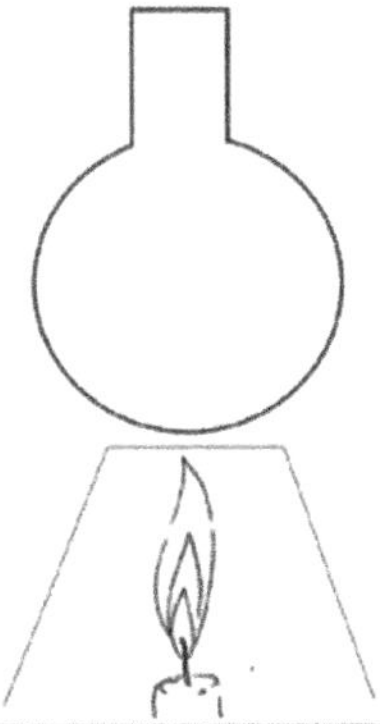 |

Quelle: verändert und erweitert nach Leisen 2013, 34, 36

## 2.2.5 Empirische Befunde und konzeptionelle Arbeiten zu Sprache im Geographieunterricht

In der geographiedidaktischen Forschung lassen sich nach Budke/Kuckuck (2017a) fünf interdisziplinäre und übergeordnete Diskurse zum Thema Sprache im Geographieunterricht identifizieren: (1) Integration durch Sprachförderung, (2) Sprachförderung im bilingualen Sachfachunterricht Geographie, (3) Förderung von Sprach- und Kommunikationskompetenz, (4) *linguistic turn* und (5) Inklusion durch Sprachförderung. Nachfolgend werden Arbeiten aus allen Bereichen, abgesehen von (4) *linguistic turn*, zu dem es bisher kaum Forschung gibt, beleuchtet. Insgesamt ist zu konstatieren, dass bisher wenige empirische Befunde, insbesondere in Blick auf Wirksamkeitsuntersuchungen, vorliegen.

Speziell für das Fach Geographie liegen empirische Erkenntnisse zum Zusammenhang von Sprachkompetenz und Fachkompetenz nur in Form eines Vergleichs von IGLU und TIMSS aus dem Jahr 2011 vor. Beim Vergleich der in IGLU erhobenen Leseleistungen mit den geographischen Kompetenzen, erhoben über TIMSS, zeigen sich deutlich positive Zusammenhänge zwischen den Kompetenzen Lesen und Geographie ($r = .69$) (vgl. Bos et al. 2012b, S. 280). Ahrenholz (2010) untersuchte eine Sachunterrichtsstunde in der dritten Klasse hinsichtlich der Versprachlichung fachlicher Inhalte. Es zeigten sich bei Schüler*innen mit Migrationshintergrund große Schwierigkeiten. Doch auch einsprachig deutsche Kinder hatten Probleme bei der Verwendung neuer bildungssprachlicher Begriffe und arbeiteten immer wieder mit alltagssprachlichen Satzkonstruktionen (vgl. Ahrenholz 2010, S. 32). Losgelöst vom Geographie- und Sachunterricht zeigt die Studie von Rank et al. (2018) bei der Untersuchung von 222 Vorschulkindern insofern analoge Befunde, als in dieser Studie die Kinder mit Deutsch als Zweitsprache ein ähnliches bildungssprachliches Niveau erreichen wie diejenigen mit Deutsch als Erstsprache. „Andererseits bestätigt sich der Befund, dass schon im Vorschulalter der Bildungshintergrund im Elternhaus und die kognitiven Fähigkeiten der Kinder signifikante Einflussgrößen auf die Erlangung (bildungs)sprachlicher Fähigkeiten sind" (Rank et al. 2018, S. 126). Weitere empirische Studien zum Zusammenhang, insbesondere von Fachsprache und Fachwissen stehen aus.

Im geographieunterrichtlichen Kontext von Sprache und Fach ist der Bereich des Argumentierens bisher empirisch am intensivsten beforscht (vgl. Budke 2011; Budke/Creyaufmüller et al. 2015; Budke/Kuckuck et al. 2015; Budke/Uhlenwinkel 2013; Budke/Weiss 2014; Uhlenwinkel 2015). Argumentieren wird fächerübergreifend als ein wichtiger Weg zur Problemlösung benannt und für den Geographieunterricht als zentrale Bedingung für Lernerfolg herausgestellt (Budke et al. 2010, S. 182; vgl. Budke/Meyer 2015, S. 15). Insbesondere für multimodale, komplexe Problemstellungen kann das Argumentieren Schlüssel zum Verständnis sein (vgl. Leder 2015, S. 148). Auch bei der Argumentationskompetenz sind die drei oben genannten Rollen von Sprache Interaktion, Produktion und Rezeption bedeutsam. Das bedeutet, auf der einen Seite müssen Schüler*innen Argumentationen erkennen und in ihren einzelnen Bestandteilen verstehen können, auf der anderen Seite müssen sie eigene Argumentationen führen und mit ihnen interagieren können. Hierzu können sie sich Muster von Argumentationen bedienen (vgl. Budke et al. 2010, S. 183). Rezeptives und produktives Argumentieren kann auf unterschiedlichen Kompetenzniveaus stattfinden. Budke et al. (2010, S. 185) differenzieren vier Kompetenzstufen. Sie fordern Folgendes auf dem höchsten Niveau:

> Schüler äußern zu einem geographischen Sachverhalt ihre Meinung und können diese mit überwiegend geeigneten, relevanten und gültigen Argumentationen begründen.

> Sie berücksichtigen den Adressaten ihrer Argumentation in angemessener Weise. Ihre Argumentation ist komplex und berücksichtigt mehrere Perspektiven.
>
> Schüler erkennen, dass eine begründete Meinung zu einem geographischen Problem geäußert wird. Die Güte komplexer Argumente können sie anhand der Kriterien Relevanz, Eignung, Gültigkeit und Adressatenbezug richtig beurteilen. (Budke et al. 2010, S. 186)

Diese Kompetenzen werden im Geographieunterricht aber häufig nicht angesprochen. Insbesondere auf höheren Argumentationsebenen, etwa bei der Reflexion über Argumente, gibt es deutliche Lücken (vgl. Kuckuck 2015, S. 86). Unterrichtsbeobachtungen im Fach Geographie zeigen, dass in nur 8,4 % der beobachteten Stunden Argumentation stattfindet (vgl. Budke 2012, S. 26). Besonders selten findet Argumentation in der Sekundarstufe I statt (5,5 % der Stunden im Vergleich zu 12,2 % in der Sek. II) (vgl. Budke 2012, S. 26). Argumentationskompetenz kommt also anscheinend insgesamt eine geringe Bedeutung im Schulalltag zu (vgl. Kuckuck 2014, S. 101). Schulbuchanalysen der Bundesländer Berlin, Brandenburg und Nordrhein-Westfalen ergaben, dass nur 6,7 % der Aufgaben Argumentationen fördern, wobei ein Großteil dieser Aufgaben auf die mündliche Argumentation in den Bereichen Produktion und Interaktion fällt (vgl. Budke 2011, S. 257–259). Die empirischen Untersuchungen im Bereich Argumentieren legen nicht nur offen, dass das Einüben von Argumentieren im Geographieunterricht eine marginale Rolle einnimmt, sondern auch, dass Schüler*innen gezielt Unterstützung zur Erlangung von Argumentationskompetenzen benötigen (vgl. Uhlenwinkel 2015, S. 59) und die Argumentationskompetenz bei Abiturient*innen nicht ausreichend ist, wie die Analyse von 60 Abiturklausuren im Fach Geographie in NRW zeigt (vgl. Budke/Weiss 2014).

Ein weiterer ausführlicher untersuchter Forschungsbereich von Sprache im Geographieunterricht, insbesondere in Form von konzeptionellen Arbeiten, ist bilingualer Unterricht (vgl. Böing 2009; Klein 2017; Lenz 2013; Meyer et al. 2017; Morawski 2019; Serwene 2017). Die Besonderheit bilingualen Sachfachunterrichts ist, dass Inhalt und Sprache zusammen gedacht werden; Sprache erreicht dadurch einen anderen Stellenwert als im herkömmlichen Geographieunterricht. Vor allem im Kontext der genannten Erkenntnisse zur Bedeutsamkeit vom Einbezug der Erstsprache im Fachunterricht bereichert bilingualer Unterricht den Diskurs, denn sobald Sprache (auch) die Funktion einer Arbeitssprache hat, wird die Erstsprache der Lernenden nicht ausgeschlossen und kann im wörtlichen Sinne des Konzeptes ebenfalls im Unterricht Verwendung finden (vgl.

Böing/Palmen 2013, S. 46). Eine Studie von Morawski/Budke (2017) zeigt positive Auswirkungen bilingualen Geographieunterrichts auf das Bewusstsein von Sprache im Fachunterricht:

> The results show that bilingual geography teachers assume key values related to language-awareness in geographic language. These results strongly allow discussion of language-aware implications, particularly in terms of structuring, visualization and transparency of discourse functions language awareness. (Morawski/Budke 2017, S. 61)

Im Kontext von Sprache und Geographieunterricht ist neben den Schulbuchanalysen zu Argumentationsaufgaben auch eine Studie von Relevanz, die die Textschwierigkeit von Geographieschulbüchern von Klasse 5 bis 10 untersucht. Die Studie von Berendes et al. (2018) zeigte nach der Analyse von 2928 Texten nur teilweise Anhaltspunkte für eine systematische Zunahme der Textkomplexität im Hinblick auf Klassenstufen und Schulformen. Darüber hinaus fielen deutliche Unterschiede zwischen den Verlagen auf (vgl. Berendes et al. 2018, S. 525). Diese Inkonsistenz hinsichtlich der Textschwierigkeit stützt die Annahme, dass unklar ist, was einen Schulbuchtext sprachlich und fachlich angemessen für eine bestimmte Niveaustufe macht – oder aber, dass zu wenig über die Angemessenheit von Schulbuchtexten reflektiert wird. Dass ein angemessener Schulbuchtext so geschrieben ist, dass er die Schüler*innen zwischen dem aktuellem und nächsten Kompetenzniveau abholt (vgl. Berendes et al. 2018, S. 519), ist angesichts der hohen Heterogenität innerhalb der Klassen ein schwammiger und daher gleichfalls schwierig zu operationalisierender Anspruch. Nichtsdestotrotz bestehen Versuche, Texte angemessen zu kategorisieren. So analysiert das Regensburger Analysetool für Texte *Ratte* Texte nach Kriterien wie Umfang, Syntax und Wortlänge und ordnet sie einer Jahrgangs- und Schwierigkeitsstufe zu (vgl. Wild/Pissarek o. J.). Vor dem Hintergrund angemessener Textschwierigkeit und dem entsprechenden Textverständnis sind die Ergebnisse einer Studie von Härtig et al. (2019) bemerkenswert. In drei experimentellen Studien mit randomisierten Gruppenvergleichen wurde das Textverständnis aus verschieden schwierigen Texten desselben Inhalts in einem Prä-Post-Design verglichen. Es zeigte sich, dass die Schüler*innen in allen Textvarianten gleich viel lernten (vgl. Härtig et al. 2019, S. 281–284). Für die Verleger*innen und Autor*innen von Schulbüchern sowie für die Lehrpersonen und die vorliegende Studie könnte sich aus diesen Erkenntnissen auf der einen Seite der Anspruch ableiten, Texte im Geographieunterricht auf Lesbarkeitsmerkmale hin zu untersuchen sowie die ihnen angebotenen Lernmaterialien sorgfältig zu prüfen. Auf der anderen Seite bedeutet es auch, insbesondere nach dem Lesen zu prüfen, inwiefern das Gelesene verstanden wurde und gegebenenfalls mit weiteren Zugängen (z. B. einem Experiment, bildlicher Darstellung etc.; Stichwort Darstellungsvernetzung) das Verständnis sicherzustellen.

Im internationalen Forschungskontext sind in Bezug auf Sprache und Geographieunterricht die weiter oben in diesem Kapitel zitierten Schulleistungsstudien TIMSS und IGLU zu nennen, die eine hohe Korrelation zwischen Geographieleistung und Leseleistung zeigen ($r = .69$). Weitere internationale Forschung, die sich explizit mit Fachsprache im Geographieunterricht beschäftigt, ist mir abgesehen von Erkenntnissen aus dem Bereich des bilingualen Geographieunterrichts nicht bekannt. Ein möglicher Grund hierfür könnte sein, dass fachsprachliche Anforderungen im Deutschen andere sind als beispielsweise im Englischen. So spielt für einen kompetenten Umgang mit Fachsprache im Englischen vor allem die lexikalische Ebene eine zentrale Rolle, während sich Aspekte der Syntax weniger stark von Alltagssprache unterscheiden.

Neben den dargestellten empirischen Erkenntnissen sind für die Konzeption und somit für die Design-Kriterien von sprachsensiblem Geographieunterricht ebenfalls bereits entwickelte Unterrichtsmaterialien für den Geographieunterricht mit sprachsensibler Ausrichtung von Belang (vgl. Budke/Morawski 2019; Czapek 2014; Düppe 2013; Felzmann/Conrad 2017; Heuzeroth 2017; Kniffka/Neuer 2008; Kuckuck/Röder 2017; Lindau/Renner 2017; Morawski et al. 2017a, 2017b; Oleschko et al. 2016; Recknagel/Hempowicz 2017; Reisch 2017; Reumont/Morawski 2017; Wassong/Kuckuck 2017; Weißenburg 2013). Besondere Berücksichtigung finden die Arbeiten von Conrad (2014, 2016) sowie Felzmann/Conrad (2017) in der Umsetzung der sprachsensiblen Geographieunterrichtsreihe, da diese thematisch besonders passend sind.

Sprache ist ausgemachtes Lernziel in den Bildungsstandards und nimmt unterschiedliche Rollen und Funktionen im Geographieunterricht ein, die explizit thematisiert werden müssen, um der Forderung nach Sprachsensibilität Nachdruck zu verleihen. Bisher gibt es verschiedene unvermittelt koexistierende konzeptionelle Ansätze und auch teilweise empirische Befunde, die auf die Notwendigkeit sprachsensibler Adressierung im Geographieunterricht hindeuten. Einen zentralen Schlüssel zum besseren Verstehen im Fach könnte die Vernetzung diskontinuierlicher und kontinuierlicher Darstellungsformen darstellen. Design-Kriterien, die als Grundlage für die Konzeption von sprachsensiblem Geographieunterricht herangezogen werden und die Grundlage für Wirksamkeitsuntersuchungen sein könnten, gibt es bisher allerdings nicht. Die aufgeführten geographiedidaktischen Erkenntnisse fließen in die Konzeption der Design-Kriterien ein und sind in dieser Form auch Bestandteil der vorliegenden Wirksamkeitsstudie.

## 2.3 Theoretische und empirische Erkenntnisse zu Sprache im Fachunterricht aus anderen Fächern

Insgesamt sind trotz zunehmender Forschungsarbeiten im Bereich Sprache und Fachunterricht bisher noch wenige evidenzbasierte Forschungsbefunde vorhanden. Während der Zusammenhang zwischen Fachsprache und Fachkompetenz in vielen Fächern, allen voran der Mathematik, empirisch gut abgesichert ist, differenziert sich das Forschungsfeld im Bereich sprachsensibler Interventionen gerade erst aus. Im folgenden Abschnitt löse ich den Blick von der Geographiedidaktik und weite ihn auf Forschung in anderen Fächern. Denn für das Fach Geographie als Brückenfach zwischen Gesellschafts- und Naturwissenschaft liegt es nahe, dass gleichfalls Erkenntnisse aus den benachbarten Fächern nutzbar gemacht werden können. Besonders weit fortgeschritten ist in diesem Feld die Forschung in der Mathematikdidaktik.

### 2.3.1 Fach- und Sprachkompetenz im Mathematikunterricht

Der Zusammenhang zwischen Sprachkompetenz und Mathematikleistung ist empirisch zwischenzeitlich vielfach belegt (vgl. Prediger 2019, S. 20). Beim Vergleich der Ergebnisse von IGLU und TIMSS zeigen sich deutlich positive Zusammenhänge zwischen den Kompetenzen in Lesen und Mathematik ($r = .54$). 2011 fiel der Erhebungszeitpunkt beider Studien zusammen, sodass die Studien mit gemeinsamer Stichprobe von 3928 Schüler*innen durchgeführt werden konnten (vgl. Bos et al. 2012a, S. 237). In einer Längsschnittstudie untersuchten Paetsch et al. (2016) bei 3169 Schüler*innen von der vierten bis zur sechsten Klasse den Einfluss der Lesekompetenz auf die mathematische Konzeptentwicklung. Es zeigte sich, dass auch unter Kontrolle des sozioökonomischen Status und der allgemeinen kognitiven Grundfähigkeiten ein signifikanter Zusammenhang besteht. Im Längsschnitt zeigte sich außerdem, dass die Lesekompetenz den mathematischen Lernzuwachs teilweise vorhersagen kann (vgl.

Paetsch et al. 2016, S. 37). Ebenfalls einen Zusammenhang zwischen Rechen- und Schriftsprachkompetenz untersuchten Schwenck/Schneider (2003) bei 115 Erstklässler*innen. Mittels einer qualitativen Clusteranalyse identifizierten sie vier verschiedene Kompetenzgruppen hinsichtlich der Rechen- und Lesekompetenz. Durch Mittelwerts- und Einzelvergleiche sowie einer Diskriminanzanalyse mit anschließender Reklassifikation ließen sich Hinweise darauf finden, dass kombinierte Schwächen in Rechen- und Leseleistung häufiger vorkommen als bis dato angenommen (vgl. Schwenck/Schneider 2003, S. 264). In einer qualitativen Untersuchung von Kern et al. (2017) mit förderbedürften Grundschulkindern stellten sich fachsprachliche Strukturen ebenfalls als ein erschwerender Faktor beim Erwerb von Rechenstrategien heraus (vgl. Kern et al. 2017, S. 241–242). Während sich die bislang angeführten Studien auf den Primarbereich beziehen, zeigt die Forschung von Prediger et al. (2015) mit 1495 Zehntklässler*innen ebenfalls Evidenz für den Sekundarbereich. In der Untersuchung ergaben sich hohe Korrelationen zwischen der Sprachkompetenz und der Mathematikleistung bei den Zentralen Prüfungen in der 10. Klasse (vgl. Prediger et al. 2015, S. 23–24). Eine weitere Studie von Heppt et al. (2016) mit Viertklässler*innen (N = 22.015) stellt dar, dass fachsprachliche Kompetenz höher mit den erreichten mathematischen Leistungen korreliert als die alltagssprachliche Kompetenz (vgl. Heppt et al. 2016, S. 248–249).

Diverse Studien, die den Zusammenhang zwischen Sprachkompetenz und Fachkompetenz im Fach Mathematik untersucht haben, fokussieren (auch) auf die Herkunft und Erstsprache der Schüler*innen. So zeigt die quantitative Studie von Heinze et al. (2007) mit 556 Erstklässler*innen auf, dass Kindern mit Migrationshintergrund bei Kontrolle der kognitiven Grundfähigkeiten in manchen Bereichen des mathematischen Wissensaufbaus benachteiligt sind. Diese Unterschiede verschwinden, wenn der alltagssprachliche Sprachstand kontrolliert wird. Heinze et al. (2007) interpretieren dies als Hinweis auf den Einfluss der Deutschkompetenz beim Aufbau mentaler Repräsentationen oder allgemeiner auf den Erwerb mathematischer Kenntnisse im Deutschen. Eine Längsschnittstudie von Heinze et al. (2011) mit 292 Schüler*innen über einen Zeitraum von drei Jahren ergab, dass die sprachliche Kompetenz in Deutsch zu Beginn der Grundschulzeit für die Mathematikkompetenz zum Ende der Klassenstufe 1, 2 und 3 relevant ist. Disparitäten zwischen Kindern mit und ohne Zuwanderungshintergrund lagen bei bis zu einem Drittel der Standardabweichung in der Mathematikkompetenz. Bei Kontrolle der bei Schuleintritt diagnostizierten Sprachkompetenz im Deutschen kam es zu keinem Zeitpunkt mehr zu signifikanten Unterschieden. Dass die Sprachfähigkeit in der Zweitsprache Deutsch zu Beginn der Grundschulzeit prädikativ für die Mathematikkompetenz in der vierten Jahrgangsstufe unter Kontrolle der allgemeinen kognitiven Grundfähigkeiten ist, zeigte auch die Datenauswertung von 502 Viertklässer*innen (67 % mit Migrationshintergrund) der Längsschnittstudie BeLesen (vgl. Mücke 2007, S. 279). Eine Studie von Paetsch et al. (2015) mit 370 Schüler*innen nichtdeutscher Herkunftssprache der dritten Klasse legt dar, dass Lesekompetenz und Wortschatzkenntnisse deutlich mit der Mathematikkompetenz zusammenhängen. Dieser Zusammenhang wurde nicht nur bei sprachlich anspruchsvollen Aufgaben, sondern auch bei einfacheren Aufgaben deutlich (vgl. Paetsch et al. 2015, S. 25–26). Ferner stellt Bernardo (2005) in Untersuchungen mit 111 bilingualen philippinisch-englischen Viertklässler*innen höhere Lösungshäufigkeiten bei mathematischen Textaufgaben fest, die in der Erstsprache der Kinder gestellt werden (vgl. Bernardo 2005, S. 420–421). Dieser Befund deutet auf einen Einfluss der Sprachkompetenz auf die mathematische Kompetenz von Schüler*innen und möglicherweise auf die Notwendigkeit des Einbezugs der Erstsprache im Mathematikunterricht hin. Eine Studie von Rehbein (2011), bei der türkischsprachige Viertklässer*innen in Gruppenarbeit während der Bearbeitung mathematischer Aufgaben ohne Lehrkräfte aufgenommen wurden, unterstützt die Forderung nach Einbezug der Erstsprache in den Mathematikunterricht ebenfalls. Es zeigte sich in der Studie, dass die Kinder zur mathematischen Aufgabenbewältigung auch Türkisch miteinander sprechen und nicht wie erwartet nur in der Schulsprache kommunizieren. Rehbein schlussfolgert daraus, dass die Erstsprache der Kinder mehr Akzeptanz als Arbeitssprache im Unterricht finden muss und spricht sich für eine Abkehr von dogmatischer Einsprachigkeit an Schulen aus (vg. Rehbein 2011, S. 227–228). Auch Clarkson (2006) beobachtet, dass Schüler*innen zwischen Erst- und Zweitsprache beim Mathematiklernen wechseln; er untersuchte 85 vietnamesisch sprechende Australier*innen in der vierten Klasse (vgl. Clarkson 2006, S. 195–196). Zu ähnlichen Ergebnissen kommt eine Laborstudie mit 31 Schüler*innen der Klassen 4–6 mit türkischem Migrationshintergrund. In halboffenen Interviews wurde untersucht, in welcher Sprache die Schüler*innen die Aufgabe eher lösen. Es zeigte sich hier, dass der Einbezug der Erstsprache Türkisch teils positive Effekte auf die Lösung der Aufgaben hatte. Die Autor*innen empfehlen daher, die Erstsprache der Schüler*innen möglichst in den Unterricht miteinzubeziehen und nicht per se auszuschließen (vgl. Meyer/Prediger 2011, S. 201).

Obwohl die Forschungslage in der Mathematikdidaktik zur Fachsprache fortgeschritten ist, liegt ein weiteres Desiderat in der Erörterung dessen, was genau erschwerende sprachliche Faktoren (auch in anderen Fächern) sind (vgl. Prediger 2019, S. 23). Gogolin et al. (2004) untersuchen 136 Siebtklässler*innen von insgesamt drei Gymnasien und drei Hauptschulen hinsichtlich ihrer sprachlichen

Kompetenz in Deutsch und deren Bedeutung für das Mathematiklernen. Insbesondere komplexe Satzstrukturen und weitere grammatische Besonderheiten werden als erschwerender Faktor beim Mathematiklernen betrachtet; dem nachgeordnet sind Elemente auf lexikalischer Ebene.

> In Bezug auf spezifische mathematikorientierte sprachliche Fähigkeiten ist evident, dass eine hinreichende Anzahl präzise gebrauchter grammatischer Einheiten als Steuerungselemente notwendig sind, um sachdienlich und zielgerichtet vorzugehen. Weniger bedeutend scheint hingegen das Verfügen über lexikalische Einheiten, eingeschlossen den sog. fachlichen Wortschatz. (Gogolin et al. 2004, S. 151)

Fach- und Bildungssprache werden auch in den Untersuchungen zum Argumentieren im Fach Mathematik von Prediger/Hein (2017) durchgehend als erschwerende Faktoren ermittelt. In der qualitativen Design-Studie (N = 20; 14- bis 15-jährige Schüler*innen) wurden die mündlichen und schriftlichen Versuche untersucht, logische Zusammenhänge beim mathematischen Beweisen im Bruchrechnen auszudrücken. Es zeigten sich erste Einsichten in die Komplexität der syntaktischen und lexikalischen Anforderungen im Zusammenhang mit logischen Verbindungen. Frank/Gürsoy (2015) stellen in einer Übersicht verschiedener Forschungsprojekte ebenfalls heraus, dass die sprachlichen Anforderungen im Mathematikunterricht aufgrund der spezifischen Textsorten hoch sind. So seien für das erfolgreiche Lösen von Textaufgaben ein fachsprachliches Repertoire, Strategien zum Umgang mit Sprache sowie Wissen über die Aufgaben und Kennzeichen der Textsorten notwendig (vgl. Frank/Gürsoy 2015, S. 155). Die sprachlichen Anforderungen im Mathematikunterricht werden in verschiedenen weiteren Beiträgen gesammelt (Clarkson 2009; Duval 2006; Gellert 2011; Rösch/Paetsch 2011); ein Konsens darüber, was genau Elemente von mathematischer Fachsprache sind, besteht allerdings noch nicht. Dass in den Fachdidaktiken noch nicht ausreichend Klarheit darüber besteht, welche sprachlichen Elemente für den Fachunterricht zu fokussieren sind, zeigt auch das Ergebnis einer quantitativen Umfrage unter 345 Lehrpersonen sowie sogenannten Sprachfördercoaches, Personen für Lehrer*innenfortbildungen zum Thema Sprachförderung, von Jost et al. (2017). Demgemäß wird die Unterscheidung Alltagssprache und Fachsprache zwar von Mathematiklehrkräften als relevant identifiziert, Sprachfördercoaches hingegen benennen ein viel differenzierteres Spektrum an sprachlichen Phänomenen als Grundlage für erfolgreiche Lernprozesse im Fachunterricht.

Zu der Frage, wie sprachsensibler Mathematikunterricht aussehen soll, gibt es unterschiedliche Ansätze, die in ihrer Methodik oft der DaZ- und Fremdsprachendidaktik entlehnt sind (vgl. Prediger 2019, S. 23). Dabei wird es als zentral erachtet, dass Fachsprache nicht isoliert gelernt wird, sondern immer im fachlichen Kontext authentisch eingebettet ist (vgl. Linnemann et al. 2017, S. 282). Sprachliches Scaffolding ist in diesem Kontext in vielen empirischen Arbeiten aus der Mathematikdidaktik gewinnbringend. Beim Scaffolding handelt es sich um einen konstruktivistischen Lehr-Lern-Ansatz, in dem die Lernenden durch die Bereitstellung gestufter Hilfen beim Lernprozess unterstützt werden (für nähere Ausführungen vgl. Abschn. 3.3). Prediger/Wessel (2013) untersuchten ein sprachsensibles Treatment zu Brüchen. Dabei zeigten sich ebenfalls positive Effekte des sprachlichen Scaffoldings in der Experimentalgruppe (vgl. Prediger/Wessel 2013, S. 448). Eine weitere Erkenntnis war, dass das sprachliche Scaffolding in der Unterrichtskommunikation für die Lehrkräfte – trotz vorangehender Schulung – herausfordernd ist und die Qualität der Umsetzung stark variiert (vgl. Prediger/Wessel 2013, S. 454). Umfassend beschäftigte sich Wessel (2015) in ihrer Dissertation mit den Effekten sprachsensiblen Mathematikunterrichts auf die fachlichen Mathematikkompetenzen im Themenkomplex Brüche unter Einbezug von sprachlichem Scaffolding und Darstellungsvernetzung. Sie untersuchte mit dem Design-Based Research-Ansatz 303 Schüler*innen der Sekundarstufe I und stellte Effekte in Hinblick auf einen positiven fachlichen Kompetenzzuwachs fest. Zwischenzeitlich ist die Forschung soweit gediehen, dass zwei Interventionsansätze beim Lernen mit Brüchen gegenübergestellt werden können und die verschiedenen Sprachhintergründe der Schüler*innen Berücksichtigung finden (ein- vs. mehrsprachig). Auch an dieser Stelle zeigen sich für beide Interventionsformen im Vergleich zur Kontrollgruppe Vorteile, wobei keine signifikanten Unterschiede zwischen den Interventionen ausgemacht werden konnten (vgl. Prediger/Wessel 2018, 12–13). Die Forschung von Dröse/Prediger (2019) geht auf Basis aktueller Empirie davon aus, dass es bei der Bewältigung von Textaufgaben facheigene Strategien braucht. Sie entwickeln daher Design-Kriterien und ein entsprechendes Treatment, das zentral auf Scaffolding basiert (vgl. Dröse/Prediger 2019, S. 112–116). Kernerkenntnis ihrer Forschung ist, dass fachspezifische Lesestrategien für das fachliche Verständnis notwendig und hilfreich sind. Dröse (2019) beschäftigt sich in ihrer Dissertation mit dem Lesen und Verstehen von Textaufgaben im Mathematikunterricht und entwickelt dabei Design-Kriterien für eine entsprechende Unterrichtsreihe, die begleitend beforscht wird. Dabei spielt sprachliches Scaffolding ebenfalls eine zentrale Rolle. Die Begleitforschung gibt erste Hinweise auf die Wirksamkeit der sprachsensiblen Design-Kriterien für das Leseverständnis von Textaufgaben (vgl. Dröse

2019, S. 300). Prediger/Zindel (2017) erreichten durch systematische Scaffolds beim Argumentieren ebenfalls positive Effekte auf Sprach- und Fachkompetenz bei den 94 untersuchten Schüler*innen der 8. bis 11. Klassen. Götze (2018) untersuchte die schriftliche Erklärkompetenz operativer Zusammenhänge von Kindern im Mathematikunterricht und zeigte, dass sprachlich-lexikalische Unterstützung in Form von Scaffolds die Erklärkompetenz verbessert. Prediger (2019, S. 23) fasst vier Kriterien für sprachsensiblen Matheunterricht zusammen, die sich bisher in der Mathematikdidaktik empirisch bewährt haben: (1) konsequente Diskursanregung, (2) Darstellungsvernetzung, (3) Scaffolding, (4) Vielzahl kommunikationsaktivierender Methoden und sprachlicher Unterstützungsformate.

Aus vielen der genannten Studien ist empirisch geprüftes Unterrichtsmaterial entstanden, das für die vorliegende Arbeit gesichtet und, soweit möglich und sinnvoll, in der eigens entwickelten Unterrichtsreihe berücksichtigt wurde. Weitere konzeptionelle Arbeiten sind ebenfalls von Relevanz, auch wenn diese nicht in empirische Wirksamkeitsforschung eingebunden waren (vgl. Wellenreuther 2010). Umfassendes Material gibt es auch auf der Website des Deutschen Zentrums für Lehrerbildung Mathematik (DZLM o. J.) sowie aus Projekten auf der Webseite der Universität Dortmund (Technische Universität Dortmund o. J.). Weitere Studien und einen guten Überblick über diese stellen Meyer/Tiedemann (2017, S. 47–58) sowie Duarte et al. (2011, S. 39–44) dar.

### 2.3.2 Fach- und Sprachkompetenz in den naturwissenschaftlichen Fächern

Beim Vergleich der IGLU- und TIMSS-Studien zeigt sich für die Naturwissenschaften ein hoher Zusammenhang zwischen Sprache und Fachleistungen ($r = .74$) (vgl. Bos et al. 2012a, S. 237). Empirische Forschung im Fach Physik deutet ebenfalls darauf hin, dass Fachsprache ein eigener Kompetenzbereich im Fachunterricht ist. Härtig (2010) prüfte in einer explorativen Studie mit $N = 99$ den Zusammenhang zwischen der physikbezogenen Lesekompetenz, der allgemeinen Lesekompetenz sowie physikbezogenem Fachwissen. Die Ergebnisse deuten darauf hin, „das Begriffsverständnis als Aspekt der Fachsprache als von Fachwissen und Unterrichtssprache unterscheidbare Fähigkeit aufzufassen“ (Härtig et al. 2012, S. 388). Höttecke et al. (2017) konnten feststellen, dass die fachsprachliche Kompetenz im Fach Physik – anders als in Sport – in der Notengebung der Lehrpersonen Berücksichtigung findet (vgl. Höttecke et al. 2017, S. 15). Weitere Untersuchungen in Chemie und Biologie deuten außerdem darauf hin, dass die Besonderheiten von Fachsprache das fachliche Verständnis erschweren. Deppner

(1989) folgert in ihrer Studie im Chemieunterricht, dass unzureichende Sprachkompetenz das Lernen im Fach Chemie behindert. In ihren Untersuchungen gab ein Großteil der 275 Schüler*innen der 8. Klasse an, die fachlich angemessene Versprachlichung komplexer Inhalte schwierig zu finden (vgl. Deppner 1989, S. 195). Für das Fach Biologie erwiesen sich Testaufgaben mit Fachbegriffen als signifikant schwieriger als solche mit Alltagsbegriffen, was eine groß angelegte Studie von Schmiemann (2011) mit 3337 Schüler*innen aus den Klassen 5–10 von Haupt-, Real und Gesamtschulen sowie Gymnasien darlegt (vgl. Schmiemann 2011, S. 125–127). Auch in der Studie von Beerenwinkel/Gräsel (2005) teilen die Lehrkräfte diese Einschätzung in Bezug auf das Fach Chemie (vgl. Beerenwinkel/Gräsel 2005, S. 30). Theoretische Überlegungen und erste empirische Untersuchungen zu sprachlichen Anforderungen von Testaufgaben bestätigen den Befund von Schmiemann für weitere Fächer (Mathematik, Physik, Musik, Sport, Deutsch). Heine et al. (2018) modellierten für jedes Fach fünf Testaufgaben in je drei sprachlich unterschiedlich schwierigen Versionen. Es zeigte sich in der Pilotierung der Studie (N = 601), dass die Lösungswahrscheinlichkeit von der einfachsten zur schwierigsten sprachlichen Version abnahm. Dies legt nahe, dass Sprache die Aufgabenschwierigkeit beeinflusst, obschon auch weitere Merkmale für die Aufgabenschwierigkeit maßgeblich sind (vgl. Heine et al. 2018, S. 89).

Es bestehen also vielfach Hinweise darauf, dass Fachsprache eine wichtige, erschwerende Rolle beim Erwerb von naturwissenschaftlicher Fachkompetenz spielt und demgemäß auch explizit im Fachunterricht adressiert werden sollte. Fachsprache in einem breiten und tiefen Verständnis ist bisher aber noch nicht empirisch untersucht. Studien fokussieren hingegen meist auf die lexikalische Ebene; allem voran Fachbegriffe. Ein umfassendes Verständnis von dem, was Fachsprache in den Naturwissenschaften ausmacht, zeigen Überlegungen zur Entwicklung eines Erhebungsinstruments im Fach Biologie. Dabei werden sowohl symbolische Aspekte als auch bildliche und verbale Repräsentationen in das Verständnis von Fachsprache integriert (vgl. Nitz et al. 2012, S. 121). Auch Schroeter-Bauss et al. (2018, S. 109–131) bestimmen eine Vielzahl fachsprachlicher Elemente. Insbesondere die Tatsache, dass viele physikalische Fachbegriffe auch in der Alltagssprache verwendet werden, sich dort aber jedenfalls teilweise von der fachlichen Bedeutung unterscheiden, erschwert das Begriffslernen (vgl. Tajmel 2010, S. 253). Bereits im naturwissenschaftlichen Anfangsunterricht in der Grundschule gibt es bildungssprachliche Diskursfunktionen (vgl. Hövelbrinks 2017, S. 199). Im Fach Physik wurden in den vergangenen 40 Jahren vermehrt Schulbuchanalysen hinsichtlich der Anzahl von Fachbegriffen durchgeführt. Der Befund bleibt über die Jahre hinweg mehr oder weniger konstant (vgl. Härtig 2010, S. 27): Eine Vielzahl an Fachbegriffen prägt Physikschulbücher. Anfang der 1980er-Jahre zählten Brämer/Clemens (1980, S. 77) in der Sekundarstufe I in jedem Physikschulbuch ca. 2000 Termini. 69 % davon werden in nur einem von fünf Fachbüchern verwendet; die Hälfte aller Termini in einem Buch werden nur ein einziges Mal benutzt (Merzyn 1994). In aktuellen Untersuchungen zeigt sich, dass je nach Schulbuch in etwa 1000 Fachbegriffe genutzt werden, wobei pro Seite etwa zwei bis drei neue Begriffe eingeführt werden (vgl. Härtig/Kohnen 2017, S. 62). Zu ähnlichen Ergebnissen kam Fang (2006) bei Analysen von US-amerikanischen Schulbüchern der Middle School (11- bis 14-jährige Schüler*innen). Er stellt heraus, dass die Lesekompetenz ein bedeutender Faktor für das Verständnis naturwissenschaftlicher Schulbuchtexte ist, und betont die Notwendigkeit, Fachsprache als integralen und expliziten Bestandteil des Fachunterrichts zu behandeln (vgl. Fang 2006, S. 516). Auch im Physikunterricht wird die Forderung nach Sprachsensibilität gestellt. Fehlende Sprachsensibilität in Hinblick auf Mehrsprachigkeit sowie die Register Alltags-, Bildungs- und Fachsprache führe zu Intransparenz, „wenn die Ziele von Unterrichtsstunden nicht mit sprachlichen Mitteln verdeutlicht werden und wenn es sprachlich nicht gelingt zu erklären, wie die einzelnen Phasen im Unterrichtsgeschehen zusammenhängen" (vgl. Freckmann/Komorek 2019, S. 222). Ähnlich wie in der Mathematikdidaktik besteht auch in der Biologiedidaktik die Grundüberlegung, dass fachliche Lesekompetenz von der allgemeinen Lesekompetenz insoweit abweicht, als sich die Rolle von Fachwortschatz und bestimmten sprachlichen Strukturen von Fach zu Fach unterscheiden und Lesekompetenz daher speziell im Fachunterricht adressiert werden muss (vgl. Cromley et al. 2010, S. 694). Ebenfalls für den Biologieunterricht untersuchen Schmellentin et al. (2017) Schulbuchtexte auf ihre Verständlichkeit hin und identifizieren zentrale sprachliche Anforderungen darin. Sie kommen zu dem Ergebnis, dass Texte nicht per se durch Weglassen einzelner Charakteristika vereinfacht werden können und sollten, geben aber Hinweise darauf, wie Texte punktuell entlastet werden können und das Textverständnis verbessert werden kann (vgl. Schmellentin et al. 2017, S. 88). In einer weiteren Untersuchung von Schulbuchtexten für das Fach Biologie zeigt sich, dass die Texte zwar immer mit didaktischem Anspruch geschrieben werden, dies aber nicht unbedingt zu tatsächlich verständlichen Texten führt. In dem Forschungsprojekt wurden daher verschiedene Prinzipien erarbeitet, die als Hilfestellung für die Gestaltung von Schulbuchtexten herangezogen werden können (vgl. Schneider et al. 2019, S. 81). Auffällig ist, dass der Bedeutsamkeit von Bildungs- und Fachsprache in naturwissenschaftlichen Schulbuchtexten ihr tatsächlicher Einbezug im Unterricht jedenfalls teilweise entgegenzulaufen scheint. In einer Studie von Beerenwinkel/Gräsel (2005, S. 27) gaben 40 % der 240 befragten Chemielehrkräfte an, höchstens zwei Mal pro Halbjahr Texte im Chemieunterricht der Sekundarstufe I einzubeziehen. Schulbuchtexte wurden von den Lehrpersonen außerdem als eher nicht interessant für die Schüler*innen sowie wenig zielführend eingestuft, was die Verbesserung eines themenübergreifenden Verständnisses angeht. Die Texte werden meistens zur Wiederholung eingesetzt, ein aktiver Umgang mit ihnen im Unterricht findet kaum statt (vgl. Beerenwinkel/Gräsel 2005, S. 30).

Bisher gibt es nur wenige Interventionsstudien zu sprachsensiblem naturwissenschaftlichem Unterricht. Die wenigen vorliegenden legen nahe, dass gezielte Sprachförderung im naturwissenschaftlichen Fachunterricht dem fachlichen und fachsprachlichen Verständnis förderlich ist. Agel et al. (2012) führten mit 24 mehrsprachigen Schüler*innen mit sehr geringer Sprachkompetenz eine Intervention zum Schreiben von Versuchsprotokollen unter Einbezug der Erstsprache durch. Am Ende der Intervention erreichten die Schüler*innen in dem geförderten Bereich „Protokolle schreiben“ den Klassendurchschnitt. Für das Fach Chemie entwickelten Schmölzer-Eibinger/Langer (2010) ein 3-Phasen-Modell zur Förderung von Textkompetenz. In der praktischen Erfahrung zeigten sich durch die drei Phasen „Wissensaktivierung“, „Arbeiten an Texten“ und „Texttransformation“ positive Effekte auf die sprachlichen und inhaltlichen Lernaktivitäten (vgl. Schmölzer-Eibinger/Langer 2010, 216–217). Trotz der wenigen Interventionsstudien gibt es für den sprachsensiblen naturwissenschaftlichen Unterricht bereits zahlreiche konzeptionelle, teils durch empirische Forschung entwickelte und teils unterrichtspraktisch bewährte, Ansätze (vgl. Böttcher/Meister 2015; Heise/Höttecke 2006; Höttecke 2006; Leisen 2011; Leisen/Seyfarth 2006). Durch die Überlegungen zu Charakteristika von Fachsprache gibt es auch Ansätze für verschiedene Erhebungsinstrumente. Häufig eingesetzt werden der C-Test sowie die Profilanalyse, die ich im Rahmen der vorliegenden Arbeit ebenfalls einsetze (vgl. Nitz et al. 2012; Pineker-Fischer 2017; Schroeter-Bauss et al. 2018). Lumer/Winter (2019) entwickelten ein Lehr-Lern-Konzept zur Förderung von Sprach- und Leseverstehen im Biologieunterricht der Sekundarstufe II, das Leseverständnis und diskontinuierliche Darstellungsformen in sein Zentrum rückt und daher ebenfalls Berücksichtigung findet.

### 2.3.3 Fach- und Sprachkompetenz in den Gesellschaftswissenschaften

Auch in den gesellschaftswissenschaftlichen Fächern spielt Sprache eine zentrale Rolle; dies zeigt sich zuvorderst in ihrer Nennung in den Curricula (vgl. Handro 2018, S. 13). In den verschiedenen Fächern ist der sprachliche Aspekt aktuell noch unterschiedlich stark erforscht. Während im Fach Politik noch kaum empirische Forschung vorhanden ist (vgl. Oleschko 2015, S. 83), beschäftigt sich die Geschichte schon länger mit den Anforderungen von Sprache im Fach. Insgesamt ist die Forschungslage im Vergleich zu den naturwissenschaftlichen Fächern und Mathematik weniger fortgeschritten.

In Geschichte wird die Bedeutung von Sprache zentral hervorgehoben. Insbesondere die Funktion der Erkenntnisgewinnung durch Sprache steht im Zentrum. In der Forschung sind daher insbesondere narrative Kompetenzen und die dazu passenden Lernaufgaben und Operatoren im Blick (vgl. Handro 2018, S. 13). Dabei wird angenommen, dass der Geschichtslernprozess aus den eng miteinander verwobenen Komponenten Inhalt, Sprache und Denken besteht (vgl. Hartung 2018, S. 85). Das bedeutet auch, dass Operatoren nicht nur eine inhaltliche Ebene, sondern auch eine sprachliche Komponente haben. Besonders intensiv wurden begründe-Aufgaben empirisch untersucht; es zeigte sich in den Studien mehrfach, dass mit diesen Aufgaben hohe Anforderungen einhergehen, die nicht allein fachlich gerechtfertigt werden (Altun et al. 2015; vgl. Altun/Günther 2018). Ähnliche Anforderungen ergeben sich aus Operatoren im Politikunterricht (vgl. Oleschko 2015). Darüber hinaus stellen Begrifflichkeiten im Geschichtsunterricht Schwierigkeiten bzw. besondere Anforderungen dar. Denn historische Begriffe scheinen schwierig klassifizierbar und sie sind mehrfach mit verschiedenen realen Ereignissen belegt. So ist eine Revolution mit unterschiedlichen Kontexten verbunden, was das Verständnis aufgrund mangelnder Eindeutigkeit erschweren kann (vgl. Beilner 2002; Langer-Plän 2003; Langer-Plän/Beilner 2006; Sauer 2015). Probleme zeigen sich auch auf Ebene der Sprachproduktion hinsichtlich der Verwendung von Konnektoren. In einer Studie von Memminger (2009) offenbaren sich „erhebliche Schwierigkeiten, wenn es darum geht, semantisch sinnvolle Verknüpfungen herzustellen. So ist eine z. B. finale oder kausale Verbindung der einzelnen historischen Fakten, die wirkliches historisches Erzählen ausmachen würde, relativ selten" (Memminger 2009, S. 209).

Im Philosophieunterricht wird Sprache als das konstituierende Element betrachtet, das besondere Anforderungen an Lehrende und Lernende stellt. Brinkmeier (2019) nimmt an, dass vor allem auf lexikalischer Ebene Schwierigkeiten mit Polysemien und Metaphorik vorhanden sind.

> Die Sprache ist der Philosophie wesentlich, und zwar insofern, als ihre eigentümlichen Erkenntnisgegenstände, die Begriffe, vermittels derer wir uns die Welt verständlich machen und von denen wir uns in unserem alltäglichen Tun und Treiben mehr oder weniger unbewusst leiten lassen, sprachlich konstituiert sind. Für den Philosophieunterricht folgt daraus unmittelbar, dass er in einem ganz bestimmten Sinn Sprachunterricht ist. (Brinkmeier 2019, S. 79)

Wie sprachsensibler Philosophieunterricht aussieht, ist bisher nicht geklärt. Bei der Analyse einer Unterrichtsstunde im Fach Geschichte hat sich das Scaffolding (vgl. Abschn. 3.3) als anschlussfähig für das historische Begriffslernen erwiesen (vgl. Eichner et al. 2019, S. 258). In einer weiteren Untersuchung zeigten sich ebenfalls positive Effekte auf die historische Sinnbildung (vgl. Barricelli 2015, S. 45). Sprachsensibilität wird in der Geschichtsdidaktik auch im Sinne der Diversitätssensibilisierung verwendet, um ein reflektiertes Geschichtsbewusstsein zu fördern (vgl. Barricelli 2019, S. 30)

In den vergangenen zehn Jahren hat die Forschung um sprachsensiblen Fachunterricht in den Fachdidaktiken stark zugenommen. Dabei fokussieren viele Studien auf Kinder mit Deutsch als Zweitsprache sowie Kinder in der Grundschule. Erst allmählich mehren sich Studien zu sprachsensiblen Interventionen im Fachunterricht; der Zusammenhang zwischen Sprache und Fachleistung gilt hingegen in vielen Fächern als belegt. Bisherige Interventionsstudien nehmen insbesondere das sprachliche Scaffolding, also die Bereitstellung von gestuften Hilfen, in den Blick. Scaffolding zeigt sich in diesen Untersuchungen als wirksam und ist daher auch im Rahmen der Design-Kriterien für sprachsensiblen Geographieunterricht relevant.

# 3 Ein interdisziplinärer Blick auf sprachsensiblen Fachunterricht

Das vorangegangene Kapitel stellt aus geographiedidaktischer sowie interdisziplinärer Perspektive die Notwendigkeit von Sprachsensibilität im Fachunterricht dar. Einige der einbezogenen Studien geben bereits Hinweise auf fruchtbare Ansätze der fachintegrierten Sprachförderung. Im Folgenden werden Erkenntnisse zu durchgängiger Sprachförderung aus relevanten Bezugsdisziplinen vorgestellt. Da sprachsensibler Geographieunterricht in erster Linie Geographieunterricht ist, also der zu lernende fachliche Inhalt Ausgangspunkt des Unterrichts ist, wird zunächst ein Begriff von gutem Geographieunterricht herausgearbeitet. Dieser soll die Basis erfolgreichen Geographielernens mit sprachsensibler Ausrichtung bilden (vgl. Abschn. 3.1). Danach werden Erkenntnisse aus der Spracherwerbsforschung dargestellt, die einerseits Aufschluss über den Umgang mit Zweitsprachlernenden geben. Andererseits gibt die Spracherwerbsforschung aber auch Hinweise auf den Erwerb von Fachsprache und somit auf Umsetzungen von Sprachsensibilität im Geographieunterricht (vgl. Abschn. 3.2). Ein weiteres Unterkapitel umfasst Erkenntnisse aus Sprach- und Schreibdidaktik als einen zentralen Forschungszweig für Sprachsensibilität im Fachunterricht (vgl. Abschn. 3.3).

## 3.1 Guter (Geographie)unterricht als Basis für Sprachsensibilität

Sprachsensibler Geographieunterricht kann nur dann gelingen, wenn die Basis dafür guter Geographieunterricht ist. Doch die Frage danach, was guten Geographieunterricht ausmacht, ist nicht einfach zu beantworten. So existieren verschiedene Strömungen, Vorstellungen und Meinungen dazu, was guten Geographieunterricht ausmacht; insbesondere in Abgrenzung zu anderen Fächern ist


S. Wey, *Wie Sprache dem Verstehen hilft*,
https://doi.org/10.1007/978-3-658-36038-2_3

dies nicht eindeutig geklärt. Ein sinnvoller Zugang scheint also zu sein, die Frage zunächst fachübergreifend zu stellen. Unterricht gilt dann als *gut*, wenn er wirksam ist, genauer, lernwirksam (vgl. Helmke 2009, S. 25; Schratz/Pant 2018, S. 9). Doch wie gestaltet sich Lernen als wirksam?

### 3.1.1 Moderat-konstruktivistisches Lernverständnis

Weitgehender Konsens in der aktuellen Unterrichtsforschung, den Fachdidaktiken sowie der Sprachdidaktik besteht darin, dass Unterricht auf einem konstruktivistischen Verständnis von Lernen basieren sollte, um wirksam zu sein (vgl. Rempfler 2018b, S. 19). Ziel des Unterrichts nach moderat-konstruktivistischem Lernverständnis ist es, Schüler*innen zum aktiven Tun anzuregen (vgl. Renkl 2015, S. 7). Konstruktivistisches Lernverständnis im Rahmen kognitiver Lerntheorien geht davon aus, dass Lernen als Prozess der Informationsverarbeitung abläuft und Wissen in Gedächtnisstrukturen gespeichert wird. „Der Einzelne ist aktiver Konstrukteur seiner Wirklichkeit. Er setzt sich im Rahmen von Lernvorgängen bewusst mit Problemstellungen auseinander, setzt Wissensinhalte und Fertigkeiten in kognitive Strukturen um und speichert sie im Gedächtnis" (vgl. Stein 2017, S. 102). Dabei werden die notwendigen Freiräume für individuelle Wissenskonstruktionen der Lernenden geschaffen und gleichzeitig wird darauf geachtet, vielfältige Maßnahmen zur Förderung und Unterstützung dieses Prozesses bereitzuhalten, die an vorhandenes Wissen anknüpfen und sich an fehlendem Wissen orientieren (vgl. Seidel/Reiss 2014, S. 260). Konstruktivistisches Lernverständnis setzt auf innere Differenzierung, um individuelles Lernen zu ermöglichen. Das heißt, es wird im heterogenen Klassenverband gelernt, allerdings innerhalb dessen individuell gefördert. Dabei entsteht ein Wechselspiel von Konstruktion und Instruktion; die Lernenden und deren Konstruktion von Wissen bilden den Ausgangspunkt jedes Lernarrangements (vgl. Wecker/Fischer 2014, S. 287). Der konstruktivistische Ansatz setzt sich zum Ziel, träges Wissen sowie eine passive Rolle der Schüler*innen zu vermeiden, indem er Wissen als mentale Repräsentation versteht. Die Strukturen dieser Repräsentationen werden individuell und aktiv durch die Lernenden verändert. Lernen findet nach konstruktivistischem Verständnis zwar individuell statt, wird allerdings maßgeblich vom sozialen Kontext des*r jeweiligen Lerner*in beeinflusst; es wird also immer situiert und nicht kontextfrei gelernt. Das, was in einem bestimmten Kontext gelernt wird, ist nicht immer problemlos auf andere Kontexte übertragbar. „Aus diesem Grund plädiert man in der konstruktivistischen Position dafür, im Lernprozess systematisch unterschiedliche Anwendungskontexte zu integrieren, um so zu flexibel nutzbaren mentalen Wissensrepräsentationen zu gelangen" (Seidel/Reiss 2014, S. 260). Vor dem Hintergrund kontextualisierten Lernens zeigt sich im Konstruktivismus ein weiteres Mal die Notwendigkeit fachintegrierten Sprachlernens. Im passenden Kontext kann Fachsprache nachhaltig erlernt werden. Um die Anwendung z. B. von Fachsprache auch in anderen Zusammenhängen zu ermöglichen, müssen neben deklarativem und konzeptuellem Wissen auch Problemlösestrategien entwickelt werden, die Lernende dazu befähigen, sich selbstständig Wissen anzueignen und Lösungen zu finden. Die Lernenden übernehmen die aktive Rolle im Lernprozess.

Kritiker*innen des konstruktivistischen Ansatzes bemängeln den nicht exakt bestimmten Grad an Freiheit des Lernprozesses und eine mögliche Überforderung der Schüler*innen durch eben diese. Es ist in der Tat von großer Wichtigkeit, konstruktivistische Lernumgebungen in hohem Maße zu strukturieren, um den Schüler*innen eigenständiges Lernen überhaupt zu ermöglichen; sie arbeiten also nicht ohne Orientierung auf sich gestellt, sondern erhalten Unterstützung. Man spricht daher von moderat-konstruktivistischem Lernverständnis. Die Lehrperson nimmt sich im Unterricht zwar zurück, strukturiert allerdings insbesondere im Vorfeld die Lernumgebung und steht stets beratend zur Seite, gibt Lernanreize und Hilfestellungen. Demgemäß spielen für die Entwicklung der Design-Kriterien von sprachsensiblem Geographieunterricht insbesondere zwei auf dem Konstruktivismus basierende und im Folgenden dargelegte Konzepte eine zentrale Rolle (vgl. Seidel/Reiss 2014, S. 260–261).

*Theorie der Zonen proximaler Entwicklung nach Vygotskij*
Die zukunftsorientierte Theorie der Zonen proximaler Entwicklung (Vygotskij et al. 1974) postuliert, dass Lernen besonders erfolgreich ist, wenn Lernende mit Anforderungen konfrontiert werden, die leicht über ihren bisherigen Fähigkeiten liegen. Die Schüler*innen kommen mit individuell konstruiertem Vorwissen, das unter verschiedenen Kontexten gewachsen ist, in den Unterricht und sollen Anforderungen auf dem nächsthöheren Kompetenzniveau, der Zone proximaler Entwicklung, mit Unterstützung erfolgreich lösen. Auf diesem Ansatz beruht auch wesentlich das Scaffolding (vgl. Abschn. 3.3) als Bereitstellung von Hilfsangeboten, um die nächste Kompetenzstufe zu erreichen (vgl. Mietzel 2017, S. 171).

*Cognitive-Apprenticeship-Ansatz nach Collins et al. (1989)*
Der Cognitive-Apprenticeship-Ansatz (Collins et al. 1989) konkretisiert, wie der Lernprozess mit den Zonen proximaler Entwicklung aussehen soll, indem er die

einzelnen Schritte des Erwerbsprozesses und das jeweilige Verhältnis von Lernenden und Lehrenden definiert. Ziel des Ansatzes ist es, dass Schüler*innen dazu befähigt werden, Aufgaben auf dem nächsthöheren Kompetenzniveau selbstständig zu lösen. Zentral dabei ist, dass das Lernen anhand einer konkreten Problemstellung, in die immer wieder neue Situationen, Kontexte und Aspekte integriert werden, und im Austausch sowohl mit anderen Lernenden als auch mit der Lehrperson erfolgt. Das Wissen kann so vernetzt werden und im Alltag anschluss- und anwendungsfähig sein. Dadurch, dass innerhalb der Lerngruppe verschiedene Lösungswege und -vorschläge diskutiert werden, werden die Schüler*innen mit unterschiedlichen Perspektiven konfrontiert und erweitern ihr Repertoire an Problemlösestrategien. Am Anfang des Lernprozesses ist zunächst Anleitung durch die Lehrkraft nötig, indem diese die Arbeitsschritte bzw. das zu Lernende zu Anfang vorführt (*Modelling*). Anschließend führen die Schüler*innen die Arbeitsschritte mit Hilfestellungen der Lehrperson (*Scaffolding*) selbst durch und mit wachsender Kompetenz der Lernenden tritt die Lehrkraft zunehmend zurück (*Fading*), bis die Aufgabenbewältigung schließlich ohne Unterstützung unter Beobachtung der Lehrperson (*Coaching*) erfolgen kann (vgl. Seidel/Reiss 2014, S. 261) (vgl. Abb. 3.1).

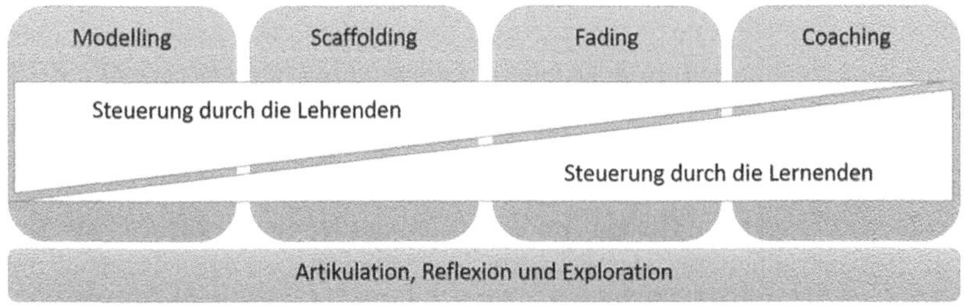


**Abb. 3.1** Cognitive-Apprenticeship-Ansatz. (Quelle: verändert nach Seidel/Reiss 2014, S. 262)

Neben den oben erläuterten vier Phasen sind im Cognitive-Apprenticeship-Ansatz drei weitere Elemente während des gesamten Lernprozesses maßgeblich: Artikulation, Reflexion und Exploration. Die Lernenden werden stets dazu angehalten, ihre eigenen Gedankengänge anderen Lernenden zugänglich zu machen, indem sie diese artikulieren. Ebendiese Artikulation kann dazu führen, dass über das Gesagte aus unterschiedlichen Perspektiven gesprochen, diskutiert und schließlich reflektiert werden kann. Durch die zurückgenommene Rolle der Lehrperson sollen die Schüler*innen insbesondere gegen Ende des Lernprozesses außerdem in der Lage sein, selbstständig zu explorieren, also sich selbstständig Fragestellungen zu überlegen, sich Wissen anzueignen und Problemlösungen zu generieren (vgl. Seidel/Reiss 2014, S. 262).

### 3.1.2 Kriterien guten Unterrichts

Die Frage danach, was guter Unterricht ist, wird im aktuellen Diskurs von Bildungswissenschaften, der pädagogischen Psychologie und teilweise auch der fachdidaktischen Unterrichtsforschung zu beantworten versucht; auch verschiedene Studien adressieren diese Frage und leiten Anforderungen an die Lehrkräfte ab. Und Letzteres braucht es dringend, um herauszufinden, was wirksamen Unterricht in einem bestimmten Schulfach ausmacht. Man näherte sich der Frage, was in einem konkreten Schulfach wirksam ist, mit Modellen und Metaanalysen. Das Angebot-Nutzungsmodell von Unterricht skizziert die Bedingungen, unter denen ein Unterrichtsangebot von Schüler*innen genutzt werden kann. Beide Seiten – Angebot und Nutzung – stellen in ihrer Wechselwirkung die Wirksamkeit des Unterrichts dar. Für die vorliegende geographiedidaktische Arbeit interessiert der fachspezifische Anteil besonders (vgl. Abb. 3.2).

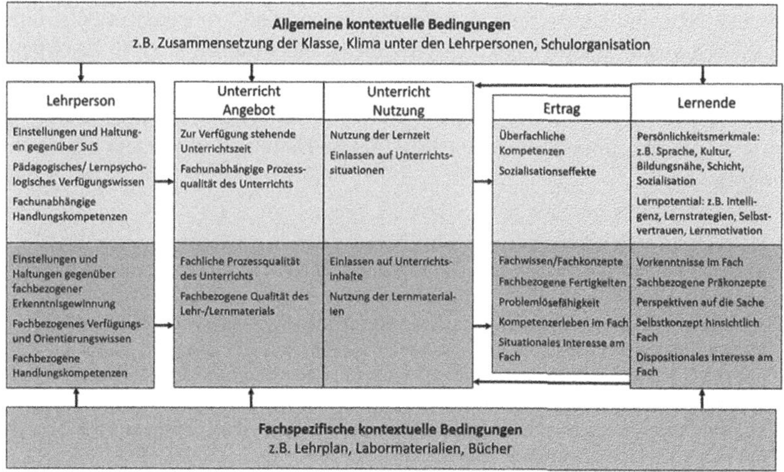


**Abb. 3.2** Angebot-Nutzungsmodell. (Quelle: Wilhelm et al. 2018, S. 13 in Anlehnung an Fend (2001), Helmke (2009) und Reusser/Pauli (2010))

Das Angebot hängt im Wesentlichen von der Lehrperson ab und insofern ist es nur folgerichtig, dass ein Forschungsfokus auf der Modellierung von Professionswissen der Lehrkraft liegt. Dabei setzt sich die professionelle Handlungskompetenz einer Lehrperson aus Professionswissen (fachliches, fachdidaktisches und pädagogisches Wissen), der motivationalen Orientierung, den Überzeugungen bzw. Werthaltungen sowie den selbstregulativen Fähigkeiten zusammen (vgl. Baumert/Kunter 2006, S. 482). Auf der Seite der Nutzung steht die Schüler*innenaktivität im Mittelpunkt. Man unterscheidet zwischen der Ebene der Sichtstrukturen, also den Merkmalen, die direkt beobachtet werden können, und der Ebene der Tiefenstrukturen, also Dingen, die nicht direkt beobachtet werden können, aber bedeutsam für die Unterrichtsqualität sind, zum Beispiel, in welchem Maße die Schüler*innen kognitiv aktiv sind (vgl. Kunter/Trautwein 2013, S. 64). Insgesamt fehlen in diesen Ansätzen noch die fachdidaktischen Spezifika, die aber nachfolgend noch genauer dargelegt werden. Neben dem oben dargestellten Angebot-Nutzungsmodell, das im Ursprung auf Helmke zurückgeht, gibt es noch eine Reihe weiterer Forschungserkenntnisse zu Kriterien guten Unterrichts. Wilhelm et al. (2018) haben die zentralen Erkenntnisse tabellarisch zusammengestellt (vgl. Tab. 3.1).

Meyer (2004) ruft zehn Kriterien guten Unterrichts auf, wobei diese sehr allgemein gehalten sind und keinerlei fachdidaktische Bezüge herstellen. Helmke (2009) definiert ebenfalls zehn Merkmale, die mit denen von Meyer vergleichbar sind. Neu sind Aktivierung, Schülerorientierung und Kompetenzorientierung, in denen durchaus auch fachdidaktische Bezüge herzustellen sind. In der Metaanalyse von Hattie (2012) werden ebenfalls diverse überfachliche Kriterien abgeleitet. Wilhelm et al. (2018) stellen die Bedeutung von Tiefenstrukturen sowie die Bedeutsamkeit für eine fachspezifische Definition von gutem Unterricht wie folgt dar:

> Die Sichtstrukturen geben zwar das Unterrichtsgeschehen vor; insgesamt mehr Erklärungsmacht für die Wirkung des Fachunterrichts scheinen jedoch die Tiefenstrukturen zu haben. Diese sind in der Fachdidaktik nur teilweise erforscht. Zu diesen Tiefenstrukturen zählen vor allem die Diagnose von domänenspezifischen Schülervorstellungen und die auf diesen diagnostischen Urteilen basierende kognitive Aktivierung und die konstruktive Unterstützung von Lernprozessen. Gerade hinsichtlich der Fachabhängigkeit zeigen aber aktuelle Forschungsergebnisse, dass durch den Einbezug domänenspezifischer Merkmale noch bedeutsamere Effekte des Unterrichts zu erwarten wären […]. (Wilhelm et al. 2018, S. 16)

Fachdidaktische empirische Forschung zu Kriterien guten Geographieunterrichts steht allerdings noch aus, weshalb im Folgenden nur in Ansätzen und wenig

**Tab. 3.1** Vergleich der aktuell häufig diskutierten Kriterien für wirksamen Unterricht

| **Gütekriterien** | **Fächerübergreifende Qualitätsbereiche** | **Unterrichtsbezogene Einflüsse auf Lernleistungen hoher Effektgröße (d > 0,6)** | **Dimensionen der Sicht- und Tiefenstrukturen** |
|---|---|---|---|
| Meyer (2004) Grundlage: vorwiegend theoretisch begründet | Helmke (2009) Grundlage: vorwiegend empirische Studien | Hattie (2012) Grundlage: Metastudie empirischer Metaanalysen | Oser/Baeriswyl (2001) Kunter/Trautwein (2013) Grundlage: vorwiegend empirische Studien |
| Methodenvielfalt | Angebotsvielfalt | Rhythmisierung | Lernunterstützende Unterrichtsmethoden und Sozialformen |
| | | Lernende unterrichten Lernende | |
| | | Lautes Denken | |
| | | Concept Mapping | |
| | | Lehren (Vormachen, Einüben) von Strategien | |
| Hoher Anteil echter Lernzeit | Klassenführung | Beeinflussung von Verhalten in der Klasse | Klassenführung (Classroom Management)<br>• Frühe Einführung von Regeln und Routinen<br>• Konsequenter Umgang mit Störungen<br>• Gut geplante Bereitstellung von Unterrichtsmaterialien |
| Vorbereitete Umgebung | | | |
| Klare Strukturierung des Unterrichts | Klarheit und Strukturierung | | |
| Inhaltliche Klarheit | | Klarheit der Lehrperson | |
| | Aktivierung | | Potenzial zur kognitiven Aktivierung z. B.<br>• Aufgaben, die an Vorwissen anknüpfen<br>• Diskurs, der Meinungen der Schüler aufgreift<br>• Inhalte, die kognitive Konflikte auslösen |
| | Schülerorientierung | Kognitive Entwicklungsstufe berücksichtigen | |
| | | Klassendiskussion | |
| | Kompetenzorientierung | Problemlösendes Lernen | |
| | | Kreativitätsförderung | |

(Fortsetzung)

**Tab. 3.1** (Fortsetzung)

| Gütekriterien | Fächerübergreifende Qualitätsbereiche | Unterrichtsbezogene Einflüsse auf Lernleistungen hoher Effektgröße (d > 0,6) | Dimensionen der Sicht- und Tiefenstrukturen |
|---|---|---|---|
| Intelligentes Üben | Konsolidierung und Sicherheit | Nachdenken über das eigene Lernen | |
| | | Lerntechniken | |
| Transparente Leistungsbewertung | | Schülererwartungen/Schüler-Selbstbeurteilung | |
| | | Formative Beurteilung | |
| Lernförderndes Klima | Lernförderliches Klima | Positive Beziehung zwischen Lehrperson und Lernenden | Konstruktive Unterstützung z. B.<br>• Geduld und ein angenehmes Tempo<br>• Konstruktiver Umgang mit Fehlern<br>• Freundliche, respektvolle Beziehung |
| | | Regelmäßiges Feedback | |
| | Motivierung | Lernende nicht etikettieren | |
| Sinnstiftendes Kommunizieren | | Glaubwürdigkeit der Lehrperson | |
| Individuelles Fördern | Umgang mit Heterogenität | Lernlücken erkennen und schließen | |
| | | Intervention für Lernende mit besonderem Förderbedarf | |
| | | Intervention für Lernende mit hoher Begabung | |

Quelle: Wilhelm et al. 2018, S. 15

empirisch basiert dargelegt werden kann, was Kriterien guten Geographieunterrichts bedeuten.

### 3.1.3 Kriterien guten Geographieunterrichts

Kriterien guten Unterrichts sind bisher insbesondere auf Tiefenebene für den Geographieunterricht nicht geklärt. Dieses Desiderat adressierte Rempfler (2018a) in einem Sammelband mit dem Titel *Wirksamer Geographieunterricht*. In strukturierten Interviews mit 18 Expert*innen für Geographieunterricht wurden mit zehn Interviewfragen verschiedene Aspekte des Geographieunterrichts beleuchtet. Das Resümee zu ausgewählten, für die Arbeit relevante Fragen wird nachfolgend dargelegt:

*(1) Welches fachwissenschaftliche und fachdidaktische Wissen und Können der Lehrperson ist aus Ihrer Sicht für die Qualität des Geographieunterrichts besonders wichtig?*

Es kristallisierte sich heraus, dass fachliche Kompetenz in den Wissensdimensionen Fachwissen (Verfügungswissen), Überblickswissen (Orientierungswissen) und Metawissen als besonders wichtig betrachtet wird, wobei insbesondere in der Komplexität von Mensch-Umwelt-Zusammenhängen eine größere Herausforderung gesehen wird. In Anbetracht relevanter Fragen des globalen Wandels soll fachmethodisches Wissen dazu bei den Lehrpersonen vorhanden sein. Es herrscht außerdem Konsens darüber, dass Lehrpersonen über theoretisches und empirisches geographiedidaktisches Wissen verfügen müssen. Darüber hinaus wird das Fach Geographie als Möglichkeit des forschenden Lernens begriffen, in dem Lehrkräfte dazu animieren sollen, Dinge in Frage zu stellen und Reflexion voranzutreiben (vgl. Rempfler 2018c, S. 206–207).

*(2) Welche Qualitätsmerkmale halten Sie für den Geographieunterricht für essenziell?*

Neben den fächerübergreifenden Kriterien nennen die Expert*innen folgende Qualitätsmerkmale des Geographieunterrichts mit großer Übereinstimmung (vgl. Rempfler 2018c, S. 207–209):

- Fachorientierung: Aktualitätsbezug, Anschaulichkeit, reale bzw. originale Begegnung am außerschulischen Lernort, Problemlösungsorientierung, kumulativer Wissensaufbau, Nachhaltigkeitsrelevanz, Strukturiertheit, transparente Ziele- bzw. Kompetenzorientierung; übereinstimmend so auch in einem Beitrag von Mehren/Mehren (2015)
- Fachmethodisch: häufige Anwendung geographischer Arbeitsweisen, adäquate Auswahl fachtypischer Medien als Ersatz für die Realbegegnung
- Berücksichtigung der geographischen Basiskonzepte (vgl. Abb. 3.3)

*(3) Welche Lernumgebungen und Lehr-/Lernformen halten Sie für einen wirksamen Geographieunterricht für besonders bedeutsam?*

Die Expert*innen erkennen eine starke Schüler*innenorientierung als optimale Ausgangsbedingung der Lernumgebung, wobei Konsens darin besteht, dass sich hierfür konstruktive Unterrichtssettings besonders eigenen, in denen aktives, selbstgesteuertes Lernen möglich wird und forschendes Lernen im Sinne einer Situierung und Nähe zu Alltags-, Problem- und Handlungsorientierung den Inhalten Bedeutung verleiht. Das Ziel hierbei ist eine möglichst hohe kognitive Aktivierung (vgl. Rempfler 2018c, S. 209). Im Rahmen konstruktivistischen Lernens werden auch das Scaffolding und die Zonen proximaler Entwicklung als fruchtbar für das Lernen im Geographieunterricht herausgestellt (vgl. Brooks 2013, S. 52–54).

*(4) Wie sieht eine gute Differenzierung/Individualisierung Ihrer Meinung nach im Geographieunterricht aus?*

Für guten Geographieunterricht wird innere Differenzierung der Lerner*innengruppe als zentrale Voraussetzung benannt (vgl. Rendel 2013, S. 2–3). Um diese gelungen umzusetzen ist als oberstes Kriterium eine ausreichende Diagnosekompetenz der Lehrkräfte notwendig (vgl. Rempfler 2018c, S. 210). Dieser Aspekt stellt insbesondere hinsichtlich der sprachlichen Anforderungen an den Unterricht eine mögliche Hürde dar, denn Geographielehrpersonen sind nicht zwangsläufig Expert*innen darin, sprachliche Anforderungen im Geographieunterricht zu erkennen.

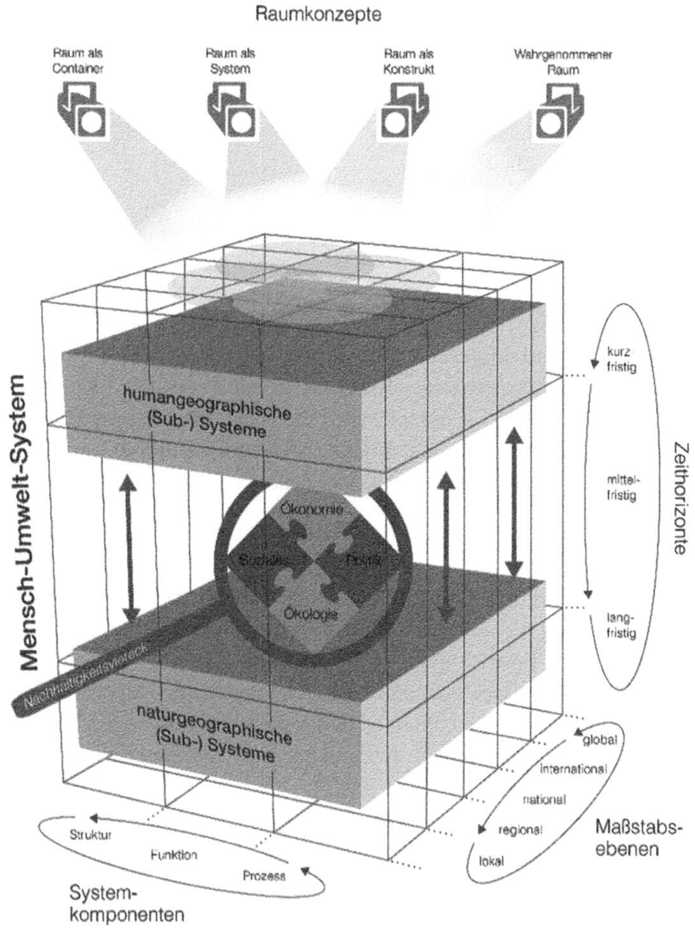


**Abb. 3.3** Basiskonzepte der Geographie. (Quelle: Fögele 2016, S. 73)

(5) *Welche immer wiederkehrenden fachspezifischen Herausforderungen im Unterrichtshandeln müssen Ihrer Meinung nach die Lehrpersonen bewältigen, um im Geographieunterricht eine angemessene Unterrichtsqualität garantieren zu können?*

Der Umgang mit Komplexität im Sinne von Uneindeutigkeit und Pluralität der Ansätze wird übergreifend als hohe Anforderung betrachtet; die Gefahr, hochkomplexe Gegenstände zu stark didaktisch zu reduzieren, ist vorhanden. Darüber hinaus wird die „Fähigkeit, relativ offene, nicht vollständig plan- und kontrollierbare Unterrichtsverläufe zuzulassen" (Rempfler 2018c, S. 212) als eine große Herausforderung betrachtet.

*(6) Worauf gilt es bei der Entwicklung und dem Einsatz von Aufgaben bzw. Aufgabensets im kompetenzorientierten Geographieunterricht besonders zu achten?*

Der Lernaufgabe wird insgesamt eine große Bedeutung beigemessen, wobei insgesamt eher fachunspezifische Kriterien genannt werden. Als fachspezifisch wurde die Forderung, geographische Materialien und Arbeitsweisen sowie die sechs Kompetenzbereiche der Bildungsstandards und die vier Dimensionen der Raumwahrnehmung zu berücksichtigen, deutlich (vgl. Rempfler 2018c, S. 212–214).

Die Intervention in der dargestellten Studie basiert auf einem moderat-konstruktivistischen Unterrichtsverständnis, das zentrale Theorien wie die Zonen proximaler Entwicklung sowie das Scaffolding als Fundamente des Lehr-Lern-Verständnisses berücksichtigt. Darüber hinaus gelten die Fachorientierung, die Berücksichtigung geographischer Arbeitsweisen sowie die geographischen Basiskonzepte als Grundlage für die Unterrichtsintervention.

## 3.2 Erkenntnisse aus der Spracherwerbsforschung

Im Kontext von Fach- und Bildungssprache lohnt sich der Blick in die Spracherwerbsforschung. Für die Erstsprache geht die Forschung davon aus, dass Kinder schon ab vier Jahren komplexe Syntax (Hypotaxen) verstehen können; für die Zweitsprache trifft dies je nach Erwerbsalter verzögert zu (vgl. Pagonis 2009, S. 209). Beim ungesteuerten Zweitspracherwerb wird von frühem Erwerb beim Erwerbsbeginn zwischen zwei und vier Jahren gesprochen; später Zweitspracherwerb beginnt im Alter von sechs bis zwölf. Danach, also ab dem Jugend-

und Erwachsenenalter, wird die Zweitsprache in der Regel nicht mehr ungesteuert, sondern gesteuert, also mithilfe von expliziter Instruktion erworben (vgl. Peuschel/Burkard 2019b, S. 42).

Das Erwerbsalter der Unterrichtssprache sollte also auch im Fachunterricht Berücksichtigung finden. Der Erwerb von Diathesen, im Deutschen insbesondere das Passiv, erfolgt allerdings erst bis zum Alter von zehn Jahren. „Die ‚*agent-first*'-Strategie bei der Rezeption erschwert lange die flexible Vorfeldbesetzung und das Erkennen von Passivkonstruktionen“ (Kemp et al. 2008, S. 80). Ersatzkonstruktionen, zum Beispiel Reflexiva oder Prädikative in passivfordernden Kontexten fallen ebenfalls in diese Kategorie (vgl. Kemp et al. 2008, S. 80–81). Auf semantischer Ebene des Spracherwerbs zeigt sich, dass Kinder etwa ab dem Alter von zwölf Jahren gängige Redewendungen und Metaphern erläutern, begründen und über sie sprechen können. Dies gilt allerdings nicht für unkonventionelle Metaphern (vgl. Komor/Reich 2008, S. 59). Für den fachlichen Kontext ist dies besonders insofern von Bedeutung, als Fachbegriffe häufig metaphorisch besetzt sind und deren Entschlüsselung für das Verständnis essenziell ist. Erweiterte diskursive Kompetenzen prägen sich im Alter von neun Jahren aus; dann können Konnektoren zum Ausdruck von kausalen, temporalen und adversativen Beziehungen zunehmend sicher verwendet werden (vgl. Guckelsberger/Reich 2008, S. 90). Bis zum Alter von zwölf Jahren sind also entwicklungspsychologisch betrachtet alle notwendigen Voraussetzungen für den Erwerb von Fachsprache vorhanden; viele Voraussetzungen sind dann aber erst seit kurzem ausgebildet, sodass Übung notwendig ist. Dies trifft insbesondere für Zweitsprachlernende zu (vgl. Müller 2015, S. 124–125).

Zur Frage, wie Sprache mit und in ihren Varietäten erworben wird, gibt es verschiedene Lerntheorien und Hypothesen, die alle parallel nebeneinander bestehen; jede für sich enthält Ansatzpunkte für Sprachsensibilität. Dabei beleuchten alle Theorien drei relevante Faktoren des Spracherwerbs, die je nach Ansatz unterschiedlich stark fokussiert werden. Auf Ebene (1) sind Erstsprache (L1) sowie Zweitsprache (L2) aufgeführt. Darüber hinaus spielen auf Ebene (2) die mentalen Ressourcen und auf Ebene (3) die kommunikativen Bedingungen und Bedürfnisse des*r Lerner*in eine Rolle (vgl. Grießhaber 2010, S. 128). In dieser Logik werden nun ausgewählte Ansätze und ihre exemplarischen Vertreter vorgestellt. Zentrale Erkenntnisse daraus werden für die Design-Kriterien aufgegriffen (vgl. Kap. 4).

**Behaviorismus (Skinner 1957) vs. Nativismus (Chomsky 1959)**

Frederic B. Skinner untersuchte Spracherwerb in den 1950er-Jahren aus behavioristischer Perspektive (Skinner 1957). Die Grundannahme des Behaviorismus ist, dass Personenmerkmale und Veränderungen in der Entwicklung aus Einflüssen aus der Umwelt begründet werden können. Ob und in welchem Umfang kognitive Prozesse beim Erwerb von Relevanz sind, wird nicht oder nur untergeordnet betrachtet. „Sprache wird durch Imitation und Verstärkung gelernt. Kinder erwerben Sprache, indem sie Erwachsene imitieren. Sie lernen, indem richtiges Sprechen belohnt und verstärkt wird" (Eckhardt 2008, S. 20). Die Limitierung des Behaviorismus auf das, was beobachtet werden kann, ist allerdings problematisch. So bleiben wesentliche Fragen, wie zum Beispiel Erklärungen zu eigenständig von Kindern gebildeten sprachlichen Formen, offen, sodass sich kein Gesamtbild des Spracherwerbs ergibt (vgl. Grießhaber 2010, S. 14). Dennoch konstatiert der Behaviorismus den sprachlichen Input als eine zentrale Gelingensbedingung des Spracherwerbs, was sowohl kognitionspsychologisch gestärkt als auch in der Sprachdidaktik und der Praxis des L2-Unterrichts bestätigt ist und insofern einen wichtigen Ausgangspunkt für die Konzeption sprachsensiblen Geographieunterrichts bildet.

Innerhalb des Behaviorismus angesiedelt ist die Kontrastivhypothese (Fries 1945; Lado 1957), eine L2-Erwerbshypothese, die Erst- und Zweitsprache miteinander kontrastiert und davon ausgeht, dass Sprache ein System von sogenannten *habits* ist und diese von der einen auf die andere Sprache übertragen werden.

> Dabei werden zwei Arten von Transfer unterschieden:
>
> | | | |
> |---|---|---|
> | Strukturgleichheit | L1 = L2: positiver Transfer | korrekte L2-Äußerungen |
> | Strukturdifferenz | L1 ≠ L2: negativer Transfer | inkorrekte L2-Äußerungen |
>
> Nach diesem Verständnis überträgt der Lerner generell unbewusst L1-habits auf die L2. Bei eng verwandten Sprachen erfolgt dies meist als positiver Transfer und führt bis auf kleine, aber markante Unterschiede zu korrekten Äußerungen. Bei typologisch weiter entfernten Sprachen erfolgt der Transfer dagegen überwiegend als negativer Transfer […]. (Grießhaber 2010, S. 131)

In verschiedenen empirischen Untersuchungen wurden einige Annahmen der Kontrastivhypothese allerdings widerlegt. So ist es beispielsweise nicht der Fall, dass Übereinstimmungen in der Struktur sprachlicher Äußerungen in Erst- und Zweitsprache zwangsläufig zu richtigem Sprachhandeln führen und umgekehrt müssen Unterschiede nicht in Lernschwierigkeiten oder Fehlern münden. Viel eher zeigte sich, „dass Lernprobleme auch Vermeidungsverhalten zur Folge haben können" (Eckhardt 2008, S. 23). Dennoch bildet die Hypothese insofern einen bemerkenswerten Ausgangspunkt für die Konzeption von sprachsensiblem Geographieunterricht, als sie mögliche Fehlerquellen von Schüler*innen mit Deutsch als Zweitsprache offenlegt.

Im Zuge der Kritik am Behaviorismus entwickelte Chomsky (1959) eine nativistische Erwerbshypothese, die davon ausgeht, dass jedes Kind über ein sogenanntes *Language Acquisition Device* (LAD) verfügt. Demzufolge sind sprachliche Strukturen, die es ermöglichen, jede natürliche Sprache zu erwerben, bereits angeboren. Das LAD existiert allerdings nicht dauerhaft; das heißt, der Spracherwerb findet nicht statt, wenn ein bestimmter Entwicklungspunkt überschritten ist und davor nicht ausreichend Kontakt mit der entsprechenden Sprache vorhanden war (vgl. Bickes/Pauli 2009, S. 36). Prinzipiell analog dazu läuft auch der Erwerb einer Zweitsprache (Identitätshypothese nach Dulay/Burt (1974)). Die nativistische Theorie weist darauf hin, dass Spracherwerb früh angebahnt werden sollte, lässt allerdings keine Rückschlüsse darauf zu, *wie* der Erwerb gefördert werden kann. Es ist außerdem problematisch, dass Sprache nicht situiert betrachtet wird, wie es in der funktionalen Grammatik (Dik/Hengeveld 1997) der Fall ist. Daher wird der Nativismus im Rahmen der Arbeit nicht weiter beleuchtet.

**Kognitivismus (Piaget 1972)**

Spracherwerb vor dem Hintergrund kognitionspsychologischer Lerntheorie fokussiert auf die mentalen Ressourcen. In dieser Logik wird Sprache gelernt, indem sie aufgenommen, gespeichert und schließlich benutzt wird. Für die Entwicklungspsychologen um Piaget (1972) und seine Genfer Schule sind Sprache und Denken wechselseitig miteinander verknüpft. Dabei ist sprachliche Entwicklung eng an die sensomotorische Entwicklung gekoppelt (vgl. Günther/Ludwig 1994, S. 49). Aus der Perspektive des Kognitivismus sind Spracherwerbsmechanismen weder angeboren (Nativismus) noch werden sie allein durch Nachahmung ermöglicht (Behaviorismus). Spracherwerb gilt als kreativer, konstruktiver Prozess, wobei neues Wissen auf der Basis vorhandenen Wissens verarbeitet wird (vgl. Klann-Delius 2008, S. 99–103).

Es wird angenommen, dass die aktive Konstruktion des Sprachinputs den Sprachoutput beeinflusst. Dabei entspricht das, was tatsächlich als Sprache aufgenommen wird, nicht dem Sprachinput. Die Sprachäußerung muss, damit sie überhaupt aufgenommen wird, Aufmerksamkeit erreichen, dem Spracherwerbsstand entsprechen und zum Vorwissen passen. Wird Sprache aufgenommen, so erfolgt die Verarbeitung im Gehirn. Der Erwerb von Sprache setzt dabei voraus, dass deklaratives Wissen so aktiviert werden kann, dass es in das prozedurale Gedächtnis übergeht (vgl. Tab. 3.2).

**Tab. 3.2** Gedächtnissysteme

| **prozedurales Gedächtnis** | **deklaratives Gedächtnis** | |
|---|---|---|
| | semantisches Gedächtnis | episodisches Gedächtnis |
| – für Verhaltensstrukturen<br>– Fertigkeitswissen<br>– Handlungsstrategien, Gewohnheitsbildungen<br>– Aussprache<br>– Gefühl für Sprachrichtigkeit | – für Konzepte<br>– Schul- und Bildungswissen<br>– Faktengedächtnis<br>– sprachlich-grammatikalische Kenntnisse | – für Vergangenes<br>– Erinnerung an Lebensereignisse<br>– Speicherung einzelner Ereignisse geordnet nach Ort und Zeit |

Quelle: verändert nach Hoffmann/Engelkamp 2017, S. 5

Die Bedingung dafür, dass deklaratives zu prozeduralem Sprachwissen wird, ist nicht reines Üben und Wiederholen; entscheidend ist, dass sprachliches Wissen in echten Kommunikationssituationen gebraucht wird (vgl. Hoffmann/Engelkamp 2017, S. 5).

> Das fundamentale Lerngesetz lautet: Die Zielhandlung selbst, die ganzheitliche Leistung muss immer wieder ausgeführt werden. Eine Fremdsprache lernt man nur dann als Kommunikationsmedium benutzen, wenn sie ausdrücklich und genügend oft in dieser Funktion ausgeübt wird. (Butzkamm 1989, S. 79)

Dieses Zitat von Butzkamm gilt uneingeschränkt auch für den Erwerb von Fach- und Bildungssprache. Damit Fach- und Bildungssprache erfolgreich angewandt werden können, gilt zusätzlich, dass die Sprechsituation dem Denk- und Sprachniveau des*r Lerners*in in kognitiver und sprachlicher Hinsicht angepasst wird (vgl. Butzkamm 1989, S. 79). Dies fokussiert die Relevanz von Vorwissen, das insbesondere bei Fach- und Bildungssprache von entscheidender Bedeutung ist, denn wenn die sprachlichen Strukturen automatisch verstanden und artikuliert werden, wird weniger Kapazität darauf verwendet, die Sprache zu verstehen, und der fachliche Inhalt kann fokussiert werden. „Tatsächlich ist automatisiertes Wissen die Voraussetzung für Verstehensprozesse, eben weil man für Verstehensprozesse freie Arbeitsgedächtniskapazitäten braucht“ (Neubauer/Stern 2007, S. 192). Die Ausführungen zeigen, „welche Funktion und welche Deutung dem inhaltsbezogenen Sprachlernen als Lernen von Sprache an und mit Inhalten zukommt. Dies ist ein eindeutiges Plädoyer für den sprachsensiblen Fachunterricht“ (Leisen 2013, S. 58).

**Interaktionismus (Bruner 1983) und Input- (Krashen 1982) bzw. Output- (Swain 1985) Hypothese**

Der Interaktionismus basiert auf der Annahme, dass es zwischen genetischen Dispositionen und der Umwelt Interaktion gibt, das bedeutet, „dass Kinder über kognitive, soziale und kommunikative Kompetenzen verfügen, die in der Interaktion mit den Bezugspersonen […] weiter entwickelt werden“ (Eckhardt 2008, S. 21). Dieser Ansatz bildet insofern eine Ergänzung zum Behaviorismus und Nativismus, als biologischen und umweltbezogenen Faktoren die gleiche Bedeutung beigemessen wird und davon ausgegangen wird, dass sich beide wechselseitig bedingen (vgl. Eckhardt 2008, S. 21–22).

Besonders relevant in diesem Kontext sind die Input-Hypothese nach Krashen (1982) sowie die dazu komplementär angelegte Output-Hypothese von Swain (1985). Die Input-Hypothese besagt, dass Sprache über die Aufnahme von verständlichem Input erworben wird (vgl. Krashen 1982, S. 33). Im Wesentlichen deckt sich diese Annahme auch mit kognitionspsychologischen und sprachdidaktischen Erkenntnissen, die dem sprachlichen Input eine hohe Relevanz zuweisen. Krashen (1982) geht davon aus, dass die Produktion von Gesprächsoutput nur indirekt einen Beitrag zum erfolgreichen Spracherwerb leistet, wohingegen der Input wesentlichen Anteil beim Erwerb hat: „Comprehensible input is responsible for progress in language acquisition. Output is possible as a result of acquired competence. When performers speak, they encourage input (people speak to them). This is conversation“ (Krashen 1982, S. 61). Leisen spricht in diesem Zusammenhang vom „Sprachbad“ (Leisen 2013, S. 61), in welches die Schüler*innen möglichst oft und lange eintauchen sollen. Das Sprachbad ist als Metapher zu verstehen. Es zeichnet sich dadurch aus, dass es „eine durchgängige Intensivierung mündlicher und schriftlicher Sprachproduktion im Unterricht initiier[t; eigene Ergänzung] und somit einen ganzheitlich sprachsensiblen Unterrichtsdiskurs ermöglich[t; eigene Ergänzung]“ (Wessel 2015, S. 30). Empirische Studien konnten die alleinige Wirksamkeit von Sprachinput allerdings nicht belegen. Es zeigte sich zwar, dass Schüler*innen durch eine Fokussierung auf den Input beim Zweitsprachlernen gute Leistungen in der Sprachrezeption erzielten, allerdings die Leistungen in der Sprachproduktion (Sprechen und Schreiben) hinter den Leistungen der Erstsprachler*innen zurücklagen (vgl. Swain 1985). Im Zuge dieser Erkenntnisse wurde die Input-Hypothese zugunsten der Output-Hypothese sowie Interaktionsprozesse in Frage gestellt. Swain (1985) lenkte die Aufmerksamkeit auf den Sprachoutput und argumentierte: "[O]ne learns to speak by speaking. And one-to-one conversational exchanges provide an excellent opportunity for this to occur" (Swain 1985, S. 248). Der alleinige aktive Gebrauch von Sprache reicht nicht aus, vielmehr müssen die Lernenden auch dazu angeregt werden, angemessene und präzise Sprache zu verwenden (vgl. Swain 1985, S. 249). Das bedeutet, dass Lernende dazu angehalten werden, ihre sprachlichen Äußerungen (nach Feedback) zu korrigieren oder anzupassen:

> [I]n order for native-speaker competence to be achieved, however, the meaning of 'negotiating meaning' needs to be extended beyond the usual sense of simply 'getting one's message across'. Negotiating meaning needs to incorporate the notion of being pushed toward the delivery of a message that is not only conveyed, but that is conveyed precisely, coherently and appropriately. Being 'pushed' in output [...] is a concept parallel to that of the i + 1 of comprehensible input. Indeed, one might call this the 'comprehensible output' hypothesis. (Swain 1985, S. 248–249)

Für erfolgreichen Zweitspracherwerb ist somit die Orientierung am Sprachoutput der Lernenden mit entsprechenden Feedbackhandlungen der Lehrpersonen wie zum Beispiel Aufforderungen zur Präzision oder genaueren Erklärung, von Bedeutung (vgl. Mackey 2002, S. 388). An dieser Stelle werden Parallelen zur Bedeutung von sozialer Interaktion und Kommunikation beim Geographielernen deutlich.

**Schwellenhypothese (Cummins, James 1979)**
Die Schwellenhypothese ist eine Zweitspracherwerbshypothese, die in Hinblick auf relevante Erkenntnisse für den Erwerb von Fach- und Bildungssprache von Bedeutung ist. Sie versucht, die kognitiven und schulischen Leistungen von zweisprachigen Kindern zu erklären und postuliert eine Abhängigkeit der kognitiv-akademischen Kompetenz von der Sprachkompetenz in beiden Sprachen. Cummins geht davon aus, dass es zwei Schwellen gibt, die ein zweisprachiges Kind überschreiten muss, damit sich die Zweisprachigkeit positiv auf die kognitiv-akademischen Kompetenzen auswirkt. Wird keine dieser Schwellen überschritten, entsteht – der Hypothese zufolge – Semilingualismus; es liegen in keiner der beiden Sprachen ausreichend sprachliche Kompetenzen vor, um kognitiv-akademische Kompetenzen zu erwerben. Liegen die Sprachkompetenzen über der ersten Schwelle, ergibt sich eine dominante Zweisprachigkeit: Bei einer der beiden Sprachen liegt eine altersgemäße Kompetenz vor. Ein zentraler Kritikpunkt dieser Hypothese bezieht sich auf die Begriffe und Definitionen.

> Was beispielsweise unter Kompetenz und kognitiver Entwicklung zu verstehen ist, bleibt vage. [...] Weiterhin werden die Schwellenniveaus nicht klar bestimmt. So ist offen, welche sprachlichen Kompetenzen der unteren bzw. oberen Schwelle entsprechen. [...] Warum das Erreichen der unteren Schwelle in einer Sprache notwendige Voraussetzung für den Erwerb der zweiten Sprache ist und weshalb ein Kind vergleichsweise geringe schulische Leistungen erreicht, wenn es mit einer zweiten Sprache konfrontiert wird, bevor es die untere Schwelle überschritten hat, geht aus den Ausführungen Cummins‘ nicht hervor. (Eckhardt 2008, S. 28)

Inhaltliche Kritik übt die aktuelle Forschung. In einer kritischen Stellungnahme zur doppelten Halbsprachigkeit heißt es:

> In der öffentlichen Diskussion, gerade auch in bildungspolitischen Kontexten, findet man in letzter Zeit häufig die Aussage, Kinder, die mit zwei Sprachen aufwüchsen, entwickelten oft eine „doppelte Halbsprachigkeit", d.h. sie könnten keine der beiden Sprachen ‚richtig' sprechen. Für eine solche Annahme gibt es keine sachliche Grundlage: Die sogenannte ‚doppelte Halbsprachigkeit' ist ein populärer Mythos, der auf einer Fehleinschätzung von Sprache und sprachlicher Vielfalt beruht. Er gibt eher die soziale Bewertung – genauer: Abwertung – eines bestimmten Sprachgebrauchs wieder als sprachliche oder grammatische Fakten. (Wiese et al. 2010, S. 1)

Unter Berücksichtigung dieser Kritik bietet die Schwellenhypothese im Rahmen dieser Arbeit für die Konzeption von sprachsensiblem Geographieunterricht nur insofern fruchtbaren Anknüpfungspunkt, als sie verdeutlicht, dass die Sprachkompetenz der Kinder in der Erstsprache zu berücksichtigen ist. Unter Einbezug der Erstsprache können sich fachsprachliche und fachliche Kompetenzzuwächse ergeben.

**Interlanguage (Selinker 1972/1974)**

Im Kontext des Zweitspracherwerbs ist ebenfalls die Interlanguage-Hypothese von Selinker (1972/1974) erwähnenswert. Er geht davon aus, dass beim Erwerb von zwei Sprachen ein eigenes Sprachsystem herausgebildet wird, das zwischen den beiden Sprachen steht und sowohl Charakteristika der Erst- als auch der Zweitsprache enthält. Der Zweitspracherwerb stellt demzufolge einen Prozess in verschiedenen Schritten dar. In jedem Schritt entwickelt sich eine neue Interimssprache, die das erreichte Niveau repräsentiert (vgl. Günther/Günther 2004, S. 105–106). Die Interlanguage stellt für die vorliegende Arbeit insofern eine beachtenswerte Hypothese dar, als sie die verschwommene Linie zwischen den sprachlichen Registern auch für den Erst- und Zweitspracherwerb annimmt. Insbesondere im Erwerbsprozess von Fachsprache ist davon auszugehen, dass Alltagssprache eine bedeutende Rolle einnimmt. Inwiefern diese Prozesse durch den Erwerb als Zweitsprache komplexer werden, ist bisher nicht untersucht.

Bisher ist nicht abschließend geklärt, wie genau Erst- und Zweitspracherwerb ablaufen, was es erschwert, den aktuellen Forschungsstand angemessen abzubilden. Der vorangegangene Abschnitt hat allerdings ohnehin weniger den Anspruch, den Forschungsstand zum Spracherwerb ausschöpfend darzustellen. Die Spracherwerbshypothesen sind dargestellt, da sie ein Verständnis davon geben, welche Aspekte beim Spracherwerb dem aktuellen Forschungsstand zufolge relevant sind, auch wenn unklar ist, welchen Anteil genau sie beim Erwerb haben. Da der Fokus dieser Arbeit weder auf Grundschüler*innen noch auf Kindern mit Deutsch als Zweitsprache liegt, spielen die Erwerbshypothesen für die Design-Kriterien außerdem eine nebengeordnete Rolle. Dass sowohl die Umwelt (Behaviorismus) als auch kognitive Prozesse und Strukturen (Kognitivismus) ihren Anteil am Spracherwerb haben, legt nahe, die Lernumgebung auch beim Erwerb von Fachsprache so zu gestalten, dass diese Faktoren begünstigt werden.

Zweitspracherwerbshypothesen wie der Interaktionismus oder die Interlanguagehypothese machen darüber hinaus die Relevanz des Einbezugs der Erstsprache in den Fachunterricht deutlich, was sich auch in den Design-Kriterien für sprachsensiblen Geographieunterricht niederschlägt (vgl. Kap. 4).

## 3.3 Erkenntnisse aus der Sprachdidaktik

Die Sprachdidaktik definiert sich als Zusammenspiel von „Theorie und Praxis einer gesteuerten Kompetenzerweiterung im Umgang mit sprachlicher Vielfalt im Rahmen der sprachlichen Kultur der Mehrheitsgesellschaft – vor allem im Umgang mit schriftsprachlichen Texten" (Steinig/Huneke 2015, S. 12–13). Diese Definition stellt zum einen klar heraus, dass das Spannungsfeld zwischen Mündlichkeit und Schriftlichkeit eine zentrale Rolle in der Sprachdidaktik einnimmt (vgl. Glinz 2006, S. 26). Zum anderen macht es deutlich, dass es zwar im deutschsprachigen Kontext im Wesentlichen um die deutsche Sprache geht, aber dass zu dieser ebenfalls weitere Sprachen und Kulturen gehören, denen sprachdidaktisch begegnet werden muss. Es zeichnen sich also auch in der aktuellen Sprachdidaktik ein Plädoyer zur Akzeptanz und weiter der aktive Einbezug von Mehrsprachigkeit im Unterricht ab (vgl. Busse 2019, S. 13; Cummins 2019, S. 13; Oleschko 2017b, S. 12).

Im Folgenden werden Erkenntnisse für sprachsensiblen Fachunterricht aus der Sprachdidaktik im weiteren Sinne beleuchtet. Im weiteren Sinne, da unter dem Schlagwort Sprachdidaktik auch Aspekte der Schreibdidaktik einfließen sowie neben der Deutschdidaktik auch Zweit- und Fremdsprachdidaktik abgehandelt werden. Viele der dargestellten Aspekte werden ebenfalls in der Forschung um bilingualen Unterricht, bekannt als *Content and Language Integrated Learning,* diskutiert (vgl. Zydatiß 2017, 33). Im Rahmen moderat-konstruktivistischer Sprachförderansätze kann das Scaffolding als Grundpfeiler für die Entwicklung sprachsensiblen Geographieunterrichts betrachtet werden. Nachfolgend wird zunächst der Scaffolding-Ansatz selbst dargelegt und in einem weiteren Schritt in Bezug auf die verschiedenen Arbeitsbereiche der Sprachdidaktik beleuchtet. Die Sprachdidaktik besteht aus vier zentralen Arbeitsbereichen (vgl. Geist/Krafft 2017; Neuland/Peschel 2013; Ossner 2006; Steinig/Huneke 2015):

(1) Mündlicher Sprachgebrauch/mündlicher Diskurs

(2) Schriftlicher Sprachgebrauch/Textproduktion
(3) Textrezeption/Leseverständnis
(4) Sprachreflexion (im Wesentlichen Grammatik- und Wortschatzarbeit)

### 3.3.1 Scaffolding

In den letzten Jahren ist im Zuge einer stärkeren Fokussierung auf konstruktivistische Lernansätze das sogenannte Scaffolding ins Zentrum verschiedener Didaktiken gerückt. Scaffolding basiert auf der konstruktivistischen Theorie von Vygotskijs Zonen proximaler Entwicklung (vgl. Abschn. 3.1) und bietet – knapp gesprochen – gestufte Hilfen beim Lernen. Scaffolding ist als grundlegender, übergeordneter Zugang zum Wissenserwerb einzuschätzen: „[It; eigene Ergänzung] is to be understood as an approach […], rather than a method" (Kiraly 2017, S. 12). Seit den 1990er-Jahren wird Scaffolding hauptsächlich im Zweitsprachenunterricht angewandt; die Methode findet aber auch in anderen Disziplinen Anwendung (vgl. Lange/Gogolin 2010, S. 31) und hat sich zwischenzeitlich zum *umbrellaterm* für sprachliche Unterstützung gewandelt. So zeigt sich Scaffolding in empirischen Arbeiten verschiedener Fachdidaktiken als wirksamer Ansatz für den fachsprachlichen und fachlichen Kompetenzerwerb im Rahmen sprachsensiblen Fachunterrichts (vgl. Abschn. 2.3). In den folgenden Ausführungen geht es vordergründig um sprachliche Unterstützungsangebote, obwohl Scaffolding auch beim Erwerb fachlicher Inhalte genutzt wird, um Kinder und Jugendliche mittels gestufter Hilfen beim Erschließen schwer verständlicher Fachkonzepte zu unterstützen (vgl. Wessel 2015, S. 47).

> Scaffolding, however, is not simply another word for help. It is a special kind of help that assists learners to move toward new skills, concepts, or levels of understanding. Scaffolding is thus the temporary assistance by which a teacher helps a learner know how to do something, so that the learner will later be able to complete a similar task alone. (Gibbons/Cummins 2002, S. 10)

Scaffolding setzt an den Stellen an, an denen die Kinder ihr sprachliches Repertoire ausgeschöpft haben und daher alleine keine Fortschritte mehr erzielen. Eine Weiterentwicklung der Kompetenzen in Richtung der Zone proximaler Entwicklung wird durch entsprechende Unterstützung, das Scaffolding, ermöglicht (vgl. Wessel 2015, S. 46) (vgl. Abb. 3.4).

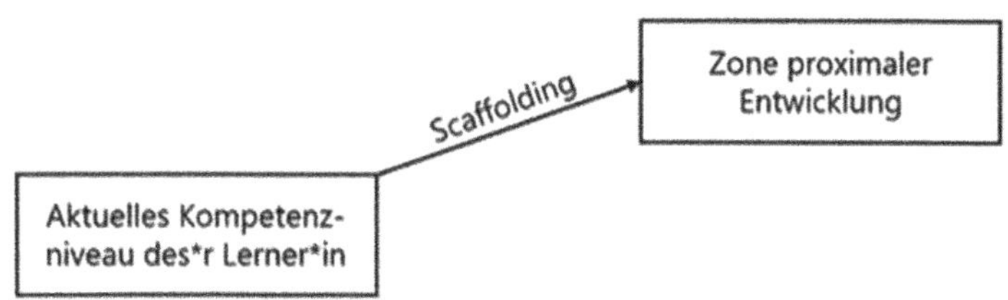


**Abb. 3.4** Schematische Darstellung der Kompetenzentwicklung in Richtung Zone proximaler Entwicklung. (Quelle: verändert nach Wessel 2015, S. 46)

Die kognitiv-sprachlichen Anforderungen werden nicht einfach reduziert, da dies die Sprachkompetenz der Schüler*innen nicht fördern kann, sondern möglicherweise sogar eine Rückentwicklung des Kompetenzniveaus zur Folge hätte (vgl. Vollmer/Thürmann 2013, S. 51). Stattdessen erzielt Scaffolding eine Verbesserung des Kompetenzniveaus, indem Lerninhalte, die über dem eigenen Kompetenzniveau liegen, durch Hilfestellungen dargeboten werden (vgl. Quehl/Trapp 2020, S. 31). Die sogenannten Scaffolds werden allmählich wieder abgebaut, damit ehemals schwierige sprachliche Situationen nach Zurücknahme der Hilfestellung (Fading) selbstständig bewältigt werden können. Es handelt sich also um ein Hilfssystem, in dem die Schüler*innen Maßnahmen zur Unterstützung erhalten, um herausfordernde sprachliche und fachliche Inhalte zu verstehen (vgl. Wessel 2015, S. 47). Auch aus motivationaler Sicht erweist sich Scaffolding als sinnvoll, weil die Schüler*innen durch erreichbare und gleichzeitig fordernde individuelle Ziele angespornt werden. Da die Scaffolds flexibel einsetzbar sind, können alle – ungeachtet der Heterogenität innerhalb der Klasse – gefördert werden. Insbesondere für Kinder mit sprachlichen Schwierigkeiten und solchen mit Deutsch als Zweitsprache bieten die Scaffolds notwendige Hilfestellung an (vgl. Kniffka 2015, S. 222–223). Je nach Entwicklungsstand des*r Schüler*in sollten die Unterstützungsmaßnahmen individuell dosiert werden. Denn das Scaffolding fußt auf dem Prinzip der Binnendifferenzierung. Die Lehrkraft diagnostiziert den Stand der Lerner*innen, nimmt demgemäß innere Differenzierung vor und bietet dann die passenden Scaffolds an. Während der*die eine Schüler*in ein stabileres Gerüst für längere Zeit braucht, genügt bei einem*r anderen womöglich eine kleine Stütze zu Beginn des Lernprozesses. Durch das Scaffolding entwickeln die Lernenden selbstgesteuerte Problemlösefähigkeit, indem sie – wenn auch mit Unterstützung – selbsttätig Wissen erwerben. Scaffolding macht keine genauen Vorgaben bezüglich der Inhalte; viel eher unterstützt es die Schüler*innen dabei, das Wie einer Handlung zu fokussieren; es entstehen Handlungsanleitungen, die auch auf andere Situationen übertragen werden sollen (Transfer). Dabei werden die Sprachstrukturen nicht isoliert gelernt, sondern nach konstruktivistischem Lernverständnis in einem fachlichen Kontext. Für die konkrete Umsetzung von Scaffolding und die Konzeption von sprachsensiblem Fachunterricht entwickelten Hammond/Gibbons (2005) ein Scaffolding-Modell in Form eines zweigliedrigen Systems, bestehend aus einer Makro- und einer Mikro-Ebene[1] (vgl. Abb. 3.5).

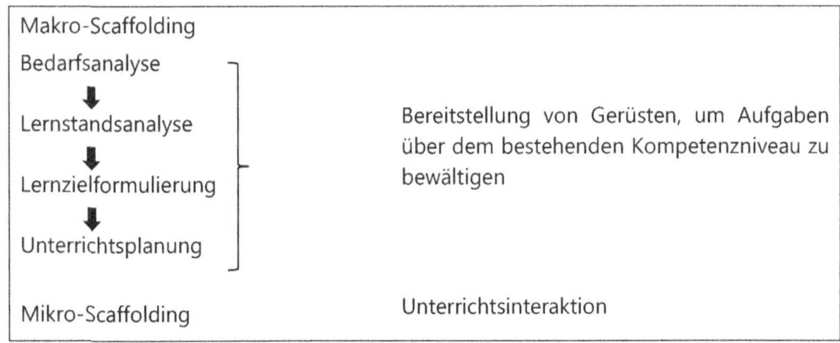


**Abb. 3.5** Makro- und Mikro-Scaffolding. (Quelle: Beese et al. 2014, S. 43)

Dieses Modell bildet die Möglichkeiten durchgängiger Sprachförderung (vgl. Kap. 1) besonders treffend ab. Denn einerseits wird auf Makro-Ebene fokussierte Sprachförderung ermöglicht. Diese zeichnen sich „durch die besondere Berücksichtigung möglicher sprachlicher Hindernisse und möglicher Aktivitäten, Übungen und Materialien zu deren Überwindung aus" (Wessel 2015, S. 34). Konkret bedeutet dies, dass auf Sprachangebote, Übungen, Sprachmittel etc. zur Unterstützung auf Wort-, Satz- und Textebene angeboten werden – und zwar bei der Produktion und der Rezeption von Sprache. Andererseits wird auf Mikro-Ebene, also in der konkreten Unterrichtssituation, ganzheitliche Förderung umgesetzt. Ganzheitliche Förderung verfolgt eine konsequente Intensivierung mündlicher und schriftlicher Sprachproduktion im Unterricht und soll durch entsprechendes methodisches und didaktisches Setting einen sprachsensiblen Unterrichtsdiskurs ermöglichen.

[1] Makro- und Mikro-Scaffolding sind nicht mit dem Ordnungsraster der Methodenvielfalt in den Dimensionen Makro-, Meso- und Mikromethodik nach Meyer (2004, S. 75) zu verwechseln.

*Makro-Scaffolding*

Makro-Scaffolding bezieht sich auf die Planung des Unterrichts im Vorfeld und wird in der Umsetzung der sprachsensiblen Unterrichtsreihe dieser Arbeit schwerpunktmäßig integriert und beforscht. Makro-Scaffolding gliedert sich grob in vier Teile (vgl. Beese et al. 2014, S. 43).

(1) Bedarfsanalyse

„Ausgangspunkt für die Bedarfsanalyse sind die fachlichen Lernziele, Inhalte, Methoden und Medien" (Beese et al. 2014, S. 35), die die Schüler*innen bewältigen müssen. Hiermit sind sowohl inhaltliche als auch sprachliche Anforderungen gemeint – auch im Rahmen dieser Arbeit soll das Scaffolding nicht allein als Methode zum Erwerb sprachlicher Kompetenzen, sondern auch fachlicher Inhalte herangezogen werden. Während die fachlichen Anforderungen den Lehrkräften meist sehr klar sind, wird die sprachliche Bedarfsanalyse oft vernachlässigt. Um dies zu ändern, sind die folgenden Fragen von Beese et al. (2014, S. 35) zur Orientierung hilfreich:

- Was müssen die Schüler lesen, schreiben, hören, darstellen und präsentieren?
- Welche Textsorten und welche Operatoren müssen sie beherrschen?
- Stellen die eingesetzten Texte und Schreibaufgaben besondere Anforderungen auf der Ebene des Textaufbaus, der Textverknüpfung, der Grammatik und des Wortschatzes?
- Welche sprachlichen Schwierigkeiten könnten das fachliche Lernen beeinträchtigen, welche nicht?
- Welche sprachlichen Anforderungen sind typisch und damit langfristig relevant für das Fach?

(2)Lernstandserhebung der Schüler*innen

In einem weiteren Schritt erfolgt die Erhebung des aktuellen Lern- bzw. Sprachstandes der Schüler*innen. Je individueller und tiefer der Lernstand gemessen wird, desto genauer lassen sich anschließend Lernziele für jede*n Einzelne*n formulieren. Eine individualisierte Lernstandsanalyse ist jedoch mit relativ hohem Aufwand verbunden, der sich nicht immer in den Schulalltag integrieren lässt. Zur Bestimmung des mittleren Lernstandes der Klasse genügt allerdings eine eingehende Beobachtung oder ein Einstufungstest.

(3) Lernzielformulierung

Auf Basis der ersten beiden Schritte können schließlich in einer weiteren Phase Lernziele für den Unterricht formuliert werden. Auch hierfür entwickelten Beese et al. (2014, S. 35) Kriterien, die Lehrkräften bei der Auswahl der Lernziele Beachtung finden sollten:

- Das Lernziel oder Teillernziel bezieht sich auf eine sprachliche Anforderung, die typisch für das Fach ist und die daher den Schüler*innen im Zuge ihrer Schullaufbahn immer wieder begegnen wird.
- Das sprachliche Lernziel sollte etwas über dem derzeitigen Lernstand der Schüler*innen liegen.
- Eine Unterrichtsreihe sollte nicht mehr als drei sprachliche Anforderungen enthalten. Mehr können nicht effektiv gefördert, erworben und gefestigt werden. Alle weiteren eventuellen sprachlichen Schwierigkeiten (z. B. schwierige Textstellen), die das fachliche Verständnis beeinträchtigen können, müssen durch sprachliche Vorentlastung, durch kurze Klärung im Unterrichtsgespräch, durch differenzierende Aufgaben und Übungen usw. aufgefangen werden.

(4) Konkrete Unterrichtsplanung
Die konkrete Unterrichtsplanung, der letzte Schritt des Makro-Scaffoldings, ist umfassend. Folgende Kriterien sollen gemäß des Scaffoldings in der Unterrichtsplanung integriert sein (vgl. Beese 2014, S. 35).

(1) Berücksichtigung von sprachlichem und fachlichem Vorwissen und Vorerfahrungen
(2) Aufgabenauswahl für und Sequenzierung von Lernumgebungen
(3) Einsatz verschiedener Darstellungen und Register
(4) Zusätzliche Unterstützungsstrukturen schaffen
(5) Möglichkeiten zur fachlichen und sprachlichen Reflexion
(6) Explizierung sprachlicher und fachlicher Lernziele

*Mikro-Scaffolding*
Mikro-Scaffolding ist inhaltlich weniger gut planbar als Makro-Scaffolding, weil es das direkte Unterrichtsgeschehen betrifft (vgl. Hardy et al. 2019, S. 45). Aus diesem Grund spielt es in der empirisch beforschten und im Rahmen dieser Arbeit entwickelten Unterrichtsreihe eine untergeordnete Rolle. Einige Rahmenbedingungen wie Sozial- und Arbeitsformen können dennoch gut geplant werden. Auch hilft es, sich als Lehrkraft vor dem Unterricht mit der eigenen Sprachverwendung auseinanderzusetzen, um ein möglichst gutes Sprachvorbild zu sein. Durch diesen Reflexionsprozess kann es außerdem gelingen, „spontane Elemente des Unterrichts möglichst zielgerichtet und produktiv aufzunehmen“ (Beese et al. 2014,

S. 41). Von den vier eingangs zu diesem Kapitel dargestellten Sprachbereichen betrifft das Mikro-Scaffolding das erste Feld der mündlichen Kommunikation, auf das nachfolgend genauer eingegangen wird. Anschließend werden die weiteren Sprachbereiche beleuchtet, wobei diese eher das Makro-Scaffolding betreffen. Zunächst wird eine Abgrenzung des entsprechenden Feldes vorgenommen; darauf folgen aktuell besprochene Maßnahmen zur Förderung in dem entsprechenden Bereich.

### 3.3.2 Der mündliche Diskurs: Sprechen und Zuhören

Mündliche Kommunikation ist die dominierende Kommunikationsform in der Schule (vgl. Matschke 2018, S. 179). Mündliche Kommunikation hat im Unterricht im Wesentlichen zwei Funktionen. Sie ist zum einen Lernmedium (vgl. Becker-Mrotzek/Vogt 2009). Zum anderen ist mündliche Kommunikation aber auch zentrales Lernziel, zum Beispiel, wenn es darum geht, Gespräche zu führen, zu argumentieren oder Präsentationen zu halten (vgl. Budde et al. 2012, S. 69) (vgl. Abschn. 2.2). Zwar existieren diverse Modelle zu idealtypischen Abläufen von Gesprächen, im Vergleich zur Erforschung von Schreibprozessen sind die empirischen Befunde in der Gesprächsforschung aber noch relativ gering (vgl. Weber 2015, S. 96). Im Rahmen von sprachsensiblem Geographieunterricht stellt sich die Frage, wie die Unterrichtskommunikation so verbessert werden kann, dass sie einerseits gutes Lernmedium ist und andererseits beim Erwerb mündlicher Diskurskompetenz unterstützen kann. Häufig vorkommende Formen der Unterrichtskommunikation sind neben dem Lehrer*innenvortrag und dem Unterrichtsgespräch auch Kommunikation in Gruppenarbeit sowie Präsentationen von Schüler*innen (vgl. Becker-Mrotzek/Vogt 2009; Weber 2015, S. 107). Im Folgenden werden knapp einige Vorschläge für förderliche Unterrichtskommunikation skizziert. Eine vertiefte Darstellung des mündlichen Unterrichtsdiskurses erfolgt allerdings im Rahmen dieser Arbeit nicht, da der Fokus der Studie auf dem Makro-Scaffolding liegt und das Mikro-Scaffolding auf der Ebene der Unterrichtsinteraktion nicht direkt Gegenstand der Erhebungen oder des Treatments sind.

(1) Der Lehrer*innenvortrag und das Unterrichtsgespräch
Häufig wird die mündliche Kommunikation im Klassenzimmer von der Lehrkraft mittels Fragen gesteuert und von ihr mit durchschnittlich etwa 70–80 % Redeanteil dominiert (vgl. Becker 2010, S. 60; Meyer 2014, S. 95). Die Lehrkraft

steht im Mittelpunkt des Unterrichts, und zwar in dem Sinne, dass Lehrpersonen der Ausgangspunkt der Unterrichtskommunikation sind, die einerseits selbst viel sprechen und andererseits diejenigen sind, die Kommunikation auf Schüler*innenseite initiieren (vgl. Becker 2010, S. 60). Lehrpersonen haben einen erhöhten Sprechanteil, kennen die Metastruktur des Unterrichts und leiten diesen zielgerichtet. Häufig mündet Unterricht daher in ein fragend-entwickelndes Gespräch. Für den Geschichtsunterricht zeigte sich in der Analyse einer Unterrichtsstunde, dass die Lehrperson von allen Fragen, die sie stellte, 81,8 % der Fragen W-Fragen waren, deren Beantwortung auf Schüler*innenseite auch sehr kurz möglich ist (vgl. Oleschko 2018, S. 59). In der Sprachdidaktik wird in den vergangenen 15 Jahren vom fragend-entwickelnden Unterrichtsgespräch abgeraten – entspricht es in seiner oft verstandenen Form dem Klischee eines verstaubten Unterrichts, das konstruktivistischen Ansprüchen nicht mehr gerecht wird (vgl. u. a. Neuland/Peschel 2013; Steinig/Huneke 2015). In der aktuellen Sprachdidaktik hingegen wird wieder Abstand genommen von einer pauschalen Ablehnung eines fragend-entwickelnden Unterrichtsgesprächs. Denn durch das Unterrichtsgespräch können – insbesondere in Kombination mit anderen sprachlichen Zugängen – wie der Textrezeption – diverse sprachliche Lerngelegenheiten im fachlichen Lernen geschaffen werden (vgl. Matschke 2018, S. 193–195).

Für ein gelungenes Unterrichtsgespräch werden Modellierungsvorschläge geliefert, die die mündliche Kommunikation als durchgängige Lerngelegenheit ermöglichen (vgl. Geist/Krafft 2017). Die Unterrichtskommunikation soll lehrer*innenseitig so aufgebaut sein, dass in der spontanen Interaktion ständig individuelle Scaffolds dargeboten werden können, um die mündliche Ausdrucksfähigkeit einerseits, aber auch die fachliche Konstruktion von Wissen andererseits zu fördern. Im Rahmen des Scaffoldings ist vor allem die Mikro-Ebene angesprochen. Geist/Krafft (2017) sehen die Verbesserung des Unterrichtsgesprächs als wichtigen Schlüssel zur Gesprächsfähigkeit der Schüler*innen. Sie zeigen vier aufeinander aufbauende Möglichkeiten auf, das Unterrichtsgespräch zu modellieren. (1) In der Präsentation verwendet die Lehrperson die gewünschte, einzuübende sprachliche Struktur bewusst, sodass die Schüler*innen implizit damit vertraut werden. Um diese Technik zu verdeutlichen, kann diese gewünschte Sprachstruktur mit einer anderen (2) kontrastiert werden, sodass die charakteristischen Eigenschaften deutlicher hervortreten. Eine weitere Technik besteht in (3) korrektivem Feedback, das sowohl auf inhaltlicher als auch auf sprachlicher Ebene direkte Rückmeldung auf eine getroffene Schüler*innenaussage gibt. Bei inhaltlich zutreffender Schüler*innenaussage, die aber sprachlich falsche Strukturen oder Begriffe aufweist, wird also zum Beispiel die inhaltliche Aussage bestätigt, während die sprachliche Aussage richtig überformt wird. Dabei ist wichtig, das Feedback der Situation entsprechend und nach Möglichkeit „maßzuschneidern“ (vgl. Ruberg et al. 2013, S. 58; Schoormann/Schlak 2012, S. 182). Durch eine (4) Ergänzung der Schüler*innenaussage, z. B. mit einem weiteren Beispiel für die richtige sprachliche Struktur, kann das zu Lernende noch einmal betont bzw. gefestigt werden.

Leisen (2015) versteht das Unterrichtsgespräch aus Lehrer*innenperspektive als Moderationsaufgabe. Die Lehrperson nimmt sich dabei so weit wie nötig und möglich aus dem inhaltlichen Gespräch mit den Schüler*innen heraus. Ihre Aufgabe ist es, Gesprächsimpulse zu setzen, die das Gespräch aufrechterhalten bzw. beginnen. Es existieren verschiedene Handlungsempfehlungen für die Moderation von Unterrichtsgesprächen in allen Phasen des Lernens. Denn eine gute Moderation mit dem Ziel, nicht nur lose Kommunikation in Gang zu bringen, sondern einen Unterrichtsdiskurs ein- und anzuleiten, ist ständig gefragt. Der Diskurs ist nach Habermas eine Form der Kommunikation, in der durch das Argumentieren Erkenntnisse generiert werden (vgl. Habermas 1984, S. 130). Für den Unterricht bedeutet das, dass es Gegenstände braucht, über die es sich diskutieren lässt, die also „hinsichtlich Inhalt, Darstellung, Breite und Tiefe vielfältig und sehr verschieden sind“ (Leisen 2015, S. 15). Die nötige Moderation eines Diskurses zieht sich durch alle Phasen des Lernens: vom Einstieg, in dem Vorwissen aktiviert wird, über die Erarbeitung und Präsentation neuen Wissens bis hin zur Sicherung und dem Transfer. In allen Phasen sollte die Lehrkraft, wo möglich, wenig kommentieren, Äußerungen sammeln, Strukturierungshilfen geben und Bezüge zwischen den Schüler*innenaussagen innerhalb des Diskurses herstellen und/oder sichtbar machen sowie ausreichend Zeit geben, mündlich zu artikulieren (vgl. Leisen 2015, S. 16).

(2) Präsentationen und Vorträge

Zur Unterrichtskommunikation gehören neben dem Unterrichtsgespräch auch die Präsentationen von Schüler*innen sowie die Kommunikation von Schüler*innen untereinander, zum Beispiel bei der Partner*innen- und Gruppenarbeit (vgl. Becker-Mrotzek/Vogt 2009). Die Erarbeitung und Durchführung von Präsentationen, zum Beispiel in Form von Referaten, eignen sich gut, um Schüler*innen hinsichtlich ihrer sprachlichen Fähigkeiten zu unterstützen. Sie sollten ausreichend Zeit haben, um die Präsentation vorzubereiten und sie sollten Unterstützung bekommen, so sie diese brauchen. Hilfreich kann insbesondere dabei der Einbezug der Erstsprache der Kinder sein, also wenn Wörterbücher/Übersetzungs-Apps erlaubt sind oder der Vortrag sogar in der Erstsprache vorbereitet werden kann, dann aber auf Deutsch gehalten wird (vgl. Geist/Krafft 2017, S. 40).

Beim Präsentieren kann es auch ein sinnvoller Weg sein, zu filmen. Die Schüler*innen könnten selbst Videos erstellen, die dann in verschiedener Form als Präsentationsmedium genutzt werden können. Videos haben den Vorteil, dass sie die wenig motivierende Flüchtigkeit von Gesprochenem mindern und gleichzeitig Kinder, die zum Beispiel sehr nervös vor Publikum werden, entlasten.

(3) Kommunikation in Partner*innen- und Gruppenarbeit
Weber (2015) empfiehlt zur Verbesserung der sprachlichen Kompetenzen von Zweitsprachlernenden besonders kooperative Arbeitsformen in kleinen Gruppen, da so leichter ein Schutzraum für die Lernenden aufgebaut werden kann, der ihnen Sprechen ohne größere Hemmungen ermöglicht. Insbesondere dialogische Gesprächskompetenz können Schüler*innen in kleinen Gruppen üben. Meistens wird in der Gruppenarbeit über Texte oder anderes Material gesprochen und eine (oder mehrere) Aufgabe(n) dazu beantwortet. Grundler/Vogt (2013) empfehlen zur Entlastung eine Einteilung des Gruppengesprächs in Phasen (Eingangsstatement – Diskussion – Abschlussstatement) und zeitliche Vorgaben, um das Gespräch zu strukturieren. Geist/Krafft (2017) fokussieren ebenfalls auf eine Entlastung der Gruppenkommunikation, z. B. durch Verständnisklärungen des zu bearbeitenden Materials, wobei insbesondere Unterstützung für DaZ-Schüler*innen erhofft wird:

> Für SuS mit DaZ stellen Diskussionen zum einen aus sprachlicher Sicht eine höhere Anforderung dar als für SuS mit DaE, die sich stärker auf den Inhalt konzentrieren können. Andererseits sind die Hürden auch aus inhaltlicher Sicht erhöht, da SuS mit DaZ möglicherweise (z. B. aufgrund von abweichendem Vor- bzw. Weltwissen) das zu diskutierende Thema nicht in der gleichen Zeit erschließen können wie SuS mit DaE. Der Vorbereitungsphase ist demnach für SuS mit DaZ eine besondere Bedeutung beizumessen. (Geist/Krafft 2017, S. 43)

In den zitierten Quellen wird Gebrauch von Scaffolding gemacht, indem Lernprozesse in einzelne Schritte unterteilt werden und Hilfestellung – wo nötig – angeboten wird. Die Gliederung in einzelne Teilschritte und sukzessive Unterstützungsangeboten zeigen sich auch bei den weiteren dargestellten Fördermöglichkeiten mündlicher Unterrichtskommunikation.

(4) Zuhören
Zuhören bedeutet „sogenannte auditorische Reizverarbeitung: Wir selektieren den akustischen Reiz, richten die kognitive Aufmerksamkeit darauf aus und interpretieren" (Spiegel 2009, S. 190). Zuhören kann aber auch misslingen, zum Beispiel, wenn etwas nicht richtig verstanden wird. Die Gründe dafür können sehr vielfältig sein: mangelnde Sinnkonstruktion trotz konzentrierten Zuhörens,

zu viele Informationen in zu kurzer Zeit, Diskrepanzen zwischen verbalen und non-/paraverbalen Signalen oder Ablenkung, um nur einige Beispiele zu nennen (vgl. Spiegel 2009, S. 192–193). Je nach Quelle verbringen Schüler*innen etwa 50 %–95 % der Unterrichtszeit mit Zuhören (vgl. Spiegel 2009, S. 196), es sollte Lehrkräften also in jedem Fall daran gelegen sein, dieses möglichst lernförderlich zu gestalten. Geist/Krafft (2017, S. 46) haben in Anlehnung an Rösch (2011, S. 192–193) und Spiegel (2009, S. 200) Kriterien erstellt, die gute Voraussetzungen für aufmerksames Zuhören schaffen.

1. Aufmerksamkeit herstellen;
2. Inhalte durch Schlüsselwörter und spezifische Sprachstrukturen und Kommunikationsformen vorbereiten;
3. Zuhörermotivation eventuell durch zuhörsteuernde Fragen herstellen;
4. Inhalte multimodal und widerspruchsfrei (also gestisch-mimisch und intonatorisch unterstützend) vermitteln (kulturelle Unterschiede in non-verbalen Mitteln sind mit den Schüler*innen zu thematisieren);
5. Häufig Redepausen einlegen, damit die Zuhörenden das Gesagte kognitiv verarbeiten können;
6. Aktivierungsphasen einbauen, damit die Lernenden das (inhaltliche wie sprachliche) Wissen aktiv verarbeiten und verankern sowie Nicht-Verstandenes klären können.

Auch Heller/Morek (2015) weisen ebenfalls auf die Wichtigkeit aktiven Zuhörens im Unterricht hin. Basierend auf 200 videographierten Unterrichtsstunden verschiedener Fächer, Klassenstufen, Schulformen und Lehrpersonen leiten die Autor*innen Hinweise für partizipations- und diskurserwerbsförderliches Lehrer*innenhandeln ab; darunter auch die „Adressierung von Zuhöreraktivitäten“ (Heller/Morek 2015, S. 19).

### 3.3.3 Produktiver Umgang mit Texten: Schreiben

Die Schreibforschung ist eine vergleichsweise junge Disziplin, deren Entstehung etwa auf die 1980er-Jahre zurückzudatieren ist (vgl. Steinhoff et al. 2017, S. 9). Doch selbst seit PISA steht vor allem das Lesen im Fokus der Debatte um Sprachförderung. „Darüber darf die Bedeutung des Schreibens nicht vergessen werden, weil erst Lesen und Schreiben gemeinsam die literale Kompetenz ausmachen“ (Becker-Mrotzek et al. 2015, S. 200). Im Gegensatz zum Sprechen und Zuhören ist Schreiben ein mittelbarer Prozess, der den Denk- und Lernvorgang entschleunigt – dem*r Lernenden Zeit gibt (vgl. Pertzel/Schütte 2016, S. 13). Die Möglichkeit, über sprachliche Aussagen nachzudenken, eröffnet ihm*r die Gelegenheit, sich tiefer mit der entsprechenden Materie auseinanderzusetzen, da schriftliche Äußerungen vorliegen und das Schreiben „Gedächtnisbilder schafft" (Müller 2005, S. 1). Ein*e schwache*r Sprecher*in muss deshalb nicht automatisch ein*e schwache*r Schreiber*in sein und umgekehrt. Schreiben ist ein komplexer Prozess, der eine Fülle an Teilkompetenzen erfordert (vgl. u. a. Budde et al. 2012; Geist/Krafft 2017; Lange/Weinhold 2010; Mathiebe 2018; Ossner 2006; Steinig/Huneke 2015). Neuland/Peschel (2013, S. 104) definieren Schreibkompetenz als die Fähigkeit zur Textproduktion, die einerseits den eigenen Zielen gerecht werden und andererseits die Bedarfe der Rezipierenden erfüllen soll. Dabei werden sowohl Sprache als auch Inhalt bewusst wahrgenommen, immer wieder neu formuliert, optimiert und präzisiert, bis schließlich ein Schreibprodukt entstanden ist. Simpel zusammengefasst gliedert sich der Prozess in Planen, Formulieren, Überarbeiten (vgl. Mathiebe 2018, S. 17–18; Steinig/Huneke 2015, S. 138). Innerhalb dieser Phasen sind allerdings verschiedene reziprok aufeinander bezogene Elemente zu beachten. Einen Eindruck in die Komplexität der Anforderung Schreiben gibt das Schreibprozessmodell von Hayes/Flower (1980). Dieses ist zwischenzeitlich mehrfach überarbeitet worden und gilt „als Referenzmodell für die etablierten Schreibprozessmodelle" (Bachmann/Becker-Mrotzek 2017, S. 34). Dem Kompetenzmodell nach Hayes/Flower (1980) bzw. dessen Fortführung sowie der Kompetenzgliederung nach Fix (2008) und Becker-Mrotzek/Schindler (2007) zufolge lässt sich Schreibkompetenz in Teilkompetenzen gliedern, die Pohl (2014) wie folgt zusammenfasst:

- Planungskompetenz (Textentwicklung: von eigenem Wissen zu differenzierter Nutzung externer Wissensspeicher, z. B. Internet, Lexika)
- Formulierungskompetenz (Entwicklungsprozess sprachlicher Struktur- und Ausdrucksformen)
- Überarbeitungskompetenz (Überarbeitungshandlungen, z. B. orthographische Korrekturen)
- Ausdruckskompetenz (z. B. Textsortenspezifität, Adressatenbezug)
- Kontextualisierungskompetenz (Textverständnis durch Kontextualisierung)
- Antizipationskompetenz (Entwicklung von Ich-bezogener Textwahrnehmung zu einem erweiterten, generalisierten Adressatenbezug)
- Textgestaltungskompetenz (Entwicklungstendenzen von assoziativ-reihender Textgestaltung zu schema- oder textsortengestalteter Textordnung) (vgl. Pohl 2014, 114 ff.).

Besonders herausgestellt wird für erfolgreiches Schreiben neben dem Textwissen, also dem Wissen über Textsorten und Formen des Schreibens, das Schreibbewusstsein, was neben der Reflexion von Schreibzielen auch die Bereitschaft zur Textverbesserung und -überarbeitung sowie metakognitive Komponenten beinhaltet, die den gesamten Schreibprozess auf übergeordneter Ebene steuern (vgl. Berning 2011, S. 12; Philipp 2017, S. 197). Im Kontext von Mehrsprachigkeit von Relevanz ist der Hinweis, dass die Schreibentwicklung in der Forschung als sprachenunabhängig definiert ist. Das heißt mehrsprachige Schüler*innen durchlaufen dieselben Phasen des Schreibentwicklungsprozesses (vgl. Geist/Krafft 2017, S. 99).

Nicht nur der Prozess allein ist als komplex und vielschichtig zu beschreiben, auch die Operatoren, die einer Schreibaufgabe zugrunde liegen, sind vielseitig. *Benennen, notieren, definieren, beschreiben, darstellen, berichten, erzählen, erklären, erläutern, bewerten, beurteilen* und *argumentieren* sind die zentralen Operatoren (vgl. Pertzel/Schütte 2016, 18.20). Mit den verschiedenen Operatoren werden teilweise auch die verschiedenen Funktionen von Schreibaufgaben deutlich, die bereits in den obigen Ausführungen impliziert sind. Schreiben kann erstens Merkhilfe sein (z. B. Hefteinträge). Zweitens kann Schreiben kommunizierende Funktion haben. Drittens ist das epistemische Schreiben zu nennen (vgl. Becker-Mrotzek et al. 2015, S. 200). Für den Fachunterricht ist der Einsatz epistemischen Schreibens von besonderem Interesse, nicht zuletzt durch das entschleunigende Moment von Schriftsprachlichkeit. Dadurch können Zeit und Anlass für vertiefte kognitive Verarbeitung von Wissen entstehen (vgl. Pertzel/Schütte 2016, S. 13–15; Steinhoff 2007, S. 56–59). Die empirische Studienlage allerdings zeigt, dass der Einsatz von epistemischem Schreiben im Fachunterricht kein Selbstläufer ist. Zahlreiche Faktoren entscheiden darüber, ob und wie förderlich es ist. Dennoch gibt es Hinweise darauf, dass Schreiben – richtig eingesetzt – ein großes Potenzial für fachliche und sprachliche Lernprozesse enthält, wie Ergebnisse einer Studie zum Schreiben im Mathematikunterricht nahelegen (Stephany et al. 2013). Eine weitere Untersuchung stellt reflexive Schreibaufgaben als besonders gewinnbringend heraus (Wäschle et al. 2015). Als vielversprechend bewertet die Schreibdidaktik eine Kombination kommunikativen und epistemischen Schreibens, in dem auch Reflexionsprozesse angeleitet werden. Damit Schreibaufgaben ihr Lernpotenzial ausschöpfen, müssen sie sorgfältig geplant, authentisch und motivierend sein. Dies kostet Zeit, was eine mögliche Erklärung für die Diskrepanz zwischen dem möglichen Nutzen von Schreiben auf der einen Seite und dem geringen Einsatz in der Unterrichtspraxis auf der anderen ist (vgl. Petersen 2017, S. 120–121).

Dass Schreiben erlernbar ist, wird vielen Schüler*innen erst bewusst, wenn sie erkennen, dass der Schreibprozess in Teilbereiche untergliedert ist, die für sich geübt werden können. Ebenso wie bei einer Matheaufgabe muss gelernt werden, wann welche Formel eingesetzt wird, welche Möglichkeiten der Umformulierung es gibt oder in welchem Kontext eine bestimmte Variable (Begriff/Struktur) passt. Die Schreibkompetenz wird bei ständigem Üben besser, wobei insgesamt von einer Kernzeit des Erwerbs zwischen dem 8. und dem 16. Lebensjahr ausgegangen wird (vgl. Mathiebe 2018, S. 31). Der Prozess von der Planung des Textes über den ersten Textentwurf bis zum fertigen Produkt ist lang und verläuft selten fehlerfrei. Es gibt verschiedene Möglichkeiten, Schreiben auch im Fachunterricht zu fördern, was sich lohnt, denn Schreiben ermöglicht in doppelter Hinsicht sinnvolles Lernen im Fach. Zum einen fördert es allgemein sprachliche Kompetenz, zum anderen kann durch das Schreiben Erkenntnisgewinn im Sinne epistemischen Schreibens generiert werden (vgl. Beese/Roll 2015, S. 53). Schreibförderansätze weisen eine große Affinität zum Scaffolding auf, in dem der Schreibprozess in seine einzelnen Phasen zerlegt und geübt wird. So wird eine Reduktion der komplexen Schreibaufgabe ermöglicht. Anschließend werden je nach Lernziel Schwerpunkte gesetzt und einzelne Bereiche des Prozesses fokussiert. Die Vorbereitungsphase beispielsweise kann insbesondere der Ideenfindung dienen, in der Vorwissen aktiviert wird und mit Methoden wie dem Clustering oder Mindmapping gearbeitet werden kann (vgl. Handt/Weis 2015, 78). Am Ende der Vorbereitungsphase können auch verschiedene Verfahren zur Strukturierung eines Textes gezeigt und geübt werden, um schließlich in der Entwurfphase Text zu produzieren. Dieser wird dann in der Überarbeitungsphase, die auch mit zeitlichem Abstand auf die Entwurfphase folgt, mithilfe von Feedback (der Lehrperson oder der Mitschüler*innen) überarbeitet. Auch für diese Umsetzung gibt es diverse Methoden. Oft rezipiert wird die eher komplexe Möglichkeit der Schreibkonferenz (vgl. Steinig/Huneke 2015, S. 138–139). Wichtig ist das schrittweise Vorgehen, um Überforderung zu vermeiden (vgl. Budde et al. 2012, S. 109–113). An dieser Stelle kann sich auch die Kombination von mündlichen und schriftlichen Phasen als fruchtbar erweisen, wobei mündliche Phasen den schriftlichen im Sinne einer Vorentlastung vorausgehen. Auf Metaebene wird immer wieder die Bedeutsamkeit von Selbstbeobachtung, -reflexion und -beurteilung hervorgehoben (vgl. Schneider et al. 2013, S. 56). Dies sind wichtige, motivierende und lernfördernde Bestandteile des Schreibens vor allem in der Phase der Textüberarbeitung. Deshalb kann das Führen von Lernberichten, -tagebüchern oder Portfolios das Fachlernen positiv begleiten (Müller 2005, S. 2). Ganz im Sinne des Scaffoldings werden dadurch die verschiedenen Teilprozesse des Schreibens sowie dessen Lernziele für die Schüler*innen transparent gemacht, was die Motivation steigern kann (vgl. Beese et al. 2014, S. 58). Verwiesen sei an dieser Stelle auf Jost (2017), der verschiedene Fördermöglichkeiten für Schreibkompetenz listet. Abschließend seien noch die Schritte für ein empfohlenes Schreibarrangement nach Steinhoff (2018) vorgestellt, in denen sich erneut die Prozesshaftigkeit des Schreibprozesses widerspiegelt:

1. Angemessenes Lernziel formulieren | Im Geographieunterricht bedeutet das, dass das Ziel der Schreibaufgabe aus den Curricula entwickelt wurde.
2. Funktionsspezifische Situierung | Schreiben soll in einem Handlungszusammenhang passieren; es muss also deutlich werden, warum, für wen, worüber, wie und womit geschrieben wird.
3. Sequenzierter Schreibprozess | Den Schüler*innen muss deutlich werden, dass der Schreibprozess in einzelne Schritte gegliedert werden kann.
4. Konstruktive Rückmeldung | Mit Rückmeldung ist ein solches Feedback gemeint, dass es den Schüler*innen ermöglicht, auf dieser Grundlage, die Texte sinnvoll und qualitätsverbessernd zu überarbeiten.
5. Sinnstiftende Textform | Es muss sinnvoll begründbar sein, warum eine bestimmte Textsorte in der Schreibaufgabe gefordert wird. Qualitätskriterien der Textsorte sollten bestenfalls an konkreten Beispielen erkannt werden.

Im Rahmen der vorliegenden empirischen Arbeit wird aufgrund der Bedeutsamkeit sowie der guten Planbarkeit von Schreibaufgaben mit Unterstützungsaufgaben auf diesen Sprachbereich fokussiert. Die Unterrichtsreihe enthält neben Lese- und Sprechaufgaben eine Reihe an gestuften Schreibaufgaben (vgl. Kap. 4). Auch für die Datenerhebung wurde mit der Profilanalyse ein Instrument gewählt, das auf schriftliche Textproduktion abzielt (vgl. Abschn. 6.2).

### 3.3.4 Rezeptiver Umgang mit Texten: Lesen

Lesen ist, ebenso wie das Schreiben, eine jahrtausendealte Kulturtechnik. Sie in ihrer Komplexität zu erfassen, ist wohl auch deshalb herausfordernd. Schon die Funktionen des Lesens sind zahlreich und vielseitig. Lesen dient dem Wissens- und Erkenntnisgewinn, der Unterhaltung in Form von Genuss, Freude, Trauer und es fördert das sinnliche Erleben und ästhetisches Bewusstsein, nicht zuletzt durch Phantasieentwicklung (vgl. Budde et al. 2012, S. 85). Lesen wird in Deutschland spätestens mit Beginn der ersten Klasse als basales Handwerk erlernt, das bleibt. Dennoch ist Lesen können nicht gleich Lesen können. Was Lesekompetenz meint und wie sie verbessert werden kann, schlüsseln diverse Lesekompetenz und -fördermodelle auf (vgl. BMBF 2005). Ein simples Modell zeigt die verschiedenen Prozesse, die beim Lesen ablaufen (können), sowie eine Zuordnung innerhalb einer zweirangigen Hierarchie, wobei niedrige und hohe Hierarchien nicht streng voneinander zu trennen sind, sondern immer wieder ineinander übergehen (vgl. Tab. 3.3). Während beispielsweise Erstklässler*innen noch stark auf Buchstaben- und Wortebene fokussieren, erfassen kompetente Leser*innen diese nur noch innerhalb einer globalen Kohärenz, also auf Text- oder Kontextebene. Ein Hin- und Herspringen zwischen den verschiedenen Prozessen ist durchaus auch bei kompetenten Leser*innen denkbar, zum Beispiel dann, wenn komplexe, den Lesenden unbekannte Strukturen verwendet und/oder anspruchsvolle Inhalte dargeboten werden.

**Tab. 3.3** Hierarchien der Lesekompetenz

| | |
|---|---|
| Hierarchieniedrige Prozesse | – Identifikation von Buchstaben und Wörtern<br>– Syntaktisch-semantische Repräsentation von Wortfolgen/Sätzen > Aufbau von Propositionen<br>– Lokale Kohärenzbildung > Herstellung von Verknüpfungen zwischen Propositionen |
| Hierarchiehohe Prozesse | – Globale Kohärenzherstellung > Bildung einer Makrostruktur<br>– Bildung von Superstrukturen<br>– Erkennen rhetorischer Strategien |

Quelle: Neuland/Peschel 2013, S. 161, angelehnt an: Dijek/Kintsch 1983

Dieses Modell fokussiert auf textimmanente Eigenschaften. Ganz zentral allerdings für ein Textverständnis, das über Wort- und Satzebene hinausreicht, sind Vor- und Kontextwissen. In einem Modell von Rosebrock/Nix (2017) werden daher neben den Prozessebenen auch die Subjektebene sowie das soziale Umfeld des*r Leser*in berücksichtigt.

Lesekompetenz in der Geographie ist vor allem deswegen wichtig, da das Gros relevanter Informationen Fachtexten oder Sachtexten zu entnehmen ist. Was bildungssprachliche Texte schwierig macht, zeigt sich in den unter Abschn. 1.1 dargestellten Kriterien. Auch Hiller (2017, S. 140–141) nimmt einige Kriterien davon nochmals auf, um für eine Studie niveaudifferenzierte Sachtexte zu erstellen, die die fachlichen und bildungssprachlichen Fähigkeiten von Kindern mit Deutsch als Zweitsprache verbessern sollen. Verwiesen sei außerdem noch darauf, dass Textarbeit im Sinne rezipierenden Umgangs im Fachunterricht auch nicht-lineare Texte einschließt. Diagramme, Tabellen oder Grafiken stellen eine wichtige Informationsquelle dar, auch wenn sie nicht-sprachliche Zeichensysteme verwenden. Texte bilden im Geographieunterricht häufig die Grundlage für Hausaufgaben, Aufgaben oder Nachbereitung. Ohne eine profunde Lesekompetenz können Fachtexte allerdings nicht adäquat bearbeitet und verstanden werden und somit auch nicht als Wissensquelle dienen. Ein Unterricht, der Schüler*innen dazu befähigt, auf der höchsten Lesekompetenzstufe zu rangieren, kann das Lernen im eigenen Fach verbessern (vgl. Leisen 2013, S. 111). Es stellt sich also die Frage, wie die Leser*innen ein hohes Kompetenzniveau erreichen können, sodass Fachinhalte in Textform gut verstanden werden können. Einige Lehrkräfte neigen dazu, die Fachtexte in Schulbüchern selbst zu vereinfachen, sie dem aktuellen Kompetenzniveau der Schüler*innen anzupassen; sie senken die Anforderungen. Dies ist allerdings nicht im Sinne des Scaffoldings, das ein höheres Kompetenzniveau anstrebt und Herausforderungen offensiv entgegentritt (vgl. Abschn. 3.3.1). Eine kritische Auseinandersetzung mit den Anforderungen an Schulbuchtexte und wiederum damit, welche Anforderungen aus den Schulbuchtexten resultieren, ist dennoch dringend nötig, wie die Studienergebnisse von Berendes et al. (2018) und Härtig et al. (2019) nahelegen (vgl. Abschn. 2.2). Bei der Leseförderung ist grundsätzlich zu beachten, dass sich die Leser*innen eingehend, eigenständig und wiederholt mit dem Text befassen müssen, um ein tiefes Verständnis zu erreichen. Hierfür sind beispielsweise begleitende Aufgaben zum Sachtext sinnvoll. Ganz im Sinne des Scaffoldings sollten die Aufgaben (gestufte) Hilfen erhalten. Die individuellen Voraussetzungen des*r Leser*in wie zum Beispiel Vorwissen, Wortschatz, Lesestrategiewissen oder das Selbstkonzept sollten dabei immer beachtet werden. Auch die variierende Beschaffenheit eines Textes, die Aktivitäten des Lesens und die unterschiedlichen Leseanforderungen machen es erforderlich, jede Situation neu zu bewerten und individuelle Hilfen zu erstellen (vgl. Leisen 2013, S. 132). Die Grundlage jeder Aufgabe oder Diskussion sollten sogenannte „Verstehensinseln“ (Leisen 2013, S. 132) sein. Denn Gesprächsanlass bietet nicht das, was nicht verstanden wird, sondern das, was von den Lernenden bereits verstanden wird. Den Leseprozess begleitende Aufgaben bieten sich darüber hinaus an. *Pre-reading*-Aufgaben aktivieren Vorwissen und sensibilisieren für das Thema, *while-reading*-Aufgaben schärfen den Blick auf das Wesentliche und *post-reading*-Aufgaben helfen, das Verständnis zu überprüfen (vgl. Dijek/Kintsch 1983, S. 81–82). Schroeter-Bauss et al. (2018, S. 143–152) geben eine detaillierte Anleitung, wie die Schulbuchtexte im Unterricht mit dem Doppelseitenprinzip sinnvoll eingesetzt werden können. Das schrittweise Vorgehen sorgt für Entlastung und besseres Verständnis.

1. Schritt: Überlegungen zur sprachlichen Vorentlastung des Textes
2. Schritt: Einschätzung des fachlichen und sprachlichen Anspruchsniveaus und Planung von Hilfen für das Textverständnis
3. Schritt: Analyse der typografischen Gestaltung des Fließtextes
4. Schritt: Begutachtung der weiteren Darstellungsformen (Fotos, Grafiken etc.)
5. Schritt: Aufbereitung des Text- und Bildmaterials für die jeweilige Lerngruppe
6. Schritt: Das Lesen des Fließtextes
7. Schritt: Analyse der Aufgaben und sprachbewusste Formulierung der Aufgabenstellung

Auf ähnliche Aspekte der Leseförderung im Fachunterricht weisen ebenfalls Schmellentin et al. (2012). Darüber hinaus legen sie ihr Augenmerk auf die Wichtigkeit von Redundanzen in Fachtexten. Nur, wenn wichtiger Inhalt mehrfach in unterschiedlicher Form dargeboten wird, wird er gemerkt (vgl. Schmellentin et al. 2012, S. 4–6). Damit verbunden ist auch die Forderung nach expliziter Verknüpfung von Text und Bildmaterial, was der Forderung nach Darstellungsvernetzung gleichkommt.

### 3.3.5 Sprachreflexion

Unter Sprachreflexion wird nachfolgend insbesondere Wortschatz- und Grammatikarbeit verstanden, die Ausgangspunkt für Reflexionsprozesse über Sprache bilden. Indem Sprachstrukturen grammatisch und morphologisch untersucht werden – so die Idee – findet ein Nachdenken über Sprache statt. Die gewünschte Reflexion tritt allerdings über isolierten Grammatikunterricht ohne kontextuelle Einbettung nicht ein – im Gegenteil kann er sich sogar negativ auswirken, wenn dadurch Zeit fehlt, prioritäre Inhalte zu thematisieren, einzuüben und zu lernen. Grammatikarbeit also sollte, ebenso wie Wortschatzarbeit, immer nur dann Anwendung finden, wenn es dem fachlichen und fachsprachlichen Verstehen dienlich ist, und niemals isoliert erfolgen, wie dies vorzugsweise im Deutschunterricht geschieht. Die Aufmerksamkeit gegenüber grammatischen Strukturen kann den Schüler*innen helfen, den Unterrichtsstoff besser zu verstehen und sprachliche Aufgaben besser umzusetzen (vgl. Beese et al. 2014, S. 72). Sollen Schüler*innen zum Beispiel kausale Zusammenhänge von Sachverhalten erklären, kann es Sinn machen, kausale Konnektoren zu wiederholen. Generell ist mit Grammatikunterricht im Fach sensibel umzugehen, da nur Deutschlehrkräfte in diesem Bereich ausgebildet sind. Eine Kooperation mit dem Fach Deutsch oder dem Förderunterricht kann durchaus – und zwar nicht nur in diesem Kontext – sinnvoll sein (vgl. Leisen 2013, S. 184).

Eine besondere Art der Sprachreflexion stellt insbesondere in Klassen mit DaZ-Lernenden der Sprachenvergleich dar. Die eigene Erstsprache und die Zweitsprache werden miteinander kontrastiert und im Sinne der *language awareness* (vgl. Oomen-Welke/Rösch 2015) zum Lerngegenstand. Dem Sprachenvergleich wird, obwohl dies bisher noch nicht empirisch gestärkt ist, eine zentrale Bedeutung für DaZ-Lernende beigemessen.

> Analysen sprachenvergleichender Aufgaben von Deutschlehrwerken für vier Lehrwerksreihen der Primar- und Sekundarstufe (Marx 2014) ebenso wie für fünf Lehrwerksreihen der Primarstufe (Geist 2017) zeigen, dass das Potential im Sinne einer Didaktik der Sprachenvielfalt (Oomen-Welke 2008, S. 479) in quantitativer und qualitativer Hinsicht bei Weitem noch nicht ausgeschöpft wird. (Geist/Krafft 2017, S. 124)

Auch Topalovic/Michalak (2015) plädieren dafür, insbesondere für Lerngruppen mit Kindern deutscher Erst- und Zweitsprache fruchtbare Ansätze wie das Entdecken von Gemeinsamkeiten und Unterschieden in den Sprachen zu filtern und einander gegenüberzustellen. DaZ-Lernende können so Hilfe im Spracherwerbsprozess erfahren und DaE-Lernende bekommen Anlass zur Reflexion (vgl. Topalovic/Michalak 2015, S. 254–255). Auch abgesehen von Deutsch als Erst- und Zweitsprache kann der Vergleich mit Fremdsprachen, die die Schüler*innen in der Schule lernen sinnvoll sein. Für Fachbegriffe ist oft der Rückgriff auf den Lateinunterricht oder romanische Sprachen sinnstiftend (vgl. Kipf 2017, 171).

Sprachreflexion betrifft nicht nur den Bereich Grammatik und Wortschatz, sondern es handelt sich um eine übergreifende Aufgabe, die auch die*der Lernende kontrollieren kann – zum Beispiel metakognitive Aufgaben im Sinne der Steuerung des Sprachprozesses. So geschehen beispielsweise auch Lesestrategien auf Metaebene (vgl. Budde 2015, S. 70). Schließlich stehen die Lehrkräfte in der Verantwortung, sprachliche Reflexionsanlässe zu erkennen und solche zu schaffen.

Die Erkenntnisse aus der Sprachdidaktik machen einerseits die Notwendigkeit von Sprachsensibilität im Fachunterricht erneut deutlich. Andererseits zeigen sie Möglichkeiten der Umsetzung sprachsensiblen Fachunterrichts auf. Insofern bilden die Erkenntnisse aus der Sprachdidaktik eine zentrale Grundlage für die Design-Kriterien, die im folgenden Kapitel dargestellt werden. Besondere Bedeutung kommt dem Scaffolding auf Makro-Ebene zu, da die Erhebungen in der Studie vorwiegend auf der Ebene der schriftlichen Sprachproduktion stattfinden und die mündliche Kommunikation nicht unmittelbar Untersuchungsgegenstand ist. Die dargestellten Erkenntnisse aus der Sprachdidaktik leiten sich nicht (nur) aus der Forschungsliteratur ab, sondern nehmen auch Bezug auf Praxishandbücher. So fassen beispielsweise die häufig referierten Arbeiten von Beese (2014) und Leisen (2013, 2015) Erkenntnisse aus der Sprachdidaktik (für Lehrkräfte ungeachtet ihrer Fächerkombination) zusammen und veranschaulichen die Ausführungen mit Unterrichtsbeispielen. Es sei dennoch herausgestellt, dass wissenschaftliche Erkenntnisse in den Praxishandbücher mit dem Wunsch besserer interdisziplinärer Verständlichkeit teilweise verkürzt dargestellt werden. Im Rahmen einer Arbeit im Design-Based Research erscheint dieser praxisnahe Zugriff dennoch angemessen.

# 4 Design-Kriterien sprachsensiblen Geographieunterrichts

Kapitel 2 und 3 legen den Grundstein für die Design-Kriterien und die darauf basierende sprachsensible Unterrichtsreihe zum Thema Schalenbau der Erde und Plattentektonik. Dieses Thema ergibt sich aus dem Rahmenlehrplan der Berliner Schulen für die 7. Jahrgangsstufe. Es wird außerdem genuin in der Geographie unterrichtet und ist im Rahmenlehrplan für das Fach Geographie aller Länder verankert. Dieses Kapitel ist als Brücke zwischen dem Grundlagenteil auf der einen Seite und der eigenen empirischen Forschungsarbeit auf der anderen Seite zu verstehen. Die vier Design-Kriterien werden in den folgenden Unterkapiteln eingehender vorgestellt. Dabei wird aufgezeigt, wie sich die Kriterien ableiten und wie sie zu verstehen sind. Jedes Kapitel enthält einzelne Beispiele aus der sprachsensiblen Unterrichtsreihe, die veranschaulichen, wie das entsprechende Kriterium in der Praxis operationalisiert wurde. Die sprachsensible Unterrichtsreihe, auf die in diesem Kapitel Bezug genommen wird, ist als Intervention der Studie zentraler Forschungsgegenstand. Abb. 4.1 zeigt die Design-Kriterien sowie deren wesentliche Charakteristika stichpunktartig zusammengefasst.

Die Design-Kriterien sind als Handlungsmaxime für sprachsensiblen Geographieunterricht zu verstehen, die keinen Anspruch auf Vollständigkeit erheben und je nach Bedarf der Schüler*innen und Situation unterschiedlich priorisiert werden können und sollten. Während das erste Kriterium „Guter Geographieunterricht“ auch bei nicht-sprachsensibler Ausrichtung immer gegeben sein sollte, kann zum Beispiel der Einbezug der Erstsprache weniger explizit Einzug in den Unterricht finden. Bildlich gesprochen, ist guter Geographieunterricht das notwendige Fundament sprachsensiblen Geographieunterrichts, die weiteren Kriterien bilden die Säulen, die das Haus sprachsensiblen Geographieunterrichts trägt (vgl. Abb. 4.1).

Darüber hinaus werden in den obigen Ausführungen auch weitere Hinweise für sprachsensiblen Unterricht dargestellt. Insbesondere in vielen konzeptionellen


S. Wey, *Wie Sprache dem Verstehen hilft*,
https://doi.org/10.1007/978-3-658-36038-2_4

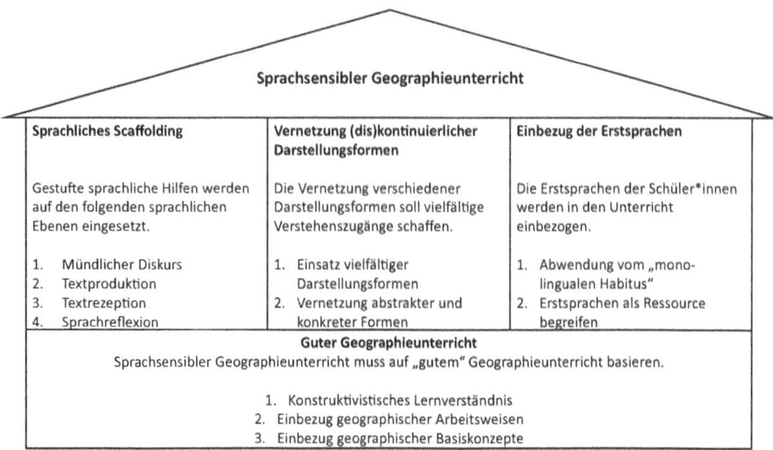


**Abb. 4.1** Design-Kriterien sprachsensiblen Geographieunterrichts in der Zusammenschau. (Eigene Darstellung)

Arbeiten sind Ideen für die Umsetzung gegeben, die in den Kriterien integriert sind. Doch auch die vorgestellten Design-Kriterien bieten eine Vielzahl an Operationalisierungsmöglichkeiten, die im Einzelnen stark variieren können.

## 4.1 Guter Geographieunterricht als Basis

*Form follows function.* Mit diesen drei Wörtern ist kurz zusammengefasst, warum guter Geographieunterricht das erste und gleichsam basale Design-Kriterium für sprachsensiblen Geographieunterricht ist. Jeder Geographieunterricht sollte das Ziel haben, Geographie möglichst *gut* zu unterrichten. Die Gestalt des Unterrichts, also die äußere Form, leitet sich dabei aus der Funktion ab (vgl. Abschn. 3.1). Wenn Geographieunterricht sprachsensibel gegeben wird, geht ihm die Annahme voraus, dass Geographie sprachsensibel besser gelernt werden kann als ohne sprachsensible Ausrichtung. Damit sprachsensibler Geographieunterricht (sowie sonstiger Geographieunterricht) *gut* sein kann, sollten möglichst die Kriterien guten Geographieunterrichts erfüllt sein. Was guter Geographieunterricht ist, ist allerdings weder normativ-konsensual gesetzt noch empirisch umfassend geklärt. Die Annäherung an guten Geographieunterricht in Abschnitt 3.1 ist maßgeblich für dieses Design-Kriterium. Im Folgenden werden die oben dargestellten

Charakteristika guten Geographieunterrichts, die in Forschung und Unterrichtspraxis weitgehend auf Konsens stoßen, noch einmal knapp dargestellt sowie deren Operationalisierung mithilfe ausgewählter Unterrichtsmaterialien veranschaulicht. Dem vorangestellt sei der Hinweis, dass das Kriterium „Guter Geographieunterricht“ nicht nur für die sprachsensible Unterrichtsreihe von Belang ist. Auch die Vergleichsgruppe ohne sprachsensiblen Geographieunterricht erhielt Geographieunterricht, der auf den Kriterien guten Geographieunterrichts basiert (vgl. Kap. 6).

Zentral für guten Geographieunterrichts ist ein ihm zugrundeliegendes konstruktivistisches Lernverständnis (vgl. Abschn. 3.1). Dazu gehört inhaltlich der Einbezug domänenspezifischer Schüler*innenvorstellungen (vgl. Abb. 4.2). Methodisch wird möglichst viel kognitive Aktivierung auf Schüler*innenseite und konstruktivistische Unterstützung von Lehrer*innenseite gefordert. Das bedeutet, die Informationen werden von den Lernenden aktiv auf Basis des jeweiligen Vorwissens konstruiert, auch wenn die Lehrkraft Material als Informationsbereitstellung einbringt. Der Lernprozess und auch das Lernergebnis variieren also von Schüler*in zu Schüler*in. In diesem Sinne ist Lernen in hohem Maße individuell und hängt von den Systemen der Lernenden ab, insofern ist immer das jeweilige Vorwissen der Schüler*innen zu berücksichtigen. Der Lernprozess kann zwar von der Umgebung ausgelöst werden, das Lernen selbst läuft allerdings selbstdeterminiert ab. Hierfür werden individuelle Hilfen, Vorstrukturierungen etc. für die*den Lernende*n benötigt. Das folgende Beispiel zeigt die Aktivierung von Vorwissen und eigenen Vorstellungen und gibt gleichzeitig sprachliche Hilfen zur Formulierung (vgl. Abb. 4.2).

Lernen ist außerdem sozial eingebettet, da es immer in sozialer Interaktion stattfindet. Verschiedene Sozialformen sollten also im Rahmen des Unterrichts Berücksichtigung finden. Lernen ist situiert, also immer kontextgebunden. Die Kontexte und Beispiele, an und in denen gelernt wird, sollten variieren und flexibel eingesetzt werden. Sie sollten so gewählt werden, dass sie für die Schüler*innen alltagsnahe und realistische Situationen abbilden (vgl. Kestler 2014, S. 55–56; Otto 2012, S. 47–48; Reinfried 2015, S. 56). Der Anteil an Schüler*innenaktivitäten ist in beiden Unterrichtsreihen (Experimental- und Kontrollgruppe) annähernd gleich hoch; ebenfalls variieren bei beiden die Sozialformen.

Neben der konstruktivistischen Ausrichtung des Unterrichts ist in der Geographie der Einbezug geographischer Arbeitsweisen gefordert. Dem wird in beiden Unterrichtsreihen mit Atlas-, Karten-, Diagrammarbeit sowie dem Einbezug von

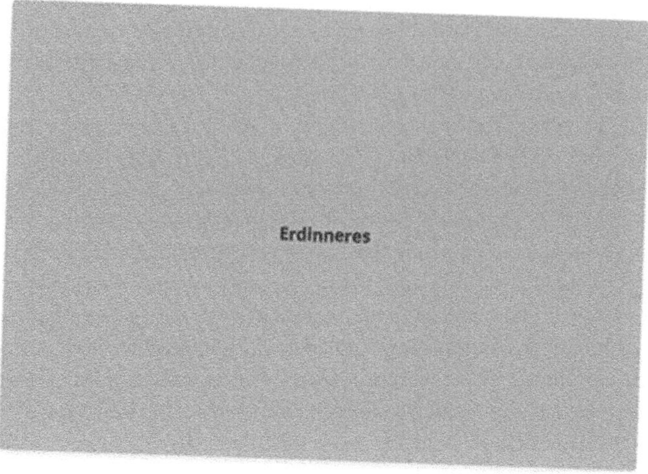

① Was sind deine Vorstellungen zum Inneren der Erde? Notiere deine Vorstellungen unten in dem Notizzettel.
• Tipp: Um möglichst genau zu beschreiben, kannst du viele Adjektive wie grün, dunkel, hell, heiß, riesig verwenden.
Erdinneres


**Abb. 4.2** Beispiel für den Einbezug von Schüler*innenvorstellungen. (Eigene Darstellung)

Modellen beigekommen (vgl. Wilhelm et al. 2018, S. 16). Darüber hinaus enthalten beide Unterrichtsreihen in gleichem Maße verschiedene Dimensionen der geographischen Basiskonzepte.

## 4.2 Sprachliches Scaffolding

Das zentrale Design-Kriterium für sprachsensiblen Geographieunterricht ist sprachliches Scaffolding. Gestufte sprachliche Hilfen werden bereitgestellt, damit das nächsthöhere Sprachniveau schließlich auch ohne Hilfen erreicht wird. In den vorangegangenen Kapiteln wird immer wieder auf das Scaffolding als zentralen Schlüssel für durchgängige Sprachbildung Bezug genommen (vgl. Abschn. 2.3, 3.3). So zeigen diverse Studien erfolgsversprechende Ergebnisse beim Einsatz eines am Scaffolding orientierten Unterrichts in Hinsicht auf das sprachliche und fachliche Lernen (vgl. Abschn. 2.3). Auch in den Fachdidaktiken hat sich Scaffolding im Rahmen konstruktivistischen Lernverständnisses in verschiedenen empirischen Studien als sinnvoller Weg durchgängiger Sprachbildung herauskristallisiert (vgl. Abschn. 3.3). Außerdem handelt es sich um einen konstruktivistischen Lernansatz, der hohe Passung mit dem Anspruch an guten Geographieunterricht aufweist (vgl. Abschn. 3.1 und 4.1).

Scaffolding gliedert sich in Makro- und Mikro-Scaffolding. Ersteres betrifft die Unterrichtsplanung und -materialien; letzteres meint die Unterrichtsinteraktion und ist weniger gut planbar. Aus diesem Grund wird im Rahmen der Studie und auch in diesem Design-Kriterium der Fokus auf das Makro-Scaffolding gelegt. In der sprachsensiblen Unterrichtseinheit wird auf Stationenlernen zurückgegriffen, was eben diesen Fokus auf der Unterrichtsplanung widerspiegelt. Dies ermöglicht eine bessere Vergleichbarkeit unter den Klassen unabhängiger von den Vorerfahrungen der Lehrkräfte, die insbesondere bei der Führung von Unterrichtsgesprächen sehr unterschiedlich sein kann. Scaffolds werden in den oben dargestellten Feldern der Sprachdidaktik gegeben (mündlicher Diskurs, Textproduktion, Textrezeption, Sprachreflexion).

**Mündlicher Diskurs**

Das Mikro-Scaffolding betrifft in erster Linie den mündlichen Unterrichtsdiskurs. Unter 3.3 wurde bereits eine Modellierungsmöglichkeit von Unterrichtsgesprächen nach Geist/Krafft (2017) vorgeschlagen, die in die sprachsensible Unterrichtsreihe integriert werden soll. Besonderes Augenmerk sei auf korrektives Feedback gelegt. Mit der Forderung nach korrektivem Feedback geht die Output-Orientierung einher, die kognitionspsychologisch, in der Spracherwerbsforschung und der Sprachdidaktik gefordert wird. Auch wenn dem Mikro-Scaffolding großes Potenzial zugeschrieben wird, fokussiert das Treatment dieser Studie auf das Makro-Scaffolding. Das heißt, der mündliche Unterrichtsdiskurs wird im Rahmen der Studie nicht erhoben. In der Schulung zur sprachsensiblen Unterrichtsreihe (Experimentalgruppe) wird den Lehrkräften das Mikro-Scaffolding erläutert und es wird auf die Bedeutsamkeit des Mikro-Scaffoldings hingewiesen, jedoch bräuchte es ein ausführliches Training, um – unabhängig von Vorerfahrungen mit Unterrichtsgesprächen – Mikro-Scaffolding in dem Rahmen einzusetzen, wie es nötig wäre. Dieser Aspekt schwankt von Lehrkraft zu Lehrkraft zu stark, als er den Gütekriterien entsprechend hätte erhoben werden können.

**Textproduktion**

Schwerpunktmäßig fokussiert die Unterrichtsreihe Textproduktion. Dafür gibt es für die Schüler*innen gestufte Hilfen im Sinne des Scaffoldings. Beispielhaft sind die

Sprachhilfen für folgende Aufgabe abgebildet: „Im neuen Geografiebuch[1] fehlt ein passender Text zu Abb. 1.1 auf Seite 1. Schreibe einen Schulbuchtext zum Thema ‚Schalenbau der Erde‘, in dem du die Abbildung beschreibst." (vgl. Abb. 4.3). Diese Aufgabe erhält neben dem Scaffolding auch Darstellungsvernetzung, indem Bild und Textproduktion miteinander verwoben werden. Darüber hinaus enthält die Unterrichtsreihe zahlreiche weitere gestufte Hilfen zur Textproduktion.

**Die Einleitung schreiben**

| | | | | |
|---|---|---|---|---|
| Einleitung | Abbildung 1 mit dem Titel „..." | zeigt | die verschiedenen Schichten/Schalen der Erde. | |
| | | stellt | die verschiedenen Schichten/Schalen der Erde | dar. |
| | | bildet | die verschiedenen Schichten/Schalen der Erde | ab. |
| | Auf Abbildung 1 mit dem Titel „..." | werden | die verschiedenen Schichten/Schalen der Erde | dargestellt.<br>gezeigt.<br>abgebildet. |
| *Beispiel: Abbildung 1 mit dem Titel „Schalenbau der Erde" zeigt die verschiedenen Schichten der Erde.* | | | | |

**Den Hauptteil schreiben**

| | | | | |
|---|---|---|---|---|
| Beschreibung einer Schale | Die äußerste / zweite / innerste [...] Schicht/Schale | ist | der oberer Erdmantel [...]. | |
| | | nennt sich | Erdkruste [...]. | |
| | | heißt | innerer Erdkern [....]. | |
| | | wird | Erdkruste [...] | genannt. |
| | Die Schale/Die Schicht<br>Die Erdkruste/Der Erdmantel<br>Sie/Er | ist | fest / teils fest, teils flüssig [...]. | |
| | | besteht aus | festem / zähflüssigem [...] Gestein. | |
| | Die Schale/Die Schicht<br>Die Erdkruste/Der Erdmantel<br>Sie/Er | umfasst | eine Dicke von ... km. | |
| | | ist | ... km dick. | |
| | | befindet sich | in einer Tiefe zwischen ... und ... km. | |
| | | reicht | bis in eine Tiefe von ... km. | |
| | Dort<br>In dieser Schale/Schicht | beträgt | die Temperatur bis zu / maximal ... °C. | |
| | | herrschen | Temperaturen von bis zu ... °C. | |
| | | kann | die Temperatur bis auf ... °C | ansteigen. |
| | | kann | die Temperatur bis zu / maximal ... °C | betragen. |
| | Die Temperatur in dieser Schicht/Schale | beträgt | maximal ... °C | |
| | | kann | maximal ... °C | betragen. |
| | | steigt | auf bis zu ... °C | an. |
| | | kann | | ansteigen. |
| *Beispiel: Die äußerste Schicht der Erde wird Erdkruste genannt. Sie besteht aus festem Gestein und umfasst eine Dicke von 5-70 km. Die Temperatur in dieser Schale kann auf bis zu 1100 °C ansteigen.* | | | | |

**Abb. 4.3** Beispiel für Scaffolding auf Ebene der Textproduktion. (Eigene Darstellung)

[1] In der vorliegenden Arbeit wird die Schreibweise von Geographie mit *ph* bevorzugt. Da das Land Berlin allerdings Geographie mit *f* schreibt, wurde für die Unterrichtsmaterialien auf die Schreibung mit *f* zurückgegriffen.

**Textrezeption**

Neben der Textproduktion spielt auch die Textrezeption in der Unterrichtsreihe und ganz allgemein im Geographieunterricht eine entscheidende Rolle. In den Texten sind Hilfen enthalten, die durch Vorstrukturierung und Verständnisfragen auf Wort- und Textebene Entlastung bieten sollen (vgl. Abb. 4.4).

## Platten bewegen sich voneinander weg: Divergenz

**② Lies den folgenden Text zunächst alleine. Kläre dann mit deinem Nachbarn oder deiner Nachbarin alle Wörter und Sätze, die du nicht verstehst.**

*Durch die Konvektionsströme wird die Erdkruste in verschiedene Richtungen bewegt. Man spricht von **divergierenden** Platten. Dort, wo die Platten auseinander gehen, kann Lava aufsteigen. Wenn die Lava erkaltet, entsteht ein neues Stück Erdkruste. Es können unterschiedliche Formen entstehen:*

1. *Wenn sich zwei kontinentale Platten voneinander weg bewegen, entsteht ein **Grabenbruch**.*
2. *Wenn sich zwei ozeanische Platten auseinander bewegen, entstehen **mittelozeanische Rücken**. Den Prozess nennt man **seafloor-spreading**.*

**Abb. 4.4** Beispiel für Scaffolding auf Ebene der Textrezeption. (Eigene Darstellung)

**Sprachreflexion**

Unter Berücksichtigung des Vorwissens aller Schüler*innen geht dem Unterricht die Spezifikation und Explikation von sprachlichen Lernzielen voraus. Fachsprache kann nicht als gegebene Kompetenz bei allen vorausgesetzt werden, sondern muss als Lernziel formuliert werden, damit sie als Lerngegenstand wahrgenommen werden kann. Es ist erforderlich, dass Lehrkräfte schon zu Beginn einer Unterrichtsstunde oder -reihe sprachliche Ziele benennen, damit die Schüler*innen über ihre Fortschritte oder möglichen Lücken im Bilde sind (vgl. Schmölzer-Eibinger et al. 2013, S. 41). Im Rahmen der untersuchten Unterrichtsreihe werden auch die sprachlichen Lernziele zu Beginn der Unterrichtsreihe explizit gemacht (vgl. Abb. 4.5). Denn nur so ist es letztlich auch möglich, dass Reflexion über den sprachlichen Lernprozess stattfinden kann.

Ziel sprachsensiblen Unterrichts ist es, Sprachaufmerksamkeit zu erlangen. Diese „kann im Fachunterricht durch ein präzises und bewusst gestaltetes sprachliches Handeln der Lehrkräfte angeregt werden, aber auch durch ein Bewusstmachen und Reflektieren von sprachlichen Phänomenen, Begriffen oder Strukturen“

Sprachliche Ziele der nächsten Geo-Stunden

1. **Du kannst besser verstehen, was deine Geografielehrerin/dein Geografielehrer sagt**
2. **Du kannst die Aufgaben im Geografieunterricht gut verstehen.**
3. **Du kannst dich mit deinen Mitschüler*innen über Geo-Themen unterhalten.**
4. **Du kannst Texte im Geounterricht besser verstehen.**
5. **Du übst, Texte im Geounterricht zu schreiben.**
6. **Du kannst mehr Wörter im Geografieunterricht verstehen.**
7. **Du kannst Tabellen und Diagramme im Geografieunterricht besser verstehen.**
8. **Du bekommst sprachliche Hilfe, wenn du sie brauchst.**

**Abb. 4.5** Beispiel für Scaffolding auf Ebene der Sprachreflexion. (Eigene Darstellung)

(Schmölzer-Eibinger et al. 2013, S. 26). Dienlich für eine gelungene Sprachreflexion ist zum Beispiel das genaue Betrachten von sprachlichen Wendungen oder die rezeptive Auseinandersetzung mit Fachtexten.

Auch ist es sinnvoll, wenn Schüler*innen die Gelegenheit bekommen, über Leerstellen im Text zu reflektieren. Gedankenanstöße aufseiten der Lehrkraft können hierfür sehr hilfreich sein. Es ist oft wertvoll, Texte eingehender zu rezipieren, über feine Bedeutungsunterschiede zweier Fachbegriffe zu reflektieren und Details zu beachten. Die im Konstruktivismus geforderte selbstständige Bearbeitung von fachsprachlichen Aufgaben erfordert zusätzliche Hilfen wie Wörterbücher, Wortschatzkarten, gezielte Aufgaben oder das Internet, durch die die Schüler*innen unterstützt werden (vgl. Abschn. 3.3). Die Anwesenheit solcher Medien im Klassenzimmer ist nicht nur hilfreich, sondern markiert auch sichtbar für alle Lehrenden und Lernenden, dass Sprache und deren Förderung Teil eines jeden Faches ist.

## 4.3 Vernetzung (dis)kontinuierlicher Darstellungsformen

> There is likely to be considerable *message redundancy* – that is, similar ideas will be expressed in a variety of different ways. Asking questions, exchanging information, and solving problems all provide a context where words are repeated, ideas are rephrased, problems are restated, and meanings are refined. This redundancy supports comprehension, because it gives learners several opportunities to hear a similar idea expressed in a number of ways. (Gibbons/Cummins 2002, 17 f.)

Die Darstellungsvernetzung beruht auf konstruktivistischem Lernverständnis und ist eine der zentralen Konstituenten sprachsensiblen Geographieunterrichts (vgl.

Abschn. 3.1). Sie wird in der Sprachdidaktik, insbesondere bei der Textrezeption, als ein Schlüssel zum Verständnis betrachtet (vgl. Abschn. 3.3). Es sollen verschiedene Darstellungsformen für das Erklären desselben Inhalts verwendet werden, um den Schüler*innen eine große Bandbreite an Verstehenszugängen zu ermöglichen und diese dann auch miteinander zu verknüpfen. Erkenntnisse aus der Mathematikdidaktik deuten auf positive Effekte von Darstellungsvernetzung auf Verstehensprozesse hin (vgl. Abschn. 2.3). Die unterschiedlichen Darstellungsformen erschließen sich jedem*r Lernenden auf individuelle Weise. Jede hat dabei zugleich ihre fachlich begründeten spezifischen Vor- und Nachteile. Es liegt deshalb insbesondere im Fach Geographie aufgrund der hohen Anzahl an diskontinuierlichen Darstellungsformen nahe, diese Vielfalt als Ressource und nicht als Hürde zu begreifen, denn Darstellungsformen sind immer Mittel zur Verbalisierung fachlicher Sachverhalte (vgl. Abschn. 2.2). Sie arbeiten „einander wechselseitig zu; häufig erweist sich sogar deren Wechsel als didaktischer Schlüssel zum fachlichen Verstehen" (Leisen 2013, S. 34). Ferner hilft die Verwendung unterschiedlicher Darstellungsformen dabei, die von den Bildungsstandards geforderte Kompetenz, in der Schule erworbenes Wissen auf die Alltagswelt zu übertragen, zu erfüllen. Die Darstellung in Bild, Sprache, Symbol oder mathematischer Formel kann es einfacher machen, Inhalte von fachlichen Kontexten auf alltägliche zu übertragen und umgekehrt (vgl. Leisen 2013, 34 f.). Es gewöhnt die Lernenden an den Umgang mit Fachwissen im Alltag, ermöglicht ihnen den fachlichen Verstehensprozess, auch unabhängig sprachlicher Verbalisierung und bietet so gleichzeitig auch die Chance fachsprachliche Strukturen anhand der Darstellungsformen explizit zu üben. Es sollten sowohl abstrakte als auch konkrete Darstellungsformen verwendet werden; nur Bilder anstatt von Texten oder Symbolen zu verwenden, führt weder zu besserem Verständnis noch zu höherer, weil umfassenderen, Kompetenz (vgl. Beese et al. 2014, S. 123). Abb. 4.6 zeigt die Vernetzung von Modell, Text und Abbildung. In der Unterrichtsreihe kommen diverse weitere vor, so insbesondere auch die Vernetzung von Karte und Textproduktion oder -rezeption.

## 4.4 Einbezug der Erstsprache

Die Abwendung vom monolingualen Habitus etabliert sich zunehmend, wenn auch zögerlich, in deutschen Schulen. Sprachsensibler Geographieunterricht bezieht die Erstsprache, wenn möglich und sinnvoll, aktiv in den Unterricht mit ein. In einer Interviewstudie von Riegger et al. (2017) mit 94 Schüler*innen zeigt sich, dass starke emotionale Bezüge zur Erstsprache sowie Bedürfnisse

Der oberste Teil der Erde ist in eine feste und eine zähflüssige Schicht eingeteilt. Die zähflüssige Schicht bewegt sich.

① Schaue das Video zu „Konvektionsströmen" an.

② Wie bewegt sich die Tinte im Modell?

a) Zeichne mit Pfeilen in Abb. 1 ein, wie sich die Tinte im Video bewegt.
b) Beschreibe, wie sich die Tinte im Video bewegt.
c) Korrigiere dann mit dem Lösungsblatt.

Abb. 1 — Versuchsaufbau

**Abb. 4.6** Beispiel für Darstellungsvernetzung. (Eigene Darstellung)

zum aktiven Einbezug der Sprache im Alltag bestehen (Riegger et al. 2017, S. 161). Dies sowie verschiedene Spracherwerbstheorien legen nahe, dass der Einbezug von Mehrsprachigkeit als Ressource genutzt werden kann und sollte (vgl. Abschn. 3.2). So legt die am Behaviorismus orientierte Kontrastivhypothese nahe, dass mögliche sprachliche Verständnis- und Fehlerquellen in der Zweitsprache in den Strukturen der Erstsprache liegen. Der Einbezug der Erstsprache ist also besonders dann lohnend, wenn die*der Lernende in der Erstsprache auch fach- und bildungssprachlich kompetent ist. Außerdem bietet ein Grundverständnis der Lehrperson über die Strukturen der Erstsprachen der Schüler*innen die Möglichkeit, Fehlerquellen zu entdecken und entsprechend entgegensteuern zu können. Die fehlerbehaftete Übertragung von Gewohnheiten der Erstsprache auf die Zweitsprache können so vermieden werden. Auch die Schwellenhypothese macht den Einbezug der Zweitsprache evident, denn demgemäß muss für den Erwerb bildungs- und fachsprachlicher Kompetenzen in der Zweitsprache auch die alltagssprachliche Kompetenz in der Zweitsprache ausreichend ausgebildet sein. In diesem Zusammenhang kann der Einbezug der Erstsprache zum Erwerb fach- und bildungssprachlicher Kompetenzen in der Zweitsprache lohnend sein,

v. a. sofern die fach- und bildungssprachliche Kompetenz in der Erstsprache bereits gut ausgebildet ist (vgl. Abschn. 3.2). Im Rahmen der untersuchten Unterrichtsreihe werden die Schüler*innen dazu eingeladen, ihre Erstsprache oder weitere Sprachen als Ressourcen zu begreifen, die ihnen beim fachlichen Verständnis helfen können, indem explizit Raum für die Erstsprache gegeben wird (vgl. Abb. 4.7).

**Hinweise zur Stationenarbeit**

1. Bringe zu jeder Stunde dein Material mit.
2. Arbeite ruhig, damit du niemanden störst.
3. Bearbeite die Stationen 1-5 in der richtigen Reihenfolge.
4. Wie viel Zeit du für jede Station einplanen sollst, siehst du in der Tabelle.
5. Die Lösungen für die Aufgaben bekommst du vorne am Pult.
6. Du darfst ein Wörterbuch verwenden.
7. Du kannst dich über die Geografie-Inhalte auch in einer anderen Sprache als Deutsch unterhalten, wenn du die Aufgaben dann besser verstehst.
8. Manche Aufgaben sind freiwillig, manche Aufgaben Pflicht. Aufgaben mit dem Wort EXTRA machst du nur, wenn du genug Zeit hast.

**Abb. 4.7** Beispiel für den Einbezug der Erstsprachen. (Eigene Darstellung)

Wie explizit die Erstsprache einbezogen wird, hängt von verschiedenen Faktoren ab. Nicht zuletzt von der sprachlichen Kompetenz der Lehrperson. Eben weil es völlig illusorisch ist, dass diese die Erstsprachen ihrer Schüler*innen beherrscht, wird die Erstsprache in bisherigen Ansätzen sprachsensiblen Fachunterrichts selten empfohlen. Diese Arbeit macht den Einbezug der Erstsprache zu einem von vier Design-Kriterien.

Aus den Kapiteln 2 und 3 wurden vier Design-Kriterien für sprachsensiblen Geographieunterricht abgeleitet. Für die Design-Kriterien wurden Erkenntnisse aus der Geographie- und Sprachdidaktik sowie aus anderen Fachdidaktiken, in denen die Forschung bereits weiter gediehen ist (insbesondere der Mathematik und den Naturwissenschaften) einbezogen. Die Kriterien können auf unterschiedliche Weise operationalisiert und priorisiert werden und erheben keinen Anspruch auf Vollständigkeit. Die Kriterien

1) Guter Geographieunterricht als Basis, 2) Sprachliches Scaffolding, 3) Vernetzung (dis)kontinuierlicher Darstellungsformen und 4) Einbezug der Erstsprache bilden die Basis für die beforschte Unterrichtsreihe.

# Teil II Empirischer Teil

Der zweite Teil der Arbeit umfasst die empirische Forschung. Ausgehend von Forschungsfragen und -hypothesen (vgl. Kap. 5) werden die methodischen Überlegungen im Rahmen des Design-Based Research-Forschungsansatzes erörtert (vgl. Kap. 6). Darauf folgt die Darstellung der Ergebnisse (vgl. Kap. 7).

# Forschungsfrage und -hypothesen 5

Nachfolgend werden die Forschungsfragen und -hypothesen aus den bisherigen Ausführungen abgeleitet und im weiteren Verlauf empirisch geprüft. Die theoretischen und empirischen Forschungserkenntnisse aus den relevanten Bezugsdisziplinen deuten darauf hin, dass Fachsprache im Geographieunterricht wichtiger Lerngegenstand sowie als Lernmedium wichtiger Schlüssel zum fachlichen Verständnis ist (vgl. Abschn. 2.2). Sprachsensibler Geographieunterricht macht Sprache daher explizit zum Lernziel und will so den fachlichen Lernerfolg verbessern. Empirisch geprüfte Kriterien für einen solchen Geographieunterricht sowie Erkenntnisse zu dessen Wirksamkeit stehen bisher aus.

## 5.1 Forschungsfragen

Es ergeben sich zwei Fragestellungen, die empirisch zu prüfen sind.

(1) Welche Design-Kriterien hat sprachsensibler Geographieunterricht?
(2) Wie wirksam ist sprachsensibler Geographieunterricht im Vergleich zu Geographieunterricht ohne sprachsensible Ausrichtung hinsichtlich
   - des Erwerbs von Fachwissen und
   - des Erwerbs von Fachsprache?

Die erste Forschungsfrage fokussiert auf Kriterien von sprachsensiblem Geographieunterricht. Die Design-Kriterien wurden aus dem im Grundlagenteil dargestellten Forschungsstand (vgl. Kap. 2 und 3) abgeleitet und in Kapitel 4 beschrieben und erläutert. Basierend auf den Design-Kriterien wurde eine Unterrichtseinheit zum Thema Schalenbau der Erde und Plattentektonik entwickelt. Kapitel 4 integriert für jedes Kriterium einzelne Unterrichtsbeispiele, die zeigen,



S. Wey, *Wie Sprache dem Verstehen hilft*,
https://doi.org/10.1007/978-3-658-36038-2_5

wie das theoretische Kriterium in der Praxis operationalisiert werden kann. Die Unterrichtseinheit, die nachfolgend Forschungsgegenstand ist, basiert auf diesen Design-Kriterien. Indem die sprachsensible Unterrichtsreihe auf ihre Wirksamkeit hin überprüft wird, wird indirekt auch getestet, inwiefern die Design-Kriterien angemessen als Grundlegung für sprachsensiblen Geographieunterricht dienen können. Die erste Forschungsfrage wird also einerseits im Grundlagenteil beantwortet und andererseits im Folgenden an konkreten Beispielen empirisch geprüft. An Beispielen, da die Design-Kriterien vielfältig operationalisiert werden können und die entwickelte Unterrichtsreihe nur eine von vielen Varianten der Umsetzung zeigt.

Die zweite Forschungsfrage adressiert die Wirksamkeit der sprachsensiblen Unterrichtsreihe, die anhand des Lernerfolgs bewertet wird. Sprachsensibler Geographieunterricht fokussiert auf Sprache, um das fachliche Verständnis zu verbessern. Diese geographiedidaktische Fragestellung wird mithilfe diverser Vorhersagen nachfolgend ausdifferenziert und operationalisiert. Neben den beiden Zielvariablen Fachwissen und Fachsprache zeigten sich während der empirischen Forschungsarbeit (in Design-Zyklus I) auffällige Korrelationen der fachlichen und fachsprachlichen Kompetenzen mit der darauf bezogenen Selbsteinschätzung der Schüler*innen. Aus diesem Grund berücksichtigen die Hypothesen ebenfalls die Selbsteinschätzung der Schüler*innen. Nähere Erläuterung zu den Hintergründen für die Integration dieser Variable sind Abschnitt 6.2 zu entnehmen. Denn der Einbezug von Ergebnissen aus dem aktuellen in den weiteren Forschungsprozess hat Einfluss auf die interne Validität der Studie, die kritisch zu diskutieren ist.

## 5.2 Vier Hypothesenfamilien für Design-Zyklus II

Nachfolgend werden die Hypothesen in vier Blöcken bzw. Hypothesenfamilien dargestellt. Zunächst werden Hypothesen zu bestehenden Gruppenunterschieden zum ersten Erhebungszeitpunkt aufgestellt (Block 1). In einem weiteren Block werden Hypothesen zu den allgemeinen Treatmenteffekten in Experimental- und Kontrollgruppe im Prä-Post-Vergleich dargestellt (Block 2). Dabei stellt sich die Frage, ob Experimental- oder Kontrollgruppe hinsichtlich der betrachteten Zielvariablen im Prä-Post-Vergleich stärker vom Treatment profitieren. Der dritte Abschnitt stellt die bezugsgruppenspezifischen Hypothesen zu den Treatmenteffekten in der Experimentalgruppe im Prä-Post-Vergleich auf. Diese Hypothesen beleuchten, inwiefern die ausgewählten Bezugsgruppen innerhalb der Experimentalgruppe hinsichtlich der Zielvariablen vom Treatment besonders profitieren (Block 3). Abschließend werden Hypothesen zur Beständigkeit der Treatmenteffekte im Prä-Post-Follow-up-Vergleich dargelegt (Block 4) (vgl. Abb. 5.1).

Die Hypothesen beziehen sich auf die Zielvariablen Fachwissen und Fachsprache sowie auf die Selbsteinschätzung der Schüler*innen. Sie bestehen jeweils aus Alternativ- und Nullhypothese. Die verschiedenen Hypothesenfamilien werden für unterschiedliche Bezugsgruppen aufgestellt. Neben der Gesamtstichprobe unterteilt in Experimentalgruppe (EG) und Kontrollgruppe (KG) werden die Bezugsgruppen Lesekompetenz, Geschlecht und Deutsch als Erst-/Zweitsprache betrachtet. Denn im Vergleich zur Gesamtstichprobe sind, basierend auf dem aktuellen Forschungsstand, bei diesen Bezugsgruppen hinsichtlich der Zielvariablen unterschiedliche Eingangsvoraussetzungen und Treatmenteffekte zu erwarten.

(1) Geschlecht[1] | Geschlechterunterschiede in der Schulleistung zeigen verschiedene Studien und Metastudien, wobei insgesamt eher kleine, aber konstante Vorteile für Mädchen auszumachen sind (vgl. Voyer/Voyer 2014, S. 1194). Das Interesse an physisch-geographischen Themen ist bei Mädchen geringer ausgeprägt als bei Jungen; dies zeigt sich auch für das Thema Naturkatastrophen (vgl. Hemmer/Hemmer 2010, S. 47). Daher ist davon auszugehen, dass der Anstieg des Fachwissens bei Mädchen geringer ist als bei Jungen. Darüber hinaus schätzen Mädchen ihre Kompetenzen generell schlechter ein als Jungen (vgl. Cooper et al. 2018, S. 205); dies zeigten auch die Daten aus Design-Zyklus I und es wird daher auch für die Daten des zweiten Zyklus angenommen. Die geschlechterspezifische Selbsteinschätzung wurde daher im sprachsensiblen Treatment explizit thematisiert. Es wird daher angenommen, dass sich die Selbsteinschätzung der Mädchen in der Experimentalgruppe stärker verändert als bei den Jungen. Andererseits zeigen Mädchen in verschiedenen Schulleistungsstudien bessere Leseleistungen (vgl. Hußmann/Wendt et al. 2017). Hinsichtlich des Fachspracherwerbs ist daher auf Seiten der Jungen mit niedrigeren fachsprachlichen Leistungen zu rechnen.
(2) Lesekompetenz | Kinder mit geringer Lesekompetenz haben ein höheres Risiko, hinsichtlich aller betrachteten Zielvariablen geringere Leistungen zu erbringen (vgl. OECD 2019). Zu dieser Bezugsgruppe zählen die schwächsten 30 % der Leser*innen. Die 30 schwächsten Prozent der Leser*innen

[1] Die aufgestellten Hypothesen bezüglich des Interaktionseffekts mit dem Geschlecht kann nur für die Ausprägungen männlich und weiblich vorgenommen werden, da die Anzahl der Proband*innen mit der Merkmalsausprägung divers N = 0 ist.

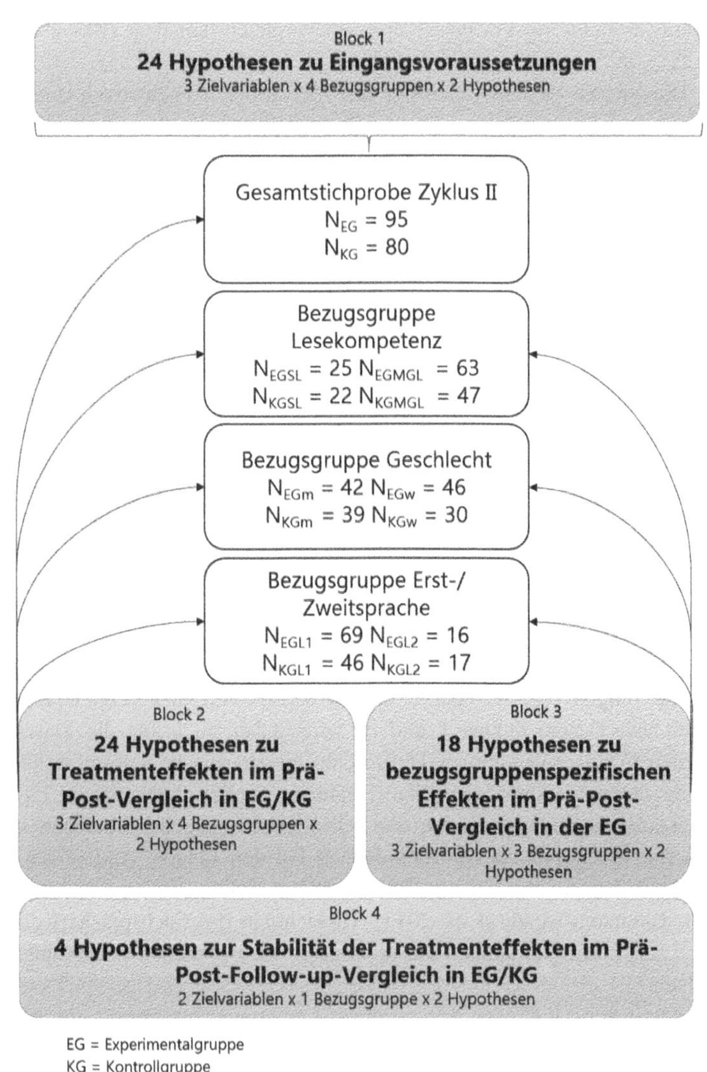


**Abb. 5.1** Grundelemente der Hypothesenstruktur. (Eigene Darstellung)

in der Stichprobe des zweiten Design-Zyklus erzielten in dem eingesetzten LGVT 5–12 + entsprechend dem Auswertungsmanual unterdurchschnittliche Ergebnisse und dienen deshalb als kritischer Wert (vgl. Schneider et al. 2017, S. 71). Die Gruppe der schwächsten 30 % der Leser*innen, nachfolgend SL (schwache Leser*innen) bezeichnet, wird der Gruppe mit den besten 70 % der Leser*innen, also den mittleren und guten Leser*innen (MGL), gegenübergestellt.

(3) Deutsch als Erst-/Zweitsprache I Dem Forschungsstand zufolge haben Kinder mit Deutsch als Erstsprache eine höhere Chance, bezüglich der genannten Zielvariablen höhere Leistungen zu erbringen als Kinder mit Deutsch als Zweitsprache. Darüber hinaus ist zu erwarten, dass Kinder mit Deutsch als Erstsprache bessere Eingangsvoraussetzungen haben (vgl. Abschn. 2.3). Ziel des sprachsensiblen Treatments ist es, mögliche Unterschiede in den Eingangsvoraussetzungen auszugleichen.

Insgesamt gibt es 70 Hypothesen, die im Ergebnisteil überprüft werden (vgl. Abschn. 7.3–7.6).

### 5.2.1 Hypothesen zu den Eingangsvoraussetzungen

Zunächst werden Hypothesen zu bestehenden Gruppenunterschiedenen zum ersten Erhebungszeitpunkt aufgestellt. Die folgenden 24 Hypothesen stellen basierend auf dem aktuellen Forschungsstand die Annahmen über die zu t1 erwarteten Gruppenunterschiede dar. Die Überprüfung der geographiedidaktischen Hypothesen zu diesen Eingangsvoraussetzungen für den sprachsensiblen Geographieunterricht sind in Abschnitt 7.3 erläutert. In Bezug auf die Gesamtstichprobe wird angenommen, dass zum ersten Erhebungszeitpunkt keine signifikanten Unterschiede zwischen Experimental- und Kontrollgruppe bestehen (vgl. Tab. 5.1). In der Bezugsgruppe Lesekompetenz werden für alle Zielvariablen geringere Leistungen zum ersten Erhebungszeitpunkt bei den schwächsten 30 % der Leser*innen angenommen (vgl. Tab. 5.2). Hinsichtlich der Bezugsgruppe Geschlecht werden bezüglich der Variable Fachsprache Vorteile für die Mädchen erwartet, wohingegen beim Fachwissen und der Selbsteinschätzung Vorteile für die Jungen erwartet werden (vgl. Tab. 5.3). In der Gruppe Deutsch als Erst-/Zweitsprache werden über alle Zielvariablen hinweg Vorteile für die Schüler*innen mit Deutsch als Erstsprache angenommen (vgl. Tab. 5.4.).

**Tab. 5.1** Statistische Hypothesen zu Gruppenunterschieden (t1) bezogen auf die Gesamtstichprobe unterteilt nach EG/KG

| | mit t-Test für unabhängige Stichproben zu prüfender Kontrast | |
|---|---|---|
| | $H_1$ | $H_0$ |
| 1) | Gesamt$H_1FW_{t1}$: $m(EG_{t1}) \neq m(KG_{t1})$ | Gesamt$H_0FW_{t1}$: $m(EG_{t1}) = m(KG_{t1})$ |
| 2) | Gesamt$H_1FS_{t1}$: $m(EG_{t1}) \neq m(KG_{t1})$ | Gesamt$H_0FS_{t1}$: $m(EG_{t1}) = m(KG_{t1})$ |
| 3) | Gesamt$H_1SE_{t1}$: $m(EG_{t1}) \neq m(KG_{t1})$ | Gesamt$H_0SE_{t1}$: $m(EG_{t1}) = m(KG_{t1})$ |

FW = Fachwissen
FS = Fachsprache
SE = Selbsteinschätzung
m = Mittelwert

**Tab. 5.2** Statistische Hypothesen zu Gruppenunterschieden (t1) bezogen auf die Bezugsgruppe Lesekompetenz

| | mit t-Test für unabhängige Stichproben zu prüfender Kontrast | |
|---|---|---|
| | $H_1$ | $H_0$ |
| 4) | Lesen$H_1FW_{t1}$: $m(Lesen_{SL\ t1}) < m(Lesen_{MGL\ t1})$ | Lesen$H_0FW_{t1}$: $m(Lesen_{SL\ t1}) \geq m(Lesen_{MGL\ t1})$ |
| 5) | Lesen$H_1FS_{t1}$: $m(Lesen_{SL\ t1}) < m(Lesen_{MGL\ t1})$ | Lesen$H_0FS_{t1}$: $m(Lesen_{SL\ t1}) \geq m(Lesen_{MGL\ t1})$ |
| 6) | Lesen$H_1SE_{t1}$: $m(Lesen_{SL\ t1}) < m(Lesen_{MGL\ t1})$ | Lesen$H_0SE_{t1}$: $m(Lesen_{SL\ t1}) \geq m(Lesen_{MGL\ t1})$ |

**Tab. 5.3** Statistische Hypothesen zu Gruppenunterschieden (t1) bezogen auf die Bezugsgruppe Geschlecht

| | mit t-Test für unabhängige Stichproben zu prüfender Kontrast | |
|---|---|---|
| | $H_1$ | $H_0$ |
| 7) | Geschl$H_1FW_{t1}$: $m(Geschl_{weibl\ t1}) < m(Geschl_{männl\ t1})$ | Geschl$H_0FW_{t1}$: $m(Geschl_{weibl\ t1}) \geq m(Geschl_{männl\ t1})$ |
| 8) | Geschl$H_1FS_{t1}$: $m(Geschl_{weibl\ t1}) > m(Geschl_{männl\ t1})$ | Geschl$H_0FS_{t1}$: $m(Geschl_{weibl\ t1}) \leq m(Geschl_{männl\ t1})$ |
| 9) | Geschl$H_1SE_{t1}$: $m(Geschl_{weibl\ t1}) < m(Geschl_{männl\ t1})$ | Geschl$H_0SE_{t1}$: $m(Geschl_{weibl\ t1}) \geq m(Geschl_{männl\ t1})$ |

**Tab. 5.4** Statistische Hypothesen zu Gruppenunterschieden (t1) bezogen auf die Bezugsgruppe Deutsch als Erst-/Zweitsprache

| | mit t-Test für unabhängige Stichproben zu prüfender Kontrast | |
|---|---|---|
| | $H_1$ | $H_0$ |
| 10) | $SpracheH_1FW_{t1}$: $m(Sprache_{L2\,t1}) < m(Sprache_{L1\,t1})$ | $SpracheH_0FW_{t1}$: $m(Sprache_{L2\,t1}) \geq m(Sprache_{L1\,t1})$ |
| 11) | $SprachelH_1FS_{t1}$: $m(Sprache_{L2\,t1}) < m(Sprache_{L1\,t1})$ | $SpracheH_0FS_{t1}$: $m(Sprache_{L2\,t1}) \geq m(Sprache_{L1\,t1})$ |
| 12) | $SpracheH_1SE_{t1}$: $m(Sprache_{L2\,t1}) < m(Sprache_{L1\,t1})$ | $SpracheH_0SE_{t1}$: $m(Sprache_{L2\,t1}) \geq m(Sprache_{L1\,t1})$ |

### 5.2.2 Hypothesen zu den Effekten sprachsensiblen Geographieunterrichts

In diesem Abschnitt werden Hypothesen zu den allgemeinen Treatmenteffekten in Experimental- und Kontrollgruppe im Prä-Post-Vergleich dargestellt. Dabei stellt sich die Frage, ob Experimental- oder Kontrollgruppe hinsichtlich der betrachteten Zielvariablen im Prä-Post-Vergleich stärker vom Treatment profitieren. Die geographiedidaktischen Hypothesen zu diesem Haupteffekt sprachsensiblen Geographieunterrichts für die drei designrelevanten Bereiche lauten:

1. Sprachsensibler Geographieunterricht wirkt sich positiv auf das Fachwissen zur Plattentektonik aus.
2. Sprachsensibler Geographieunterricht wirkt sich positiv auf die Fachsprache zur Plattentektonik aus.
3. Sprachsensibler Geographieunterricht wirkt sich in bisher unbekannter Weise auf Selbsteinschätzungen im Bereich Geographie aus.

Bezüglich der Treatmenteffekte im Prä-Post-Vergleich in der Gesamtstichprobe ist anzunehmen, dass die Experimentalgruppe insgesamt einen höheren Zuwachs zeigt als die Kontrollgruppe. Aufgegliedert in die einzelnen Zielvariablen wird angenommen, dass die Experimentalgruppe hinsichtlich des Zuwachses im Fachwissen und in der Fachsprache in allen Bezugsgruppen höhere Werte zeigt als die Kontrollgruppe (vgl. Tab. 5.5 und Tab. 5.6). Außerdem werden Veränderungen in der Selbsteinschätzung in allen betrachteten Bezugsgruppen in der Experimentalgruppe angenommen (vgl. Tab. 5.7). Während für die Zielvariablen Fachwissen und Fachsprache gerichtete Hypothesen aufgestellt werden können, handelt es sich bei den Hypothesen zur Selbsteinschätzung um ungerichtete Hypothesen.

Denn eine höhere/niedrigere Selbsteinschätzung zu t2 bedeutet nicht notwendigerweise, dass sie auch realistischer und damit angemessener/besser ist als zu t1.

Es wird angenommen, dass die schwächsten 30 % der Leser*innen in der Experimentalgruppe sowohl im Fachwissen als auch in der Fachsprache stärker profitieren als diejenigen in der Kontrollgruppe. Für die Mädchen der Experimentalgruppe wird durch das sprachsensible Treatment ein höherer Fachwissenszuwachs als für diejenigen in der Kontrollgruppe erwartet. Es ist außerdem davon auszugehen, dass die Jungen durch das sprachsensible Treatment in der Experimentalgruppe höhere Zuwächse in der Fachsprache haben als die Jungen der Kontrollgruppe. Für die Schüler*innen mit Deutsch als Zweitsprache werden in der Experimentalgruppe höhere Lernzuwächse bezüglich des Fachwissens und der Fachsprache angenommen als für diejenigen in der Kontrollgruppe. Diese Hypothesen beziehen sich auf die Fragestellung nach der Wirksamkeit sprachsensiblen Geographieunterrichts und werden in Abschnitt 7.4 geprüft.

**Tab. 5.5** Statistische Hypothesen zum Treatmenteffekt im Prä-Post-Vergleich auf die Zielvariable Fachwissen

| | mit t-Test für unabhängige Stichproben zu prüfender Kontrast | |
|---|---|---|
| | $H_1$ | $H_0$ |
| 13) | TreatmenteffektGesamt$H_1FW_{t2}$: $m(EG_{t2}) - m(EG_{t1}) > m(KG_{t2}) - m(KG_{t1})$ | TreatmenteffektGesamt$H_0FW_{t2}$: $m(EG_{t2}) - m(EG_{t1}) \leq m(KG_{t2}) - m(KG_{t1})$ |
| 14) | TreatmenteffektLesen$_{SL}H_1FW_{t2}$: $m(EG_{t2}) - m(EG_{t1}) > m(KG_{t2}) - m(KG_{t1})$ | TreatmenteffektLesen$_{SL}H_0FW_{t2}$: $m(EG_{t2}) - m(EG_{t1}) \leq m(KG_{t2}) - m(KG_{t1})$ |
| 15) | TreatmenteffektGeschl$_{weibl}H_1FW_{t2}$: $m(EG_{t2}) - m(EG_{t1}) > m(KG_{t2}) - m(KG_{t1})$ | TreatmenteffektGeschl$_{weibl}H_0FW_{t2}$: $m(EG_{t2}) - m(EG_{t1}) \leq m(KG_{t2}) - m(KG_{t1})$ |
| 16) | TreatmenteffektSprache$_{L2}H_1FW_{t2}$: $m(EG_{t2}) - m(EG_{t1}) > m(KG_{t2}) - m(KG_{t1})$ | TreatmenteffektSprache$_{L2}H_0FW_{t2}$: $m(EG_{t2}) - m(EG_{t1}) \leq m(KG_{t2}) - m(KG_{t1})$ |

**Tab. 5.6** Statistische Hypothesen zum Treatmenteffekt im Prä-Post-Vergleich auf die Zielvariable Fachsprache

| | mit t-Test für unabhängige Stichproben zu prüfender Kontrast | |
|---|---|---|
| | $H_1$ | $H_0$ |
| 17) | TreatmenteffektGesamt$H_1 FS_{t2}$: $m(EG_{t2}) - m(EG_{t1}) >$ $m(KG_{t2}) - m(KG_{t1})$ | TreatmenteffektGesamt$H_0 FS_{t2}$: $m(EG_{t2}) - m(EG_{t1}) \leq$ $m(KG_{t2}) - m(KG_{t1})$ |
| 18) | TreatmenteffektLesen$_{SL} H_1 FS_{t2}$: $m(EG_{t2}) - m(EG_{t1}) >$ $m(KG_{t2}) - m(KG_{t1})$ | TreatmenteffektLesen$_{SL} H_0 FS_{t2}$: $m(EG_{t2}) - m(EG_{t1}) \leq$ $m(KG_{t2}) - m(KG_{t1})$ |
| 19) | TreatmenteffektGeschl$_{männl} H_1 FS_{t2}$: $m(EG_{t2}) - m(EG_{t1}) >$ $m(KG_{t2}) - m(KG_{t1})$ | TreatmenteffektGeschl$_{männl} H_0 FS_{t2}$: $m(EG_{t2}) - m(EG_{t1}) \leq$ $m(KG_{t2}) - m(KG_{t1})$ |
| 20) | TreatmenteffektSprache$_{L2} H_1 FS_{t2}$: $m(EG_{t2}) - m(EG_{t1}) >$ $m(KG_{t2}) - m(KG_{t1})$ | TreatmenteffektSprache$_{L2} H_0 FS_{t2}$: $m(EG_{t2}) - m(EG_{t1}) \leq$ $m(KG_{t2}) - m(KG_{t1})$ |

**Tab. 5.7** Statistische Hypothesen zum Treatmenteffekt im Prä-Post-Vergleich auf die Zielvariable Selbsteinschätzung

| | mit t-Test für unabhängige Stichproben zu prüfender Kontrast | |
|---|---|---|
| | $H_1$ | $H_0$ |
| 21) | TreatmenteffektGesamt$H_1 SE_{t2}$: $m(EG_{t2}) - m(EG_{t1}) \neq$ $m(KG_{t2}) - m(KG_{t1})$ | TreatmenteffektGesamt$H_0 SE_{t2}$: $m(EG_{t2}) - m(EG_{t1}) =$ $m(KG_{t2}) - m(KG_{t1})$ |
| 22) | TreatmenteffektLesen$_{SL} H_1 SE_{t2}$: $m(EG_{t2}) - m(EG_{t1}) \neq$ $m(KG_{t2}) - m(KG_{t1})$ | TreatmenteffektLesen$_{SL} H_0 SE_{t2}$: $m(EG_{t2}) - m(EG_{t1}) =$ $m(KG_{t2}) - m(KG_{t1})$ |
| 23) | TreatmenteffektGeschl$_{weibl} H_1 SE_{t2}$: $m(EG_{t2}) - m(EG_{t1}) \neq$ $m(KG_{t2}) - m(KG_{t1})$ | TreatmenteffektGeschl$_{weibl} H_0 SE_{t2}$: $m(EG_{t2}) - m(EG_{t1}) =$ $m(KG_{t2}) - m(KG_{t1})$ |
| 24) | TreatmenteffektSprache$_{L2} H_1 FS_{t2}$: $m(EG_{t2}) - m(EG_{t1}) \neq$ $(KG_{t2}) - m(KG_{t1})$ | TreatmenteffektSprache$_{L2} H_0 FS_{t2}$: $m(EG_{t2}) - m(EG_{t1}) =$ $(KG_{t2}) - m(KG_{t1})$ |

### 5.2.3 Hypothesen zu den bezugsgruppenspezifischen Treatmenteffekten im Prä-Post-Vergleich in der Experimentalgruppe

Im Unterschied zu den oben benannten allgemeinen Hypothesen zu den Treatmenteffekten sind weiterhin Hypothesen zu den bezugsgruppenspezifischen Treatmenteffekten im Prä-Post-Vergleich in der Experimentalgruppe von Interesse. Diese Hypothesen beleuchten, inwiefern die ausgewählten Bezugsgruppen innerhalb der Experimentalgruppe hinsichtlich der Zielvariablen vom Treatment besonders profitieren. Die im Folgenden aufgestellten Hypothesen werden in Abschnitt 7.5 überprüft.

Es wird davon ausgegangen, dass Kinder mit schwacher Leseleistung in der Regel in höherem Maße vom sprachsensiblen Treatment profitieren und bei allen Zielvariablen einen höheren Nettoleistungszuwachs zeigen als stärkere Leser*innen. Gleiches gilt für Schüler*innen mit Deutsch als Zweitsprache. Es ist nicht davon auszugehen, dass durch das sprachsensible Treatment die Vorteile der Jungen im Fachwissenserwerbs sowie die Vorteile der Mädchen in der Fachsprache völlig aufgehoben werden können. Darüber hinaus wird erwartet, dass sich die Mädchen im Vergleich zu den Jungen in der Experimentalgruppe zu t2 besser einschätzen als in t1, da das Treatment auf diese Geschlechterunterschiede in der Selbsteinschätzung eingeht. Nachfolgend werden die Hypothesen tabellarisch nach Zielvariable und Gruppe aufgeschlüsselt (vgl. Tab. 5.8, 5.9 und 5.10).

**Tab. 5.8** Statistische Hypothesen zu bezugsgruppenspezifischen Treatmenteffekten auf die Zielvariable Fachwissen in der Experimentalgruppe

| | mit t-Test für unabhängige Stichproben zu prüfender Kontrast | |
|---|---|---|
| | $H_1$ | $H_0$ |
| 25) | $GruppeneffektLesenH_1 FW_{t2}$: $m(FW\ Les_{SL} \mid EG_{t2}) - m(FW\ Les_{SL} \mid EG_{t1}) > m(FW\ Les_{MGL} \mid EG_{t2}) - m(FW\ Les_{MGL} \mid EG_{t1})$ | $GruppeneffektLesenH_0 FW_{t2}$: $m(FW\ Les_{SL} \mid EG_{t2}) - m(FW\ Les_{SL} \mid EG_{t1}) \leq m(FW\ Les_{MGL} \mid EG_{t2}) - m(FW\ Les_{MGL} \mid EG_{t1})$ |
| 26) | $GruppeneffektGeschlH_1 FW_{t2}$: $m(FW\ männl \mid EG_{t2}) - m(FW\ männl \mid EG_{t1}) < m(FW\ weibl \mid EG_{t2}) - m(FW\ weibl \mid EG_{t1})$ | $GruppeneffektGeschlH_0 FW_{t2}$: $m(FW\ männl \mid EG_{t2}) - m(FW\ männl \mid EG_{t1}) \geq m(FW\ weibl \mid EG_{t2}) - m(FW\ weibl \mid EG_{t1})$ |
| 27) | $GruppeneffektSpracheH_1 FW_{t2}$: $m(FW\ Spr_{L2} \mid EG_{t2}) - m(FW\ Spr_{L2} \mid EG_{t1}) > m(FW\ Spr_{L1} \mid EG_{t2}) - m(FW\ Spr_{L1} \mid EG_{t1})$ | $GruppeneffektSpracheH_0 FW_{t2}$: $m(FW\ Spr_{L2} \mid EG_{t2}) - m(FW\ Spr_{L2} \mid EG_{t1}) \leq m(FW\ Spr_{L1} \mid EG_{t2}) - m(FW\ Spr_{L1} \mid EG_{t1})$ |

**Tab. 5.9** Statistische Hypothesen zu bezugsgruppenspezifischen Treatmenteffekten auf die Zielvariable Fachsprache in der Experimentalgruppe

| | mit t-Test für unabhängige Stichproben zu prüfender Kontrast | |
|---|---|---|
| | $H_1$ | $H_0$ |
| 28) | GruppeneffektLesen$H_1 FS_{t2}$: m(FS $Les_{SL}$ I $EG_{t2}$) – m(FS $Les_{SL}$ I $EG_{t1}$) > m(FS $Les_{MGL}$ I $EG_{t2}$) – m(FS $Les_{MGL}$ I $EG_{t1}$) | GruppeneffektLesen$H_0 FS_{t2}$: m(FS $Les_{SL}$ I $EG_{t2}$) – m(FS $Les_{SL}$ I $EG_{t1}$) ≤ m(FS $Les_{MGL}$ I $EG_{t2}$) – m(FS $Les_{MGL}$ I $EG_{t1}$) |
| 29) | GruppeneffektGeschl$H_1 FS_{t2}$: m(FS weibl I $EG_{t2}$) – m(FS weibl I $EG_{t1}$) < m(FS männl I $EG_{t2}$) – m(FS männl I $EG_{t1}$) | GruppeneffektGeschl$H_0 FS_{t2}$: m(FS weibl I $EG_{t2}$) – m(FS weibl I $EG_{t1}$) ≥ m(FS männl I $EG_{t2}$) – m(FS männl I $EG_{t1}$) |
| 30) | GruppeneffektSprache$H_1 FS_{t2}$: m(FS $Spr_{L2}$ I $EG_{t2}$) – m(FS $Spr_{L2}$ I $EG_{t1}$) > m(FS $Spr_{L1}$ I $EG_{t2}$) – m(FS $Spr_{L1}$ I $EG_{t1}$) | GruppeneffektSprache$H_0 FS_{t2}$: m(FS $Spr_{L2}$ I $EG_{t2}$) – m(FS $Spr_{L2}$ I $EG_{t1}$) ≤ m(FS $Spr_{L1}$ I $EG_{t2}$) – m(FS $Spr_{L1}$ I $EG_{t1}$) |

**Tab. 5.10** Statistische Hypothesen zu bezugsgruppenspezifischen Treatmenteffekten auf die Zielvariable Selbsteinschätzung in der Experimentalgruppe

| | mit t-Test für unabhängige Stichproben zu prüfender Kontrast | |
|---|---|---|
| | $H_1$ | $H_0$ |
| 31) | GruppeneffektLesen$H_1 SE_{t2}$: m(SE $Les_{SL}$ I $EG_{t2}$) – m(SE $Les_{SL}$ I $EG_{t1}$) > m(SE $Les_{MGL}$ I $EG_{t2}$) – m(SE $Les_{MGL}$ I $EG_{t1}$) | GruppeneffektLesen$H_0 SE_{t2}$: m(SE $Les_{SL}$ I $EG_{t2}$) – m(SE $Les_{SL}$ I $EG_{t1}$) ≤ m(SE $Les_{MGL}$ I $EG_{t2}$) – m(SE $Les_{MGL}$ I $EG_{t1}$) |
| 32) | GruppeneffektGeschl$H_1 SE_{t2}$: m(SE weibl I $EG_{t2}$) – m(SE weibl I $EG_{t1}$) > m(SE männl I $EG_{t2}$) – m(SE männl I $EG_{t1}$) | GruppeneffektGeschl$H_0 SE_{t2}$: m(SE weibl I $EG_{t2}$) – m(SE weibl I $EG_{t1}$) ≤ m(SE männl I $EG_{t2}$) – m(SE männl I $EG_{t1}$) |
| 33) | GruppeneffektSprache$H_1 SE_{t2}$: m(SE $Spr_{L2}$ I $EG_{t2}$) – m(SE $Spr_{L2}$ I $EG_{t1}$) > m(SE $Spr_{L1}$ I $EG_{t2}$) – m(SE $Spr_{L1}$ I $EG_{t1}$) | GruppeneffektSprache$H_0 SE_{t2}$: m(SE $Spr_{L2}$ I $EG_{t2}$) – m(SE $Spr_{L2}$ I $EG_{t1}$) ≤ m(SE $Spr_{L1}$ I $EG_{t2}$) – m(SE $Spr_{L1}$ I $EG_{t1}$) |

### 5.2.4 Hypothesen zur Beständigkeit der Treatmenteffekte im Prä-Post-Follow-up-Vergleich in Experimental- und Kontrollgruppe

Abschließend werden Hypothesen zur Stabilität der Lernzuwächse der Treatmenteffekte im Prä-Post-Follow-up-Vergleich dargelegt. Sie werden in Abschnitt 7.5 geprüft. Für die folgenden Hypothesen wird die gesamte Stichprobe unterteilt in Kontroll- und Experimentalgruppe in den Blick genommen, da die Bezugsgruppen sonst zu klein für statistische Hypothesenüberprüfung werden. Es wird angenommen, dass zu t3 leichte Verluste in beiden Gruppen zu verzeichnen sind. Die Verluste in der Experimentalgruppe sollten geringer oder gleich groß sein wie in der Kontrollgruppe (vgl. Tab. 5.11 und Tab. 5.12). Für die Zielvariable

**Tab. 5.11** Statistische Hypothesen zum Treatmenteffekt im Prä-Post-Follow-up-Vergleich auf die Zielvariable Fachwissen

| | mit t-Test für unabhängige Stichproben zu prüfender Kontrast | |
|---|---|---|
| | $H_1$ | $H_0$ |
| 34) | TreatmenteffektGesamt$H_1FW_{t3}$: $m(EG_{t3-t2}) - m(EG_{t2-t1}) > m(KG_{t3-t2}) - m(KG_{t2-t1})$ | TreatmenteffektGesamt$H_0FW_{t3}$: $m(EG_{t3-t2}) - m(EG_{t2-t1}) \leq m(KG_{t3-t2}) - m(KG_{t2-t1})$ |

**Tab. 5.12** Statistische Hypothesen zum Treatmenteffekt im Prä-Post-Follow-up-Vergleich auf die Zielvariable Fachsprache

| | mit t-Test für unabhängige Stichproben zu prüfender Kontrast | |
|---|---|---|
| | $H_1$ | $H_0$ |
| 35) | TreatmenteffektGesamt$H_1FS_{t3}$: $m(EG_{t3-t2}) - m(EG_{t2-t1}) > m(KG_{t3-t2}) - m(KG_{t2-t1})$ | TreatmenteffektGesamt$H_0FS_{t3}$: $m(EG_{t3-t2}) - m(EG_{t2-t1}) \leq m(KG_{t3-t2}) - m(KG_{t2-t1})$ |

Selbsteinschätzung lassen sich auf Basis des Forschungsstandes keine Annahmen dazu treffen, wie sich die Selbsteinschätzung zu t3 entwickelt haben wird.

Neben den dargelegten inhaltlichen Hypothesen werden in Abschnitt 7.2 weitere Hypothesen aufgestellt, die Zusammenhänge zwischen verschiedenen Außenvariablen und den Zielvariablen annehmen und deren Überprüfung zur Beurteilung der Konstruktvalidität der einzelnen Erhebungsinstrumente dient. Da sie nicht die Fragestellung der Arbeit adressieren, werden sie allerdings im vorliegenden Kapitel ausgeklammert.

Während Fragestellung 1 „Welche Design-Kriterien hat sprachsensibler Geographieunterricht?“ schwerpunktmäßig im ersten Teil der Arbeit adressiert wird, rückt die zweite Fragestellung „Wie wirksam ist sprachsensibler Geographieunterricht im Vergleich zu Geographieunterricht ohne sprachsensible Ausrichtung hinsichtlich des Erwerbs von Fachwissen und des Erwerbs von Fachsprache?“ im zweiten Teil der Arbeit in den Fokus. Um die zweite Fragestellung ausdifferenziert beantworten zu können, wurden Hypothesen aufgestellt, die die Wirksamkeit sprachsensiblen Geographieunterrichts hinsichtlich der verschiedenen Zielvariablen und verschiedener Bezugsgruppen untersuchen. Die Hypothesen werden in Kapitel 7 überprüft.

BY

# 6 Forschungsdesign und Methodik

Ausgehend von grundlegenden Überlegungen zum Forschungsdesign im Rahmen von Design-Based Research (vgl. Abschn. 6.1) begründe ich im Folgenden die verschiedenen methodischen Entscheidungen. Dabei gliedern sich die Ausführungen in die Darstellung der Datenerhebungen mit der Erläuterung der Erhebungsinstrumente (vgl. Abschn. 6.2), der Datenaufbereitung (vgl. Abschn. 6.3) und der Datenauswertung (vgl. Abschn. 6.4). Anschließend werden Aspekte des Samplings für die Studie beleuchtet (vgl. Abschn. 6.5). Eine kurze Zusammenfassung der methodischen Vorgehensweise legt die zentralen Aspekte noch einmal gebündelt dar (vgl. Abschn. 6.6).

## 6.1 Grundlegende Charakteristika des Forschungsdesigns im Rahmen von Design-Based Research (DBR)

Das Forschungsprojekt ist methodisch eingebettet in den Rahmen des Design-Based Research (DBR), in dem Forschungs- und Entwicklungsarbeit miteinander verwoben werden. DBR erfreut sich international in den empirischen Bildungswissenschaften zunehmender Beliebtheit und auch in der deutschsprachigen Geographiedidaktik wird vermehrt, wenn auch immer noch vergleichsweise wenig, im Rahmen von DBR geforscht (vgl. Anderson/Shattuck 2012, S. 20; Bannan-Ritland 2003, S. 21; Feulner et al. 2015, S. 219–227). Das liegt vor allem daran, dass DBR verspricht, was Grundlagenforschung auf der einen und Anwendungsforschung auf der anderen Seite verbindet: Herausforderungen in der Praxis mithilfe von Theorien und Empirie zu bearbeiten (vgl. Anderson/Shattuck 2012, S. 16). Doch was sind die zentralen Charakteristika und Grenzen von DBR?



S. Wey, *Wie Sprache dem Verstehen hilft*,
https://doi.org/10.1007/978-3-658-36038-2_6

### 6.1.1 Forschungsanlässe und Ziele von DBR-Projekten

Am Anfang eines jeden DBR-Projekts steht ein praxisrelevantes Problem, das mithilfe von Theorie(n) gelöst oder jedenfalls adressiert werden soll (vgl. Wilhelm/Hopf 2014, S. 34). Der Anlass für die vorliegende Forschungsarbeit liegt in der unterrichtspraktischen Schwierigkeit, Geographie sprachsensibel, also unter Berücksichtigung der spezifischen sprachlichen Herausforderungen, zu unterrichten. Das übergeordnete Ziel von DBR-Projekten ist es, das Praxisproblem zu lösen; außerdem geht es um folgende Teilziele (vgl. Edelson 2002, S. 106):

(1) Aus der Theorie sollen Design-Prinzipien abgeleitet werden, die das Praxisproblem adressieren.
(2) Die Design-Prinzipien sollen anhand eines konkreten Unterrichtssetting operationalisiert werden.
(3) Dieses Unterrichtssetting soll durchgeführt und hinsichtlich seiner Wirksamkeit empirisch überprüft werden.
(4) Auf Basis der Begleitforschung sollen die zugrundeliegenden Theorien überprüft und weiterentwickelt werden.

### 6.1.2 Zeitlicher Ablauf von DBR-Projekten

Nachfolgend skizziere ich den typischen Ablauf von DBR-Projekten am Beispiel meines Forschungsprojekts (vgl. Abb. 6.1):

(1) Ausgehend von der praktischen Herausforderung, Geographie sprachsensibel zu unterrichten, erfolgt die Entwicklung von Design-Prinzipien für SGU.
(2) Hierfür werden relevante Theorien sowie der empirische Forschungsstand aufbereitet. Bereits bei der Problembeschreibung entsteht der erste Kontakt zu im Projekt kooperierenden Praktiker*innen, in diesem Fall Schulleitungen sowie Lehrkräfte.
(3) Die entwickelten Design-Prinzipien werden anschließend in eine sprachsensible Unterrichtsreihe überführt. In diesem Fall handelt es sich um eine sechsstündige Unterrichtsreihe zum Thema Schalenbau der Erde und Plattentektonik. Parallel dazu erfolgt die Entwicklung der nicht-sprachsensiblen Unterrichtsreihe in gleichem Umfang und zum gleichen Thema.

(4) Die Unterrichtsreihen werden durchgeführt und begleitend beforscht. Die gewonnenen Erkenntnisse aus Zyklus I münden dann in einen zweiten Design-Zyklus.
(5) Der zweite Design-Zyklus besteht ebenfalls aus Design bzw. Überarbeitung, Durchführung der Unterrichtsreihen sowie Datenerhebung und -analyse.

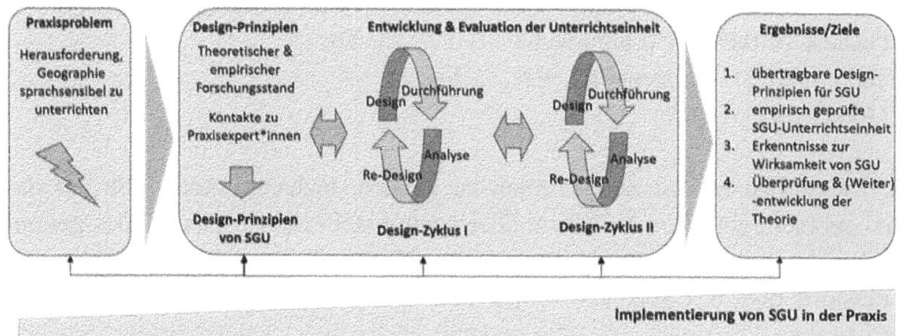


**Abb. 6.1** Das Forschungsdesign im Überblick. (Eigene Darstellung)

Kein Schritt im Forschungsprozess erfolgt ohne Bezugnahme auf einen anderen (vgl. Abb. 6.1). Denn das wesentliche Charakteristikum von DBR-Projekten ist die Iteration, die sich in mehreren Design-Zyklen zeigt (vgl. Feulner et al. 2015, S. 208). Die einzelnen Zyklen werden formativ evaluiert und erst am Ende des Projekts erfolgt eine abschließende summative Evaluation.

> Der Forschungsprozess ist iterativ und besteht aus Zyklen von Design (Gestaltung und Entwicklung von unterrichtlichen Interventionen wie z. B. Lehr-Lern-Umgebungen), praktischer Umsetzung, Analyse (formative Evaluation unter Verwendung qualitativer und/oder quantitativer Methoden) und Re-Design auf Basis der Ergebnisse der Begleitforschung. (Feulner et al. 2015, S. 206)

Die Anzahl der Design-Zyklen von DBR-Projekten hängt von der Zielsetzung ab, das Praxisproblem zu lösen. Um dieses Ziel zu erreichen, sollte das Problem möglichst klar definiert werden. Dabei haben die Entwickler*innen einer Intervention meist einen Ziel- zustand vor Augen. Der Designprozess läuft also nicht völlig losgelöst von jeglichen Erwartungen an das Produkt ab.

Als heuristisches Grundgerüst der Problem- und Lösungsdefinition meines DBR-Projekts dienten mir die Ausführungen von Akker (2013). Er hat die einzelnen Schritte von DBR-Projekten von der theoretischen Auseinandersetzung bis zur praktischen Operationalisierung sprachlich so zugespitzt, dass auch im iterativen Forschungsprozess das Wesentliche im Fokus bleibt und ein Rahmen im grenzenlosen Raum entsteht.

- If you want to design intervention X [for purpose/function Y in context Z]
- then you are best advised to give that intervention the characteristics C1, C2, …, Cm [substantive emphasis]
- and to do that via procedures P1, P2, …, Pn [methodological emphasis]
- because of theoretical arguments T1, T2, …., Tp…
- and empirical arguments E1, E2, …, Eq.

(Akker 2013, S. 67)

Die Leerstellen in den Zeilen füllen zu können, bedeutet, Antworten auf das Praxisproblem gefunden zu haben. Gleichzeitig stellt die Zuspitzung des gesamten Forschungsprozesses und -ergebnisses auf nur wenige Zeilen die eigentliche Herausforderung des gesamten Projekts dar. Selbstverständlich garantieren diese heuristischen Prinzipien, wie alle anderen Heuristiken, keinen Erfolg. Sie helfen aber dabei, die am besten geeigneten Inhalte und Methoden für die Design- und Entwicklungsaufgabe auswählen und anwenden zu können sowie einen roten Faden im Forschungsprozess zu spinnen (vgl. Akker 2013, S. 67).

### 6.1.3 Grenzen von DBR und zu anderen Forschungsansätzen

DBR steht als neuerer Forschungsansatz, der sich erst allmählich in der deutschen Forschung etabliert, den klassischen Forschungsansätze (Grundlagen- und Anwendungsforschung) gegenüber. Bei DBR werden Grundlagenstudien und anwendungsbezogene Entwicklungsarbeiten zusammengedacht (vgl. Wilhelm/Hopf 2014, S. 33), um einen für die Bildungspraxis, insbesondere Schulen, nutzbaren Ansatz zu schaffen:

> We hope that [it; eigene Ergänzung] will inspire many researchers to consider the marriage of the divergent character of design processes with the convergent constraints of basic and applied educational research as the fertile ground for exploring solutions to and the reconceptualization of education at all levels. (vgl. Kelly et al. 2008, Preface)

Während das Ziel experimenteller Grundlagenforschung das Testen von Theorie(n) ist, liegt der Fokus bei Anwendungsforschung auf der Überprüfung von intendierten Anwendungen einer Theorie, also der konkreten Lernumgebung.

DBR-Projekte können zwischen diesen Polen verortet werden. Bei ihnen geht es darum, Theorien anhand des entwickelten Unterrichtsdesigns zu testen und Theorie und Praxis gleichzeitig weiterzuentwickeln (vgl. Bakker 2018, S. 13). Das Ziel ist es, herauszufinden, wie, mit wem, unter welchen Umständen und mit welchen Ergebnissen ein Unterrichtssetting funktioniert oder nicht funktioniert, um das Unterrichtsdesign sowie die Theorie zu verbessern (vgl. McKenney/Reeves 2019, S. 23).

Gerade dadurch, dass bei DBR-Projekten Unterrichtssettings in ihrer Gesamtheit in „einem komplexen Wechselspiel verschiedener Einflussfaktoren" (Wilhelm/Hopf 2014, S. 33) untersucht werden, entsteht der Umstand, dass Einzelfaktoren nicht isoliert betrachtet werden können, wie es bei der Grundlagenforschung der Fall ist. Letztlich lässt sich der Erfolg oder Misserfolg bei DBR-Projekten also nicht auf eine Variable kondensieren. Diese Einschränkung wird im weiteren Verlauf der Arbeit noch kritisch beleuchtet, da sich daraus Einschränkungen für die interne Validität ergeben (vgl. Abschn. 7.2 und 8.3). Vorteil ist, dass die zu untersuchende Wirksamkeit nicht durch eine strenge Kontrolle der Rahmenbedingungen eingeschränkt wird. Ein weiterer Unterschied zu klassischer Grundlagen- und Anwendungsforschung liegt im zyklisch angelegten Forschungsprozess von DBR-Projekten. Formative Evaluation nimmt demnach in DBR-Projekten eine zentrale Rolle ein, während sie bei den anderen Forschungsansätzen, wenn überhaupt, der summativen Evaluation nachgeordnet ist (vgl. DBRC 2003, S. 7).

Die dargestellten Unterschiede von DBR im Vergleich zu klassischen Forschungsansätzen ergeben sich insbesondere aus dem Anspruch, innovativem Denken und Handeln den bestmöglichen Nährboden zu geben. Bakker (2018) spricht in diesem Zusammenhang von DBR als „science fiction or rather science faction, among the research approaches [...] The focus on what is possible rather than actual fits Vygotsky's (1987) view on teaching" (Bakker 2018, S. 3). Das DBRC fasst in Hinblick auf das Spannungsfeld von DBR im Rahmen klassischer Forschungsansätze die Vorteile von DBR wie folgt zusammen:

> However, randomized trials are not necessarily the appropriate end goal of our research approach; we do not understand issues of context well enough yet to guarantee that randomized trials are the best means to answer the questions we care about. The use of randomized trials may hinder innovation studies by prematurely judging the efficacy of an intervention. (DBRC 2003, S. 6)

DBR-Projekte können mit Elementen klassischer experimenteller Forschung verbunden werden. Das heißt, dass klare Bruchlinien zu anderen Forschungsansätzen nicht immer zu ziehen sind. So wird im vorliegenden Projekt beispielsweise mit einem hypothesentestenden Design mit Experimental- und Kontrollgruppen gearbeitet. Die dargestellten Unterschiede zwischen den Forschungsansätzen sind also mehr als Tendenzen zu verstehen denn als strenge Kriterien auf einer Checkliste, deren Einhaltung für den einen oder den anderen Ansatz unabdingbar wären. Tab. 6.1 gibt einen Überblick über die verschiedenen Eigenschaften und deren Ausprägungen in den unterschiedlichen Forschungsansätzen.

Zusammengefasst sind meine Überlegungen in diesem Abschnitt als heuristisches Rahmenmodell gedacht, um die Anforderungen aus der geographiedidaktischen Schulpraxis nach einer an einem Designprozess für ein Produkt orientierten Methode mit wissenschaftlichen Anforderungen in Einklang zu bringen. Zu diesem Zweck unterscheide ich zwischen Grundlagen-, Anwendungs- und Designforschung. In der Designforschung liegt der Schwerpunkt auf dem Entwicklungsgedanken, der es erforderlich macht, bei Bedarf auf sich verändernde Praxisanforderungen zu reagieren. Risiken und Nebenwirkungen liegen beim Design-Based Research darin, in einem einzelnen Zyklus gewonnene Evidenzen, die vielleicht nur Erwartungen der Beteiligten reflektieren, zu verallgemeinern und Erfolge und Misserfolge durch selektive Stichproben, z. B. durch die Zusammenarbeit mit besonders interessierten und kompetenten Lehrkräften, zu erzeugen und nicht durch eine schul- und unterrichtsbezogene Maßnahme.

## 6.2 Datenerhebung

Die Datenerhebungen wurden in zwei Design-Zyklen durchgeführt (vgl. Abb. 6.1). Design-Zyklus I fand im zweiten Halbjahr des Schuljahres 2018/19 statt; Design-Zyklus II im ersten Halbjahr des Schuljahres 2019/20. Um das Treatment auf Prä-Post-Veränderungen zu prüfen, wurden in beiden Design-Zyklen Datenerhebungen sowohl unmittelbar vor (t1) als auch unmittelbar nach dem Treatment (t2) durchgeführt. Im zweiten Design-Zyklus fand außerdem ein dritter Erhebungszeitpunkt acht Wochen nach der letzten Unterrichtsstunde statt, um die Beständigkeit möglicher Lerneffekte zu überprüfen (t3). Als unabhängige Variable wurde der Unterricht hinsichtlich des Maßes an Sprachsensibilität variiert. Während die Experimentalgruppe sprachsensiblen Geographieunterricht zum Thema Schalenbau der Erde und Plattentektonik im Umfang von sechs Schulstunden erhielt, bekam Kontrollgruppe I nicht-sprachsensiblen Unterricht

**Tab. 6.1** Forschungsdesigns im Überblick

| | Grundlagenforschung | Anwendungsforschung | Designforschung |
|---|---|---|---|
| Betrachtungsgegenstand und Vorgehen | Untersuchung einzelner, isolierter Faktoren von Lernsettings in einem Experimental- und Kontrollgruppendesign | Untersuchung eines auf theoretischen Überlegungen entwickelten Lernsettings; meist nicht im Experimental- und Kontrollgruppen-Design | Untersuchung eines auf theoretischen Überlegungen entwickelten Lernsettings; nicht notwendigerweise mit Experimental- und Kontrollgruppen-Design |
| | linear, mit mindestens zwei Erhebungszeitpunkten | linear, gegebenenfalls mit mehreren Erhebungszeitpunkten | zyklisch, gegebenenfalls mit mehreren Erhebungszeitpunkten pro Zyklus |
| Ziele | (Weiter-)Entwicklung der Theorie, praktische Umsetzung nicht fokussiert | kein Anspruch auf Überprüfung/(Weiter-) Entwicklung der Theorie; praktische Umsetzung im Fokus | (Weiter-)Entwicklung von Theorie und Praxis |
| | Was funktioniert? | Wie funktioniert etwas? | Wie, warum, mit wem und unter welchen Umständen funktioniert etwas? |

eigene Darstellung nach Bakker 2018, S. 13

zum gleichen Thema im gleichen zeitlichen Umfang. In Design-Zyklus I wurde außerdem eine zweite Kontrollgruppe eingesetzt, die zur Kontrolle der Lerneffekte durch den Einsatz der Erhebungsinstrumente diente, und sonstigen, ohnehin anstehenden Geographieunterricht zu einem anderen Thema erhielt (vgl. Abb. 6.2). Da sich keine signifikanten Lerneffekte allein aufgrund der wiederholten Durchführung der Tests zeigten, wurde im zweiten Design-Zyklus auf Kontrollgruppe II verzichtet.

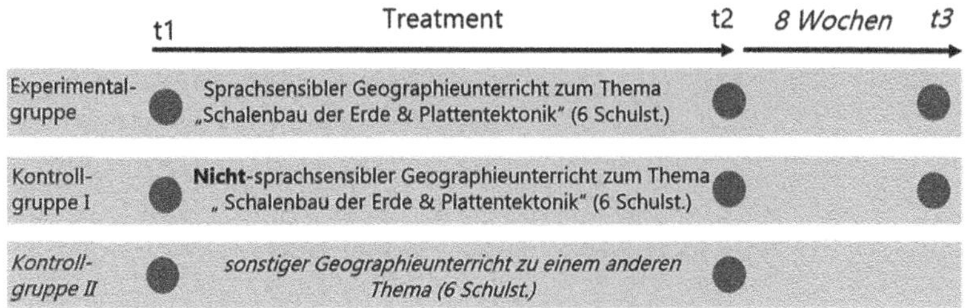


**Abb. 6.2** Ablauf pro Design-Zyklus; kursiv = nur in jeweils einem der beiden Zyklen vorhanden. (Eigene Darstellung)

Während die Treatments im ersten Design-Zyklus von mir selbst durchgeführt wurden, oblag die Durchführung der Treatments im zweiten Design-Zyklus zur Verbesserung der Objektivität der Geographielehrkraft der entsprechenden Klasse. Die sich daraus ergebenden Einschränkungen stelle ich in Abschn. 7.2 dar. Alle Lehrkräfte des zweiten Design-Zyklus (sowohl in der Experimental- als auch in der Kontrollgruppe) erhielten vor der Durchführung eine 90-minütige Schulung.

### 6.2.1 Erhebung und Beschreibung der Kontrollvariablen

Die Kontrollvariablen wurden mittels eines Fragebogens sowie eines Lesegeschwindigkeits- und -verständnistests (LGVT 5-12+) erhoben (vgl. Schneider et al. 2017).

> Der Test besteht in der Aufgabe, einen Fließtext innerhalb von sechs Minuten so schnell und genau wie möglich zu lesen. Innerhalb der Bearbeitungszeit ist an maximal 47 Textstellen auszuwählen, „welches von drei vorgegebenen Wörtern am besten in den Sinnzusammenhang passt. Die Anzahl der gelesenen Wörter, die Anzahl der

> korrekten Lösungen (ratekorrigiert) und schließlich das Verhältnis zwischen bearbeiteten und korrekt gelösten Items werden als Kennwerte für Lesegeschwindigkeit, Leseverständnis und Lesegenauigkeit herangezogen.“ (Hogrefe Verlag 2017)

Die Items des Fragebogens habe ich in Anlehnung an größere Schulleistungsstudien sowie Studien zur Literalität selbst erstellt (vgl. Frederking et al. 2017; Kurtz et al. 2015; Meier 2018; Weinert et al. 2016). Die Items des Fragebogens umfassten Fragen zu

- Geschlecht (Item 1),
- Alter (Item 6),
- Sprachbiographie im weiteren Sinne (Fragen 2–5, 11–13) und
- Zensuren in den Fächern Deutsch und Geographie (Frage 8–10).

Aus datenschutzrechtlichen Gründen konnte ich keine Informationen zum sozioökonomischen Hintergrund erheben. Da sich die Items aus Design-Zyklus I als inhaltlich sinnvoll und verständlich erwiesen haben, wurden sie unverändert in Design-Zyklus II eingesetzt.

### 6.2.2 Erhebung und Beschreibung der Zielvariablen

Die Zielvariablen lassen sich abgeleitet aus der Fragestellung in drei Variablen untergliedern. Die Studie erhebt Veränderungen im Fachwissen, in der Fachsprache sowie in der Selbsteinschätzung. Die Selbsteinschätzung der Schüler*innen wurde in Design-Zyklus I als Kontrollvariable, also nicht im Prä-Post-Vergleich erhoben, weil zunächst keine Veränderung der Selbsteinschätzung durch das Treatment erwartet bzw. angestrebt wurde. Da sich aber auffällige Korrelationen zwischen der Selbsteinschätzung, dem Geschlecht sowie Fachwissen und Fachsprache zeigten, wurde die Selbsteinschätzung in Design-Zyklus II ebenfalls als Zielvariable aufgenommen.

*Fachwissen*

Um das Fachwissen für den Themenbereich Schalenbau der Erde und Plattentektonik zu erfassen, habe ich einen Fachwissenstest mit geschlossenem Itemformat entwickelt. Für die Konstruktion des Fachwissenstests besonders von Belang ist die sprachliche Barrierefreiheit. Ziel war es, das Fachwissen im genannten Themenbereich möglichst unabhängig von den sprachlichen Kompetenzen zu erheben. Der Test ist daher im Ankreuzformat mit den Antwortoptionen Richtig/Falsch erstellt. Für jedes richtige Kreuz gab es einen Punkt, Punktabzüge bei falsch gesetzten Kreuzen gab es nicht. Um möglichst zu vermeiden, dass Schüler*innen voneinander abschreiben, gab es Versionen A und B, die zwar jeweils aus denselben Items bestanden, welche aber in unterschiedlicher Reihenfolge angeordnet waren.

*Fachsprache*
Um ein möglichst umfassendes Bild der fachsprachlichen Kompetenzen der Schüler*innen zu erheben, habe ich zwei verschiedene, unterschiedlich schreibintensive, Erhebungsinstrumente für mein Projekt adaptiert.

Beim C-Test (kurz für Cloze-Test) handelt es sich um eine besondere Art des Lückentests, der häufig in der Spracherwerbsforschung, Zweitsprachdidaktik und zur Feststellung von Erst- oder Fremdsprachkompetenz eingesetzt wird (vgl. Scholten-Akoun et al. 2012, S. 32). Ein C-Test besteht aus vier bis fünf in sich geschlossenen Texten mit jeweils etwa 20 Lücken, wobei die Überschrift sowie der erste und letzte Satz vollständig sind, damit man sich den Textkontext erschließen kann (vgl. Junk-Deppenmeier 2009, S. 86). Die Lücken werden systematisch eingebaut: Bei jedem zweiten oder dritten Wort (je nach Schwierigkeit) wird die letzte Hälfte des Wortes getilgt (vgl. Reich 2007, S. 162). Aufgrund der klaren Vorgaben sowie eines Generators, der im Internet frei zugänglich ist (vgl. Deutsche Welle o. J.), lassen sich C-Tests mit eigenen Inhalten und nach gewünschtem Schwierigkeitsgrad vergleichsweise einfach selbst erstellen. Der C-Test erfüllt alle Hauptgütekriterien wissenschaftlicher Testverfahren, da er unter genauen Vorgaben durchgeführt, ausgewertet und interpretiert werden kann (vgl. Döll 2012, S. 109).

Der C-Test unterscheidet zwischen einem Worterkennungs- und einem Richtig/Falsch-Wert. Wird das Wort richtig erkannt, aber zum Beispiel falsch geschrieben, wird 1 Punkt vergeben. Ist das ergänzte Wort vollständig richtig, werden 2 Punkte vergeben. Ist das Wort nicht zu erkennen oder gar nicht ausgefüllt, werden keine Punkte vergeben. Ebenso wie für den Fachwissenstest wurden zwei Versionen eingesetzt. Die Versionen unterscheiden sich in der Reihenfolge der Texte; die Texte selbst sind identisch.

Bei der Profilanalyse versprachlichen Schüler*innen in mündlicher oder schriftlicher Form eine Bildfolge (vgl. Siems 2013, S. 3). Die Profilanalyse geht auf Grießhaber (2006) und Reich et al. (2007) zurück und diente ursprünglich als diagnostisches Tool, das deutsche Sprachkenntnisse bei Kindern und Jugendlichen mit Deutsch als Zweitsprache feststellte. Profilanalysen können auf verschiedene Weisen eingesetzt werden, da sowohl der Komplexitätsgrad als auch die Ausrichtung des Verfahrens je nach Bedarf modifiziert werden können. Daher wird die Profilanalyse zwischenzeitlich auch als Tool eingesetzt, den Stand fachsprachlicher Kompetenzen von Schüler*innen am Übergang von der Primar- zur Sekundarstufe festzustellen (vgl. Gantefort/Roth 2008, S. 30). Eben in diesem Sinne habe ich die Profilanalyse auch im Rahmen dieser Studie adaptiert eingesetzt. Die Schüler*innen verschriftlichen eine Bildfolge, bestehend aus vier Abbildungen, zur Entstehung der Alpen. Anschließend werden die Texte auf Basis verschiedener zuvor festgelegter Kriterien analysiert. Die untersuchten Merkmalskategorien stützen sich dabei auf einen Konsens der in der Theorie diskutierten Oberflächenmerkmale von Fachsprache (vgl. Gantefort/Roth 2008; Grießhaber 2006; Heilmann 2009; Wildemann/Fornol 2016) (vgl. Abschn. 2.1).

Anzahl der Wörter *(tokens)*

Anzahl der Sätze *(tokens)*

Inhaltliche Aufgabenbewältigung

Gestaltung des Anfangs

Passivkonstruktionen *(tokens)*

Man-Konstruktionen *(tokens)*

Erweiterter Infinitiv mit zu, um…zu + Infinitiv *(tokens)*

Lassen *(tokens)*

Satzart *(tokens)*

Fachbegriffe (*types* und *tokens*)

Nichtfachliche Fremdwörter (*types* und *tokens*)

Abkürzungen (*types* und *tokens*)

Nominalisierungen (*types* und *tokens*)

Komposita (*types* und *tokens*)

Demonstrativa (*types* und *tokens*)

Konnektoren (*types* und *tokens*)

Die Auswertung der Profilanalyse erfolgt durch Auszählen der einzelnen Ausprägungen. Dabei wird bei den meisten, überwiegend lexikalischen Merkmalen zwischen *types*, also den verschiedenen Vorkommenstypen eines Oberflächenmerkmals, und *tokens,* der Anzahl eines *types,* unterschieden. Pro *type* und *token* wird ein Punkt vergeben. Bei der Kategorie inhaltliche Aufgabenbewältigung handelt es sich um das einzige Kriterium, das den geschriebenen Text fachlich-inhaltlich bewertet. Dabei können maximal 18 Punkte erreicht werden. Die Kategorie Gestaltung des Anfangs erfasst pragmatische Textkompetenz; es können maximal 5 Punkte erreicht werden. Bei der Satzart können pro Satz maximal 5 Punkte erreicht werden, wobei die Abstufungen von unvollständigem Satz (0 Punkte) bis hin zu Hauptsatz mit mehreren Nebensätzen (5 Punkte) reichen. Die Skala der Profilanalyse ist theoretisch nach oben offen.

*Selbsteinschätzung*

In Design-Zyklus I wurden als Kontrollvariable auch Items zur Selbsteinschätzung der geographiespezifischen Fachsprachlichkeit zu t1 eingesetzt. Da sich bei der Auswertung von Zyklus I auffällige Korrelationen mit Kontroll- sowie den Zielvariablen zeigten, machten die Schüler*innen in Design-Zyklus II zu allen Messzeitpunkten Angaben zu ihrer Selbsteinschätzung bezüglich der

(1) Geographiefachsprache,
(2) Geographiefachkompetenz sowie
(3) Sachtextkompetenz.

Die Items wurden verschiedenen Studien zur Fachsprachlichkeit und Literalität entlehnt (vgl. Frederking et al. 2017; Kurtz et al. 2015; Meier 2018; Weinert et al. 2016). Für die Überprüfung der Hypothesen wird die Gesamtskala zur Selbsteinschätzung mit 21 Items verwendet (vgl. Abschn. 5.2). Die Anzahl der Items wurde zu t3 ebenfalls wie bei den anderen Erhebungsinstrumenten reduziert; auf die Skala zur Sachtextkompetenz wurde gänzlich verzichtet, da keine weiteren Änderungen von t2 auf t3 zu erwarten waren.

> Die Datenerhebungen fanden in zwei Design-Zyklen mit je zwei bzw. drei Erhebungszeitpunkten statt. Dabei wurden neben verschiedenen Kontrollvariablen das Fachwissen, die Fachsprache sowie die Selbsteinschätzung bezüglich des Fachwissens und der Fachsprache erhoben. Die Erhebungsinstrumente wurden adaptiert oder im Falle des Fachwissenstests neu erstellt.

## 6.3 Datenaufbereitung

Um die Befragten bei der Wiederholung der Erhebungen zum zweiten Erhebungszeitpunkt den Daten des ersten Erhebungszeitpunkts zuordnen zu können sowie gleichzeitig die Anonymität der Befragten bestmöglich zu wahren, erstellten die Schüler*innen ihren eigenen Decknamen bestehend aus zwei Buchstaben und ein bis zwei Ziffern nach folgendem Schema:

Letzter Buchstabe des Vornamens des Vaters, z. B. Pete**r**

Zweiter Buchstabe des Vornamens der Mutter, z. B. H**ü**lya

Summe des eigenen Geburtstags und Geburtsmonats, z. B. 23.02. = **25**

Es ergibt sich folgendes Pseudonym: **rü25**

Das Verfahren hat den Vorteil, auf Listen der Depseudonymisierung zu verzichten und dennoch Datensätze einzelner Proband*innen auch nachträglich, zum Beispiel bei Widerruf der Einverständniserklärung, zu entfernen, da die Pseudonyme sowohl für die Kinder als auch die Erziehungsberechtigten leicht erinnert bzw. erneut erstellt werden können. Trotz der Vorteile und der Empfehlung dieses Verfahren durch die Berliner Senatsverwaltung für Bildung, Jugend und Familie zeigten sich folgende Nachteile des Verfahrens:

1. Manchen Schüler*innen war es nicht möglich, die Summe von Geburtstag und Geburtsmonat korrekt im Kopf zu errechnen.
2. Kinder, deren Eltern einen Vornamen haben, der erst ins lateinische Alphabet übersetzt werden muss, hatten Schwierigkeiten bei der Erstellung des Pseudonyms.
3. Das Verfahren legt ein klassisches Verständnis von Familie als der Kernfamilie mit Mutter, Vater, Kind zugrunde. Dieses Verständnis greift zu kurz und trifft auf viele Familien nicht mehr zu.

Diese Probleme führten dazu, dass viele Schüler*innen im ersten Design-Zyklus zu t2 nicht dasselbe Pseudonym angegeben haben wie zu t1, was eine Zuordnung schwierig und in Einzelfällen unmöglich machte. Im zweiten Design-Zyklus sollten die Schüler*innen deshalb zusätzlich ihr Lieblingstier notierten. Auch an dieser Stelle haben manche erwartungsgemäß zu t1, t2 und t3 unterschiedliche Tiere aufgeschrieben. Das zusätzliche Feld gab aber eine Schriftprobe, mit der die Zweifelsfälle leichter zuordenbar wurden. Weder die Realnamen der

Schüler*innen noch das Geburtsdatum wurden erhoben; eine Liste, mit der die Zuordnung von Realnamen zum Pseudonym möglich wäre, existiert nicht.

Alle Daten wurden in SPSS eingegeben und ausgewertet. Der Profilanalyse war vor der Dateneingabe in SPSS ein weiterer Schritt vorgeschaltet. Die Schüler*innentexte wurden zuvor ohne Korrekturen in der Originalfassung in einer Excel-Datei digitalisiert und die Auszählungen der Merkmalsausprägungen dort eingetragen. Das Ergebnis pro Kategorie und Schüler*in wurde dann in die SPSS-Datei übertragen. Vor der Dateneingabe wurde ein vollständig kommentierter und gelabelter Codeplan erstellt, mithilfe dessen alle Daten in die SPSS-Datenmaske eingetragen wurden. Sofern Werte kontraintuitiv vergeben wurden, erfolgte die Invertierung in einem separaten Schritt nach der Dateneingabe, um Kodierungsfehler zu vermeiden. Bei der Dateneingabe wurden auch fehlende Werte berücksichtigt, die in drei Kategorien gegliedert wurden. Die Kodierung berücksichtigt, ob Proband*innen zum Erhebungszeitpunkt nicht anwesend waren (Kodierung -888), einzelne Werte im Fragebogen fehlen, zum Beispiel, weil eine Frage überlesen wurde (Kodierung -999), und ob bewusst falsche Angaben gemacht wurden (Kodierung -777). Um festzustellen, ob Proband*innen wissentlich falsche Angaben gemacht haben, wurden die Fragebogen auf Ankreuzmuster und Kommentare geprüft. Die Dateneingabe wurde von mir sowie von studentischen Hilfskräften durchgeführt, die sich gegenseitig stichprobenartig auf Tipp- und Flüchtigkeitsfehler überprüften. Eine abschließende Überprüfung der Dateneingabe habe ich vorgenommen. In der Überprüfung habe ich zunächst die Wertebereiche der einzelnen Variablen geprüft. Wenn der Wertebereich einer Variable beispielsweise 1 bis 5 umfasst, ist ein eingegebener Wert von 55 sehr wahrscheinlich ein Tippfehler, kann geprüft und korrigiert werden. Nachdem die Wertebereiche überprüft wurden, habe ich die Häufigkeitsverteilung der Variablen betrachtet. Werte, die extrem hoch/niedrig oder extrem selten vorkamen, wurden nochmals mit den Original-Fragebögen abgeglichen und gegebenenfalls korrigiert. Schließlich wurden alle Variablennamen sowie deren Labels auf Richtigkeit und Verständlichkeit geprüft und gegebenenfalls korrigiert. Soweit möglich, handelt es sich bei den meisten Variablen um verhältnisskalierte Ausprägungen. Dies erlaubt es, die Daten miteinander zu vergleichen und in einer abschließenden Synthese die Ergebnisse aufeinander zu beziehen.

Alle Daten wurden pseudonymisiert erhoben, sodass die Tests der verschiedenen Erhebungszeitpunkte derselben Person zugeordnet werden konnten, diese aber nicht als Realperson bekannt ist. Mittels Codeplan wurde eine Datenmaske in SPSS erstellt; kontraintuitive Daten wurden invertiert. Darüber hinaus wurden die Daten auf ihre Fehler überprüft und, wenn notwendig, korrigiert, um die Qualität der Datenauswertung zu sichern.

## 6.4 Datenauswertung

In der Datenauswertung habe ich verschiedene deskriptive sowie interferenzstatistische Verfahren angewendet (insbesondere t-Tests für unabhängige Stichproben) (vgl. Sedlmeier/Renkewitz 2008). Dabei spielen die Berechnung der Effektgröße Cohens d und des Korrelationskoeffizienten Pearsons[1] r eine große Rolle bei der Bewertung der Wirksamkeit des Treatments im Prä-Post-Vergleich.

### 6.4.1 Reliabilitäten

Um die Skalen hinsichtlich ihrer Güte zu überprüfen, wurde jeweils der Reliabilitätskoeffizient Cronbachs α errechnet (vgl. Bortz/Schuster 2010, S. 429; Döring/Bortz 2016, S. 443; Moosbrugger/Kelava 2012, S. 133). Cronbachs α bewegt sich zwischen 0 (völlig unzuverlässige Messung, die nur aus zufälligen Messfehlern besteht) und 1 (perfekte zuverlässige Messung, gänzlich ohne Beeinträchtigung durch Messfehler). Dabei gelten in der Individualdiagnostik Reliabilitäten ab ≥ .80 als sehr gut. Für Gruppenvergleiche und für neu erstellte, nicht mehrfach überarbeitete Erhebungsinstrumente mit innovativem Anspruch können zunächst auch Reliabilitäten von ≥ .55 als ausreichend eingestuft werden. Als Faustregeln gelten die folgenden Werte (vgl. Rost 2013, S. 178–179):

Cronbachs α ≥ .55 ausreichende Reliabilität

Cronbachs α ≥ .75 gute Reliabilität

---

[1] Karl Pearson (1857-1936) ist Namensgeber der Pearson-Korrelation. Er war britischer Mathematiker, Eugeniker, Vertreter der Rassenlehre und äußerte sich offen antisemitisch. Seine Formel für den Korrelationskoeffizienten r entwickelte er vor allem mit dem Ziel, Unterschiede in der Intelligenz verschiedener „Rassen“ statistisch zu beweisen (vgl. MacKenzie 1981, S. 73-93). Der Korrelationskoeffizient Pearsons r ist ein gängiger statistischer Korrelationskoeffizient, der, anders als beispielsweise der Korrelationskoeffizient nach Spearman, Korrelationen auf Intervallskalenniveau berechnen kann. Er wird daher in Ermangelung einer passenden Alternative in der vorliegenden Arbeit verwendet.

Cronbachs $\alpha \geq .80$ sehr gute Reliabilität

Cronbachs $\alpha \geq .85$ exzellente Reliabilität

Cronbachs $\alpha \geq .90$ herausragende Reliabilität

*Fachwissenstest*

Nach Berechnung der Itemschwierigkeiten, Trennschärfen und Skalenreliabilitäten verbleiben von ursprünglich 129 Items in Design-Zyklus I noch insgesamt 34 Items. Während Design-Zyklus I noch diverse Distraktoren zu typischen Schüler*innenvorstellungen zum Themenkomplex beinhaltete (vgl. Conrad 2014, 2016), fielen viele davon in Design-Zyklus II weg, da diese eine Lösungswahrscheinlichkeit von $\geq 80$ % erreichten. Um die gewünschte inhaltliche Bandbreite abzudecken, wurden für den Design-Zyklus II weitere Items neu entwickelt, deren statistische Güte sich im Design-Zyklus II bewährte (Cronbachs $\alpha$ zu t2 = .79, N = 133). In Zyklus II umfasst der Fachwissenstest 45 Items. Zu t3 wurden nach einer weiteren Reliabilitätsanalyse die Items von 45 auf 22 reduziert, da für diesen Zeitpunkt für alle Erhebungen nur noch 15 Minuten zur Verfügung standen. Es zeigen sich auch an dieser Stelle noch hohe Reliabilitäten (Cronbachs $\alpha$ zu t3 = .71, N = 95).

*C-Test*

Nach Analyse der Items aus Design-Zyklus I hinsichtlich Reliabilität und Lösungswahrscheinlichkeiten ($\leq 20$ % | $\geq 80$%) wurden die Items in Design-Zyklus II von 82 auf 53 reduziert, wobei die Anzahl von vier Texten zu t1 und t2 gleichblieb, um weiterhin inhaltliche Vielfalt zu gewährleisten. Die Reliabilität für den gesamten C-Test ist hoch (Cronbachs $\alpha = .96$ zu t2, N = 116). Zu t3 wurden aufgrund der Zeitbegrenzung für die Erhebungen nur noch zwei der vier Texte eingesetzt; auch zu diesem Erhebungszeitpunkt mit verringerter Itemanzahl zeigt sich eine hohe Reliabilität (Cronbachs $\alpha = .89$, zu t3, N = 116).

*Profilanalyse*

Für beide Design-Zyklen zeigt sich eine höhere Reliabilität der Profilanalyse, wenn die Auswertungskategorie Anzahl der Wörter nicht in die Analyse der Profilanalyse einfließt (Cronbachs $\alpha$ zu t2 für *types* = .78, N = 165). Inhaltlich interpretiert bedeutet das, dass ein langer Text nicht automatisch ein fachsprachlich angemessener ist und umgekehrt. Zu t3 wurde aufgrund der beschriebenen begrenzten zeitlichen Ressourcen auf eine wiederholte Durchführung der Profilanalyse verzichtet.

*Skala zur Selbsteinschätzung*

Bei den Skalen zur Selbsteinschätzung handelt es sich um fünfstufige Likert-Skalen (vgl, Döring/Bortz 2016, S. 269–270), die mindestens gute Reliabilitäten erreichen (vgl. Tab. 6.2).

**Tab. 6.2** Reliabilitäten der Selbsteinschätzungsskalen

| **Skala** | **Cronbachs α (t2)** | **N** |
|---|---|---|
| Selbsteinschätzung insgesamt | .92 | 124 |
| Selbsteinschätzung Geographiefachsprache | .79 | 153 |
| Selbsteinschätzung Geographiefachkompetenz | .87 | 141 |
| Selbsteinschätzung Sachtextkompetenz | .79 | 153 |

## 6.4.2 Interpretation der Korrelationen

Zusammenhänge zwischen Kontrollvariablen und abhängigen Variablen sowie zwischen den abhängigen Variablen werden in Kapitel 7.2.2 aufgeführt. Für die Darstellung der Korrelationen wird der Korrelationskoeffizient r herangezogen. Es gelten für die Interpretation folgende Kennwerte (vgl. Tab. 6.3):

**Tab. 6.3** Optimale Stichprobenumfänge für den Vergleich von zwei Mittelwerten aus abhängigen/korrelierten Stichproben bei unterschiedlichen Korrelationen nach Effektgrößen ($1 - \beta = .80$; einseitiger Test)

| | α-Fehler | α = .01 | | | α = .05 | | |
|---|---|---|---|---|---|---|---|
| | Effektgröße | Klein | Mittel | Groß | Klein | Mittel | Groß |
| Korrelation | r = .20 | 403 | 66 | 26 | 248 | 41 | 16 |
| | r = .40 | 302 | 49 | 20 | 187 | 31 | 13 |
| | r = .60 | 202 | 33 | 14 | 125 | 21 | 9 |
| | r = .80 | 101 | 17 | 7 | 63 | 11 | 5 |

Quelle: Döring/Bortz 2016, S. 844

Die in der vorliegenden Arbeit betrachteten Korrelationen beziehen sich auf die Stichprobe aus einem Designzyklus und umfassen daher meistens ein N ≈ 150; die Effektgrößen können also überwiegend als klein oder mittel eingestuft werden; je nachdem, welches Signifikanzniveau zugrunde gelegt wird.

### 6.4.3 Berechnung und Interpretation der Effektgrößen

Um die in Kapitel 5.2 aufgestellten Hypothesen zu überprüfen und die verschiedenen Gruppen auf mögliche Unterschiede prüfen zu können, werden t-Tests für unabhängige Stichproben durchgeführt (vgl. Hager 2004). Diese erlauben es, Mittelwerte zweier Gruppen zu vergleichen und mögliche Gruppenunterschiede auf Signifikanzen zu untersuchen. Die Beurteilung von Gruppenunterschieden erfolgt primär mittels der empirischen Effektgröße Cohens $d_{emp}$.

$$d_{emp} = \frac{(M_{Gruppe1} - M_{Gruppe2})}{\left(\frac{(SD_{Gruppe1} + SD_{Gruppe2})}{2}\right)}$$

In der Literatur gelten folgende Richtwerte zur Interpretation von Cohens d (vgl. Cohen 1988; Döring/Bortz 2016, S. 669):

$d \geq .10$ kleiner Effekt

$d \geq .30$ mittlerer Effekt

$d \geq .50$ großer Effekt

Hattie (2012) geht davon aus, dass erst bei $d \geq .40$ eine Intervention derart erfolgreich ist, dass sie einen Unterschied zu einem ohnehin vorkommenden Lerneffekt macht. Doch auch diese Schwelle ist ein Richtwert, kein fester Schwellenwert. Diese unterschiedlichen Interpretationsmöglichkeiten machen offensichtlich, wie relativ diese Richtwerte einzuschätzen sind.

Ein Beispiel soll die Bedeutung der Werte von Cohens d anhand einer einfachen Rechnung verständlich machen.

Ein Cohens $d = .50$ bedeutet, dass der Lernzuwachs in Gruppe 1 eine halbe Standardabweichung größer ist als der Lernzuwachs in der Kontrollgruppe.

$$d_{emp} = \frac{(1 - 0.5)}{\left(\frac{1+1)}{2}\right)} = 0.5$$

$d = -.50$ würde bedeuten, dass der Lernzuwachs in Gruppe 2 eine halbe Standardabweichung größer ist als in der Experimentalgruppe. Die Werte können also auch negativ sein, je nachdem, welche Gruppe Minuend und welche Subtrahend ist.

Anders als bei der Darstellung der Eingangsvoraussetzungen der verschiedenen Gruppen werden die zu erwartenden Kontraste zwischen Kontroll- und Experimentalgruppe über Veränderungsscores, also Lernzuwachseffekte, im Prä-Post-Design berechnet (vgl. Hager 2004, S. 314). Konkret werden dabei standardisierte Lernzuwächse im Prä-Post-Vergleich für die verschiedenen Bezugsgruppen dargestellt. Ein einzelner Differenzwert repräsentiert dabei die standardisierte Mittelwertsveränderung zwischen dem ersten und dem zweiten Messzeitpunkt auf eine abhängige Variable. Das hat den Vorteil, dass eventuell zum Messzeitpunkt t1 bestehende unterschiedliche Ausgangslagen zwischen Kontroll- und Experimentalgruppe berücksichtigt werden. Es zeigt sich allerdings in der Auswertung, dass zu t1 keine Unterschiede zwischen Experimental- und Kontrollgruppe vorhanden sind (vgl. Abschn. 7.3.1). Außerdem wird durch die Veränderungsscores der natürliche Zuwachs, der ohnehin in beiden Gruppen zu erwarten ist, ebenfalls berücksichtigt. Auf Basis der Differenzwerte ergibt sich mit folgender Formel die Effektgröße Cohens d zur Interpretation des Interventionserfolgs.

$$\Delta\, demp = \frac{(Mt2 - t1_{Gruppe1} - Mt2 - t1_{Gruppe2})}{\left(\frac{(SD_{Gruppe1} + SD_{Gruppe2})}{2}\right)}$$

Um zu überprüfen, ob Gruppenunterschiede signifikant werden, reicht allerdings die Effektgröße d allein nicht aus. Denn die Interpretierbarkeit der Effekte hängt maßgeblich von der Gruppengröße ab. Daher muss zusätzlich die jeweilige Teststärke betrachtet werden. Die Teststärke (1-β) bezeichnet die Wahrscheinlichkeit, mit der ein Signifikanztest einen tatsächlich in den untersuchten Gruppen vorhandenen Effekt bestimmter Größe aufdecken kann. Bei hoher Teststärke weist ein Signifikanztest eine hohe Sensitivität auf, kann also auch bei kleineren Effekten mit großer Sicherheit auftretende Effekte aufdecken. Konventionell wird in Anlehnung an Cohen (1988) eine Teststärke von mindestens 80 % gefordert. Das heißt, es wird eine β-Fehlerwahrscheinlichkeit (Wahrscheinlichkeit, die $H_0$ fälschlich anzunehmen bzw. die $H_1$ fälschlich zu verwerfen) von maximal 20 % akzeptiert. Die Teststärke eines Signifikanztests steigt mit dem Signifikanzniveau α, mit dem Stichprobenumfang N sowie der Effektgröße d (vgl. Döring/Bortz 2016, S. 809). Die mindestens geforderte Teststärke von $1\text{-}\beta \geq .80$ wird bei einem α-Fehler von .05 auch für die vorliegende Studie angenommen. Zur Verdeutlichung der abstrakten Ausführungen dient ein einfaches Rechenbeispiel:

> Bei zwei Gruppen ($N_{Gruppe1} = 100$; $N_{Gruppe2} = 150$) zeigen sich hinsichtlich des Lernzuwachses Gruppenunterschiede mit einer Effektgröße von d = .50. In diesem Beispiel sind signifikante Gruppenunterschiede vorhanden; die Teststärke beläuft sich

auf .99. Bei zwei weiteren Gruppen ($N_{Gruppe3} = 20$; $N_{Gruppe4} = 20$) zeigen sich hinsichtlich des Lernzuwachses ebenfalls Unterschiede mit einer Effektgröße von d = .50. Bei diesen beiden Gruppen ist allerdings nicht von signifikanten Gruppenunterschieden die Rede, da sich die Teststärke nur noch auf .46 beläuft. Der kritische d-Wert, also derjenige Wert, der mindestens erreicht werden müsste, um von signifikanten Gruppenunterschieden zu reden, liegt für Gruppe 3 und 4 bei .80, wenn eine Teststärke von ≥ .80 erreicht werden soll.

Um das im Beispiel dargelegte Problem von Cohens d zu vermeiden, wird also für jeden Gruppenvergleich bei der Hypothesenprüfung im Ergebnisteil (vgl. Abschn. 7.3–7.6) mithilfe von G*Power (vgl. Faul et al. 2007) ein kritischer d-Wert ($d_{krit}$) berechnet. Je nachdem, ob die zu überprüfenden Hypothesen gerichtet oder ungerichtet sind, werden ein- oder zweiseitige t-tests für unabhängige Stichproben zugrunde gelegt. Ist $d_{emp} \geq d_{krit}$, wird die statistische $H_1$ mit einer 80%igen Sicherheit angenommen und die statistische $H_0$ mit 95%-iger Sicherheit abgelehnt.

Die Datenauswertung bezieht sich im Wesentlichen auf die Berechnung der Reliabilitäten, Korrelationen sowie die Effektgrößen. Die Erhebungsinstrumente zeigen für den zweiten Design-Zyklus, also nach der Überarbeitung, sehr gute Reliabilitäten. Für die Berechnung der Effektgrößen wurde die Formel für Cohens d so modifiziert, dass sie auf Differenzwerten basiert, um gegebenenfalls unterschiedliche Eingangsvoraussetzungen zwischen Kontroll- und Experimentalgruppe zu berücksichtigen.

## 6.5 Sampling

In der vorliegenden Studie werden die Forschungshypothesen basierend auf der Analyse selbst erhobener Daten untersucht. Im Rahmen dieser quantitativen empirische Originalstudie sind verschiedene Aspekte der Stichprobengröße sowie der Stichprobenziehung zu erläutern (vgl. Döring/Bortz 2016, S. 182).

## 6.5.1 Stichprobengröße

Vor der Durchführung der Studie habe ich a priori mithilfe von G*Power den optimalen Stichprobenumfang für den ersten Design-Zyklus ermittelt (vgl. Döring/Bortz 2016, S. 671–673). Optimal bedeutet in diesem Kontext ein perfektes Kosten-Nutzen-Verhältnis der Stichprobengröße. Für einen einseitigen t-Test für unabhängige Stichproben mit einer gewünschten Effektgröße von d = .40, einem α-Fehler = .05 und einer Teststärke von .80 ergab sich eine Stichprobengröße von 156 mit 78 Proband*innen pro Gruppe (vgl. Abb. 6.3). Diese Stichproben- und Gruppengröße wurde im ersten Design-Zyklus fast erreichet und im zweiten Design-Zyklus überschritten.

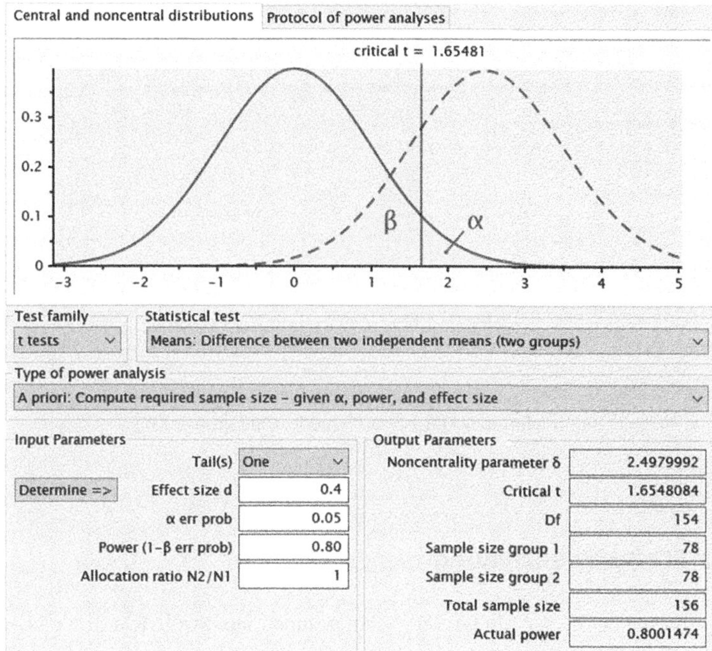


**Abb. 6.3** Screenshot G*Power-Berechnung der optimalen Stichprobengröße bei einem einseitigen t-test für unabhängige Stichproben (a priori). (Quelle: Faul et al. 2007)

Nach Analyse der Daten zeigten sich für die Zielvariablen Fachwissen und Fachsprache eine Teststärke von d = .51. Die in der post-hoc-Analyse berechnete Teststärke für die Gesamtstichprobe in Zyklus II beträgt .94 (vgl. Abb. 6.4).

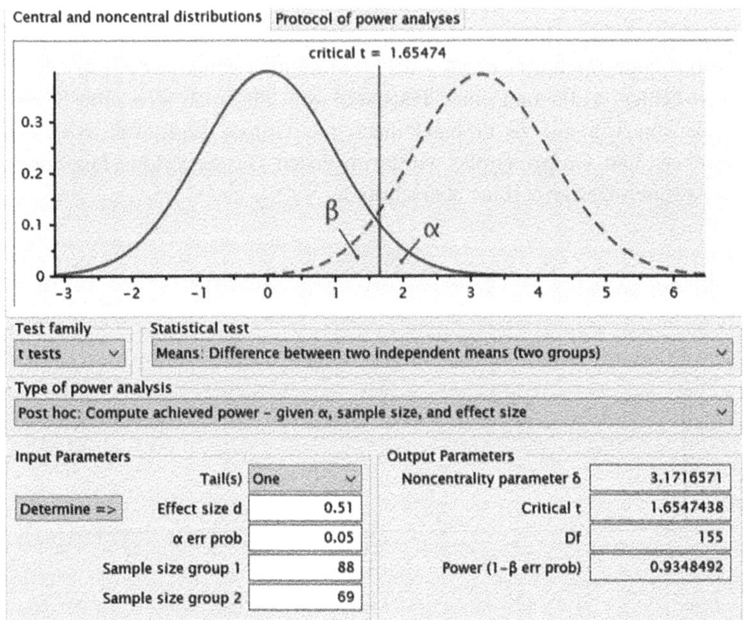


**Abb. 6.4** Screenshot G*Power Berechnung der erreichten Teststärke bei einem einseitigen t-test für unabhängige Stichproben (post-hoc). (Quelle: Faul et al. 2007)

## 6.5.2 Stichprobenziehung

Insgesamt haben an der Studie 320 Schüler*innen aus zwölf Klassen und sechs Berliner Schulen teilgenommen (vgl. Tab. 6.4). Die Zuweisung der Klassen zu Experimental- oder Kontrollgruppe erfolgte pro Schule zufällig.

**Tab. 6.4** Stichprobengröße nach Design-Zyklus

| | N | Anzahl Klassen | Anzahl Schulen |
|---|---|---|---|
| Zyklus I | **135** | **5** | **4** |
| davon KG | 57 | 2 | |
| davon EG | 78 | 3 | |
| Zyklus II | **185** | **7** | **3** |
| davon KG | 80 | 3 | |
| davon EG | 105 | 4 | |
| gesamt | **320** | **12** | **6** |

Der Stichprobenziehung zugrunde liegt die Maßgabe, dass die Proband*innen Teil der Zielpopulation sind, damit überhaupt eine Form der Übertragbarkeit der Ergebnisse gegeben sein kann und die Überprüfung der Forschungshypothesen sowie die Adressierung der Forschungsfrage möglich sind. Dem Forschungsinteresse entsprechend handelt es sich bei der Zielpopulation um alle Schüler*innen am Übergang von Primar- zu Sekundarstufe, was in Berlin in der 7. Klasse der Fall ist. Da eine Vollerhebung nicht infrage kommt, wird ein Sampling erstellt, das möglichst aussagekräftig bezüglich der Zielpopulation ist. Wie aussagekräftig das Sampling ist, hängt davon ab, „wie gut bzw. unverzerrt die Merkmalszusammensetzung in der Stichprobe die Merkmalszusammensetzung in der Population widerspiegelt" (Döring/Bortz 2016, S. 298) und insofern sollte ein charakteristisches Sampling eine heterogene Schüler*innenschaft umfassen.

Für das Sampling wurden zunächst alle weiterführenden Schulen im Berliner Bezirk Tempelhof-Schöneberg um die Teilnahme an der Studie gebeten. Der ausgewählte Bezirk bildet Gesamtberlin hinsichtlich der Merkmale Ausländer*innenanteil, Arbeitslosenquote und Bevölkerungsdichte gut ab (vgl. Tab. 6.5). Darüber hinaus erstreckt sich der Bezirk Tempelhof-Schöneberg vom Stadtzentrum bis an die Landesgrenze Berlin-Brandenburg, umfasst also verschiedene Einzugsgebiete.

Mit einer Teilnahmequote von 10 % nahmen drei Schulen in diesem Bezirk an der Studie teil. Da dies jedoch nicht ausreichte, mussten noch weitere Schulen aus verschiedenen Einzugsgebieten und unterschiedlicher Schularten angeschrieben und um Teilnahme gebeten werden. Schließlich haben sechs Schulen im Land Berlin teilgenommen; zwei davon am Stadtrand in eher bürgerlichem Einzugsgebiet, vier innerhalb des Berliner S-Bahnrings mit sehr heterogener Schüler*innenschaft. Damit wurde auf Schulebene ein Sample erreicht, das unterschiedliche (soziale) Hintergründe abbildet. Zugleich war es nicht möglich, das Sample auf Schüler*innenebene mit Daten für Gesamtberlin abzugleichen, da die

**Tab. 6.5** Vergleich statistischer Kennwerte Land Berlin und Bezirk Tempelhof-Schöneberg für Dezember 2018

| | Land Berlin | Bezirk Tempelhof-Schöneberg |
|---|---|---|
| Ausländer*innenanteil | 20,0 % | 20,6 % |
| Arbeitslosenquote | 7,6 % | 7,2 % |
| Bevölkerungsdichte | 4.090 Ew./km$^2$ | 6.433 Ew./km$^2$ |

Quelle: Amt für Statistik Berlin-Brandenburg 2020; Bundesamt für Statistik 2020

Datenschutzvorgaben des Berliner Senats die Erhebung von Daten, die Rückschlüsse auf den sozioökonomischen Status und damit auf das Elternhaus der Kinder zulassen, untersagen. An der Studie haben drei Gymnasialklassen und neun Klassen der Integrierten Sekundarschule (ISS) teilgenommen. Die Proband*innen erhielten das Treatment in ihren Klassenverbänden und wurden nicht zufällig neuen Gruppen zugewiesen werden (Klumpen); es handelt sich also um nicht-randomisierte Gruppen (vgl. Döring/Bortz 2016, S. 315). Dies hat für die verschiedenen statistischen Auswertungsverfahren Konsequenzen, die berücksichtigt werden müssen.

Die Heterogenität der Schüler*innenschaft zeigt sich in den erhobenen Daten bei der Sprachbiographie der Schüler*innen. 23 % der Gesamtstichprobe sprechen Deutsch nicht als Erstsprache (vgl. Tab. 6.6), knapp die Hälfte der an der Studie teilgenommenen Schüler*innen spricht mindestens noch eine weitere Sprache als Deutsch mit ihren Eltern (vgl. Tab. 6.7). Insgesamt sprechen die Schüler*innen der Stichprobe 35 verschiedene Sprachen.

**Tab. 6.6** Anteil an Schüler*innen mit und ohne Deutsch als eine Erstsprache

| | | Zyklus I | | Zyklus II | | gesamt | |
|---|---|---|---|---|---|---|---|
| | | N | % | N | % | N | % |
| Deutsch als eine Erstsprache | nein | 86 | 76 | 128 | 23 | 214 | 77 |
| | ja | 27 | 24 | 37 | 77 | 64 | 23 |
| | gesamt | 113 | 100 | 165 | 100 | 278 | 100 |

**Tab. 6.7** Anteil mehrsprachiger Schüler*innen

| | | Zyklus I | | Zyklus II | | gesamt | |
|---|---|---|---|---|---|---|---|
| | | N | % | N | % | N | % |
| mehrsprachig | ja | 59 | 51 | 80 | 46 | 139 | 48 |
| | nein | 56 | 49 | 93 | 54 | 149 | 52 |
| | gesamt | 115 | 100 | 173 | 100 | 288 | 100 |

Quantitative Studien folgen in der Regel dem Anspruch, repräsentative Ergebnisse zu erzielen. Eine repräsentative Stichprobe ist hierfür maßgebend. Im Rahmen dieser Studie handelt es sich nicht um eine zufällige Stichprobe und daher kann auch nicht von Repräsentativität ohne Einschränkungen für die Zielpopulation gesprochen werden. Doch in dem gewählten Forschungsdesign ist dies auch nicht der leitende Anspruch (vgl. Abschn. 6.1). Gleichwohl ist der Anspruch, sich durch hohe Reflexion und möglichst häufigen Rückgriff auf Verfahren, die auf Zufälligkeit beruhen (z.B. Zuweisung Kontroll- und Experimentalgruppe), an das Kriterium der Repräsentativität anzunähern.

Die benötigte Stichprobengröße wurde mit G*Power vor der Durchführung der Studie berechnet. Es wurden eine gewünschte Teststärke von .80, ein Alpha-Fehler von .05 und eine Effektgröße von d = .40 zugrunde gelegt. Über beide Design-Zyklen haben 320 Schüler*innen an der Studie teilgenommen. Die Studie wurde an sechs Berliner Schulen und in zwölf Klassen durchgeführt. Die Stichprobenziehung erfolgte nicht zufällig; die Zuordnung zu Experimental- und Kontrollgruppe erfolgte pro Schule zufällig.

## 6.6 Zusammenfassung des methodischen Vorgehens

Zur Zusammenfassung des Untersuchungsdesigns orientiere ich mich an den von Döring/Bortz (2016) vorgeschlagenen Klassifikationskriterien von Forschungsdesigns. Die Kategorien werden für das vorliegende Projekt in Tabellenform durchdekliniert sowie um weitere zentrale Aspekte erweitert. Tab. 6.8 soll einen Überblick über das methodische Vorgehen geben, die Begründung der Wahl ist den vorangegangenen Kapiteln zu entnehmen.

**Tab. 6.8** Klassifikationskriterien des Untersuchungsdesigns

| Kriterium | Ausprägung in der vorliegenden Studie | Kap. |
|---|---|---|
| Erkenntnisziel | (1) Praxisproblem sprachsensiblen Geographieunterrichts adressieren sowie (2) einen Beitrag zur Entwicklung der Theorie leisten | 6.1 |
| Erkenntnis Interesse | (1) explorativ, im Sinne eines hypothesenüberprüfenden Erkenntnisgewinns sowie (2) explanativ, im Sinne eines theoretischen Erkenntnisgewinns | |
| Beteiligte im Forschungsprozess | Wissenschaftler*innen, Lehrkräfte, Schulleitungen und Schüler*innen | |
| Kontrollvariablen | Alter, Geschlecht, Sprachbiographie, Zensuren, Lesekompetenz | 6.2 |
| Zielvariablen | (1) Fachwissen, (2) Fachsprache, (3) Selbsteinschätzung | |
| Erhebungs Instrumente | (1) Fragebogen Kontrollvariablen, (2) Lesegeschwindigkeits- und Leseverständnistest, (3) Fragebogen Selbsteinschätzung (4) Fachwissenstest, (5) C-Test, (6) Profilanalyse | |
| Datenaufbereitung | Zuordnung der Proband*innen zu den verschiedenen Erhebungszeitpunkten unter Einhaltung der Anonymität mittels Pseudonym,<br>Itemkodierung mittels Codeplan, Invertierung kontraintuitiver Items, Prüfung und Kodierung fehlender Werte, Überprüfung der Wertebereiche und Häufigkeitsverteilungen der Variablen | 6.3 |
| Auswertungsverfahren | deskriptive und interferenzstatistische Verfahren: v.a. Reliabilitäts-, und Korrelationsanalysen, t-Test für unabhängige Stichproben | 6.4 |
| Wissenschaftstheoretischer Ansatz | quantitative Studie | 6.5 |
| Datengrundlage | Primäranalyse (empirische Originalstudie) | |

(Fortsetzung)

**Tab. 6.8** (Fortsetzung)

| Kriterium | Ausprägung in der vorliegenden Studie | Kap. |
|---|---|---|
| Untersuchungsort | Feldstudie; Berliner Schulen | |
| Anzahl der Proband*innen | Stichprobenstudie; insgesamt 320 Siebtklässler*innen aus zwölf Klassen und sechs Berliner Schulen (Gymnasien und ISS), verteilt auf zwei Design-Zyklen | |
| Bildung und Behandlung der Untersuchungsgruppen | quasi-experimentelle Studie; nicht-zufällige Stichprobenziehung, Zuweisung der Klassen zu Experimental- oder Kontrollgruppe(n), die systematisch unterschiedlich behandelt werden, erfolgte pro Schule zufällig. | |
| Anzahl der Untersuchungszeitpunkte | insgesamt zwei Design-Zyklen mit je zwei bzw. drei Erhebungszeitpunkten; Besonderheit: iterativer Forschungsprozess | |
| Grenzen | Einflussfaktoren auf den Erfolg oder Misserfolg der Studie können nicht isoliert betrachtet werden; Übertragbarkeit nur unter Berücksichtigung des Kontexts möglich; weitere Grenzen unter 8.3 | 7.4 |

# 7 Ergebnisse

Books are linear, educational design research is not. (McKenney/Reeves 2019, S. 3)

Bei DBR-Projekten stellt sich die Frage, wie der zyklische Forschungsprozess und dessen Ergebnisse sinnvoll im linearen Buchformat dargestellt werden können. Die Ergebnisse pro Zyklus darzulegen, würde diverse Redundanzen bedeuten. Außerdem würde es dem Anspruch von DBR-Projekten, bei der Problemlösung ein Gesamtkonzept zu adressieren, nicht gerecht werden. Die Ergebnisse der Studie werden daher nach inhaltlichem Fokus strukturiert dargestellt. Zunächst werden Unterrichtsbeobachtungen und zentrale Rückmeldungen der Lehrkräfte zu den Treatments und der Durchführung geschildert (vgl. Abschn. 7.1). Daran anschließend erfolgt die Gütebeurteilung der Studie (vgl. Abschn. 7.2). In den weiteren drei Unterkapiteln werden die aufgestellten Hypothesen (vgl. Abschn. 5.2) überprüft. Beginnend mit der Darstellung der Eingangsvoraussetzungen der Proband*innen zum Zeitpunkt der Präerhebungen (vgl. Abschn. 7.3) werden darauffolgend die Treatmenteffekte dargelegt (vgl. Abschn. 7.4). Anschließend wird auf die bezugsgruppenspezifischen Treatmenteffekte fokussiert (vgl. Abschn. 7.5) und abschließend die Beständigkeit der Treatmenteffekte überprüft (vgl. Abschn. 7.6). Es fließen Erkenntnisse aus beiden Design-Zyklen in die Ergebnisdarstellung ein, wobei sich die Berechnungen in den Abschnitt 7.3 bis 7.6 ausschließlich auf die Daten aus dem zweiten Design-Zyklus beziehen.



S. Wey, *Wie Sprache dem Verstehen hilft*,
https://doi.org/10.1007/978-3-658-36038-2_7

## 7.1 Unterrichtsbeobachtungen und Rückmeldungen der Lehrkräfte aus Design-Zyklus I und II

Mindestens 50 % jeder Unterrichtsreihe des zweiten Design-Zyklus habe ich als Beobachterin in den Klassen begleitet und Notizen zum Unterrichtsgeschehen angefertigt. Darüber hinaus haben die Lehrkräfte im zweiten Design-Zyklus einen Fragebogen mit offenen und geschlossenen Fragen u. a. zur Zusammensetzung der Klasse sowie der Unterrichtsreihe ausgefüllt. Die Beobachtungen und Rückmeldungen von mir sowie von den Lehrkräften werden nachfolgend untergliedert in Beobachtungen bezüglich der Zielvariablen (vgl. Abschn. 7.1.1) sowie Rückmeldungen zum Treatment selbst (vgl. Abschn. 7.1.2).

### 7.1.1 Beobachtungen aus Zyklus I und II

Während der Durchführung der Unterrichtsreihen konnten bezüglich der Zielvariablen Fachwissen, Fachsprache und Selbsteinschätzungen verschiedene Beobachtungen gemacht werden. Die Aspekte betreffen vor allem das Vorwissen der Schüler*innen, auffällige Schwierigkeiten sowie einzelne, wiederholte Schüler*innenaussagen.

**Fachwissen**
An Berliner und Brandenburger Schulen wird das Fach Geographie mit Eintritt in die Sekundarstufe I in der 7. Klasse unterrichtet. Je nach Schulart und Schule entfallen dabei auf das Fach Geographie eine oder zwei Schulstunden pro Woche. An der Integrierten Sekundarschule (ISS) wird das Fach außerdem häufig im Verbund mit Geschichte, politischer Bildung und Ethik unterrichtet. An den meisten teilnehmenden Schulen wird Geographie in der 7. Klasse einstündig und in nur einem Halbjahr unterrichtet, um jeweils Doppelstunden zu ermöglichen. Diese Einschränkung bedingte einen langen organisatorischen Vorlauf sowie viel Koordination mit den entsprechenden Schulen. Je nachdem, wie die Vorbedingungen erfüllt waren, bestand zum Erhebungszeitpunkt unterschiedliches Vorwissen im Fach Geographie. Während im ersten Design-Zyklus (2. Halbjahr der 7. Klasse) die Schüler*innen zum Beispiel schon weitgehend vertraut mit Koordinaten, Längen- und Breitengraden waren, bereitete dies im zweiten Design-Zyklus (1. Halbjahr der 7. Klasse) einigen noch größere Schwierigkeiten. Die Unterrichtsreihe ist in sich abgeschlossen und erforderte kein umfangreiches Vorwissen. Dennoch war auffällig, dass das Vorwissen von Klasse zu Klasse und noch stärker von Schule zu Schule schwankte, was in der Umsetzung der

Unterrichtsreihe teilweise zu Schwierigkeiten führte. So hatten einige Klassen noch nie zuvor im Unterricht experimentiert und mussten viel grundsätzlicher mit den Regeln und Vorgaben des Experimentierens vertraut gemacht werden. Für manche war es herausfordernd, eine passende Atlaskarte zu suchen, andere hingegen konnten mit Leichtigkeit Transfers von der Atlaskarte auf verschiedenes Unterrichtsmaterial leisten. Darüber hinaus unterrichten einige der teilnehmenden Lehrkräfte aufgrund des Lehrer*innenmangels im Land Berlin das Fach Geographie fachfremd. Es ist denkbar, dass auch dieser Aspekt Auswirkungen auf das Fachwissen der Schüler*innen hat.

**Fachsprache**

Bezüglich der fachsprachlichen Kompetenzen zeigten sich in den Beobachtungen auf Schüler*innenseite insbesondere Vorbehalte gegenüber dem Schreiben von Texten, die über den Umfang von ein bis zwei Sätzen hinaus gehen. Auch die Lehrkräfte gaben an, dass die Schüler*innen im Geographieunterricht in der Regel nur sehr wenig schreiben müssen. Das Schreiben ganzer Texte beispielsweise war zuvor in keiner Klasse Gegenstand des Geographieunterrichts. Insofern haben sowohl Schüler*innen als auch Lehrer*innen den Umfang an Schreibaufgaben in beiden Treatments als höher bewertet als normalerweise üblich.

**Selbsteinschätzung**

Verstärkt im ersten Design-Zyklus sind mir verschiedene Schüler*innenaussagen zur Selbsteinschätzung aufgefallen, die auf ein eher negatives Fähigkeitsselbstkonzept schließen lassen. Insbesondere Schülerinnen zeigten sich in ihrem eigenen Selbstbild verunsichert. Sätze wie „Ich bin eh zu dumm", „Geo kann ich nicht", „Geo hab ich noch nie verstanden", „In Deutsch bin ich schlecht", „Ich kann das nicht, weil ich Legasthenie habe" sind in allen Klassen im ersten Design-Zyklus aufgefallen. Kindern, die die Aufgaben nicht lösen wollten, haben auch trotz meiner Bitte nicht mitgemacht, weil sie fürchteten, „einfach zu dumm" für die Aufgaben zu sein. In der Auswertung der Selbsteinschätzungsitems von t1 zeigte sich, dass es signifikante Geschlechterunterschiede in der Selbsteinschätzung zu Ungunsten der Mädchen gab. Diese Unterschiede wurden daher im sprachsensiblen Treatment zu adressieren versucht. In Design-Zyklus II, also einer anderen Kohorte, konnten diese Unterschiede zu t1 nicht mehr beobachtet werden.

### 7.1.2 Rückmeldungen zu den Treatments aus Zyklus I und II

Die Lehrkräfte aus Design-Zyklus I waren stark in die Entwicklung des Treatments involviert, haben die Unterrichtsreihen aber nicht selbst durchgeführt. Die Lehrkräfte in Design-Zyklus II haben die Unterrichtsreihe durchgeführt, dafür aber erst im Nachgang der Unterrichtsdurchführung in Form eines Fragebogens Rückmeldung zur Unterrichtsreihe gegeben. Die Schüler*innen wurden zu t3 des dritten Erhebungszeitpunkts per Fragebogen nach positiven und negativen Aspekten der Unterrichtsreihen befragt. Insgesamt ergeben sich in den Rückmeldungen sowohl auf Schüler*innen- als auch auf Lehrer*innenseite keine konkreten Hinweise auf weitere, notwendige Überarbeitungen. Es gibt darüber hinaus keine signifikanten Unterschiede zwischen Experimental- und Kontrollgruppe hinsichtlich der Freude am Unterricht, der Neugierde auf die nächste Schulstunde sowie der Vorfreude auf den Unterricht. Die folgenden Rückmeldungen sind daher lediglich mögliche Hinweise auf weiteren Forschungsbedarf.

**Sprachsensible Unterrichtsreihe**

Von Schüler*innenseiten der Experimentalgruppe (N = 55) kam am häufigsten die Rückmeldung, dass zu viele Arbeitsblätter ausgegeben wurden (20 %). Außerdem haben 5,5 % angemerkt, dass zu viele Schreibaufgaben in der Unterrichtsreihe vorkamen. Dass viel geschrieben wurde, haben die Lehrer*innen allerdings als besonders positiv bewertet. Eine ISS-Lehrkraft sowie manche Schüler*innen merkten an, dass das Aufgabenverständnis nicht immer uneingeschränkt gegeben und die sprachlichen Anforderungen teils noch zu hoch waren (7,3 %). Ebenfalls 7,3 % der Schüler*innen geben an, dass der Stoff zu umfangreich war. Die Lehrkräfte bewerteten vor allem das selbstständige Arbeiten der Schüler*innen und die methodische Umsetzung der fachlichen Inhalte positiv.

**Nicht-sprachsensible Unterrichtsreihe**

In der Kontrollgruppe (N = 32) merkten 9,4 % der Schüler*innen an, zu viel schreiben zu müssen. Dies ist auffällig, da der Schreibanteil der Kontrollgruppe deutlich geringer war als in der Experimentalgruppe. 9,4 % der Schüler*innen gaben an, dass die Unterrichtsreihe zu viel Stoff enthalten hat. Keine*r der Schüler*innen merkte an, Schwierigkeiten mit der Aufgabenstellung zu haben. Dies ist ebenfalls auffällig, da die Aufgabenstellung in der sprachsensiblen Gruppe mehrfach überarbeitet und sprachlich niedrigschwellig angelegt sein sollte. Außerdem hatten laut Aussage der Lehrkräfte einige Schüler*innen Konzentrationsschwierigkeiten, weil manche Stunden in den Nachmittag fielen. In manchen Phasen des selbstständigen Erarbeitens gaben die Lehrkräfte außerdem an, dass die Schüler*innen überfordert waren. Auch in der nicht-sprachsensiblen Unterrichtsreihe wurde von den Lehrkräften positiv bewertet, dass die Schüler*innen selbstständig fachliche Inhalte erarbeiten konnten; die methodische Umsetzung der fachlichen Inhalte wurde gelobt.

Für die vorliegende Arbeit waren insbesondere die Unterrichtsbeobachtungen und Rückmeldung aus Design-Zyklus I relevant, da basierend auf ihnen die Unterrichtsreihe sowie die Erhebungsinstrumente für den zweiten Zyklus angepasst wurden. Die Lehrkräfte bewerteten beide Unterrichtsreihen positiv und hatten für beide Einheiten konstruktive Rückmeldungen, die integriert werden konnten.

## 7.2 Validität und Kontrolle von Bedrohungen der Validität im Forschungsprozess

Zur Bewertung einer Studie können über den gesamten Forschungsprozess hinweg verschiedene Kriterien wissenschaftlicher Qualität angelegt werden. Besonders im Fokus steht nachfolgend das Kriterium der methodischen Strenge mit dem zentralen Merkmal der Validität (vgl. Döring/Bortz 2016, S. 93). Inhaltliche Relevanz, methodische Strenge (Validität), ethische Aspekte sowie die Präsentation und Verwertbarkeit werden als vier verschiedene Kriterien nachfolgend bewertet. Dabei werden Bedrohungen des entsprechenden Kriteriums ebenso beleuchtet wie getroffene Maßnahmen, um den möglichen Einschränkungen der Güte entgegenzuwirken. Ziel dieses Abschnitts ist es, die Güte des eigenen Vorgehens zu bewerten und Grenzen deutlich aufzuzeigen.

### 7.2.1 Inhaltliche Relevanz

Die Themenwahl sowie die Auswahl der zu präsentierenden Ergebnisse müssen inhaltlich relevant sein. Das heißt für DBR-Projekte, dass sie einerseits einen Beitrag zur Grundlagenforschung im Sinne der Theoriebildung bzw. der (Weiter-)Entwicklung von Theorien leisten sowie andererseits für die praktische Umsetzung relevant sind (vgl. Bakker 2018, S. 13). Im Projekt ist dies insoweit erfüllt, als theoretische Design-Kriterien für sprachsensiblen Geographieunterricht abgeleitet (vgl. Kap. 4) und die Erkenntnisse in Form von Unterrichtsmaterialien und Qualifizierungsmaßnahmen für Lehrkräfte Eingang in die Praxis finden können. Zur inhaltlichen Relevanz gehört auch, dass das Forschungsprojekt in einen realistischen Rahmen eingebettet ist, das heißt, die zur Verfügung stehenden Ressourcen so eingeschätzt werden, dass die methodische Strenge nicht vernachlässigt wird.

### 7.2.2 Bewertung verschiedener Validitätsdimensionen

Die methodische Strenge ist das zentrale Kriterium der Gütebewertung. Es beschreibt den Grad der Gültigkeit wissenschaftlicher Aussagen mit dem Konzept der Validität. Man unterscheidet nach Campbell (1957) vier Typen der Validität: Interne Validität, Externe Validität, Konstruktvalidität und Statistische Validität. Diese Typologie ist auf experimentelle und quasi-experimentelle Studien zugeschnitten, die einen Anspruch darauf erheben, aus den Korrelationen Ursache-Wirkungs-Beziehungen abzuleiten, wie es auch in der vorliegenden Studie der Fall ist.

Damit die Kriterien der Validität überhaupt erfüllt sein können, muss die methodische Strenge bereits in der Grundlegung der Studie gewährt sein. Das bedeutet eine konsequent hohe Qualität bei der Literaturrecherche, der Erarbeitung des Forschungsstandes und der Theoriebildung, um daraus schlüssig die Forschungsfrage sowie die Forschungshypothesen ableiten zu können (vgl. Döring/Bortz 2016, S. 94).

**Interne Validität**

Interne Validität fragt danach, inwiefern der interessierende Effekt tatsächlich auf die unabhängige Variable zurückzuführen ist. Inwiefern sind zum Beispiel Veränderungen im Fachwissen auf den sprachsensiblen Geographieunterricht zurückzuführen? Die Studie gilt dann als intern valide, wenn die untersuchten Variablenzusammenhänge als kausale Ursache-Wirkungs-Relationen interpretiert werden können (vgl. Döring/Bortz 2016, S. 97). Bei quasi-experimentellen Studien wie der vorliegenden müssen die kausalen Interpretationen allerdings vorsichtig erfolgen. Insbesondere im Rahmen der DBR-Philosophie, innerhalb derer die Attribution von Effekten auf isolierte Variablen nicht möglich ist, stellt das Gütekriterium der internen Validität einen Bruch dar bzw. macht das Spannungsfeld der verschiedenen Forschungsansätze deutlich. Da die Untersuchungsbedingungen in Form von Experimental- und Kontrollgruppe aktiv variiert werden und die Zuweisung der Klassen zu Experimental- und Kontrollgruppe zufällig erfolgt ist, besteht trotzdem ein Anspruch auf hohe interne Validität, auch wenn es sich nicht um eine randomisierte Stichprobe handelt (vgl. Abschn. 6.5). Es werden neun Bedrohungen der internen Validität unterschieden (vgl. Döring/Bortz 2016, S. 103; Shadish et al. 2002), die nachfolgend dargestellt sowie hinsichtlich der vorliegenden Studie beurteilt werden.

(1) Unklare zeitliche Abfolge I Um kausale Ursache-Wirkungs-Effekte abbilden zu können, müssen die Messungen vor und nach dem Treatment stattfinden und nicht etwa währenddessen. In der vorliegenden Studie fanden die Prä-Erhebungen unmittelbar vor dem Treatment, die Post-Erhebungen unmittelbar nach dem Treatment statt.
(2) Selektionseffekte I Die Proband*innen in den verschiedenen Untersuchungsgruppen müssen vergleichbar sein. Unterscheiden sie sich bereits vor dem Treatment, könnten bestehende Unterschiede später fälschlich als kausale Treatmentwicklung interpretiert werden (vgl. Döring/Bortz 2016, S. 103). Um Selektionseffekte abzumildern, wird bei den interferenzstatistischen Verfahren mit Differenzscores zur Beurteilung des Treatmenterfolgs gerechnet; bestehende Unterschiede zu t1 würden somit mathematisch berücksichtigt. Bezüglich der Zielvariablen lassen sich allerdings zu t1 keine Gruppenunterschiede ausmachen (vgl. Abschn. 7.3.1).
(3) Externe zeitliche Einflüsse I Es ist zu vermeiden, dass allein durch die unterschiedlichen Erhebungszeiträume und damit einhergehende, unterschiedliche externe Bedingungen Effekte entstehen, die nicht durch das Treatment bedingt sind. Im zyklischen Design von DBR-Projekten ist diese Bedrohung durchaus ernst zu nehmen. Um mögliche Effekte auf das Treatment zurückführen zu können, wurden in beiden Zyklen Kontrollgruppen integriert.
(4) Reifungsprozesse I Bei Studien, bei denen ein längerer Zeitraum zwischen Prä- und Posterhebung liegt, können Reifungsprozesse der Proband*innen die Effekte des Treatments zusätzlich verzerren. Der Zeitraum zwischen Prä- und Posttest in der vorliegenden Studie belief sich auf maximal fünf Wochen. Signifikante Effekte geistiger Reifung sind daher eher auszuschließen.
(5) Statistische Regressionseffekte I Schüler*innen, die zu Extremgruppen gehören, also besonders starke oder besonders schwache Leistungen zeigen, sind anfällig für den Regressionseffekt. Dieser beschreibt das Phänomen, dass Extremgruppen bei Messwiederholungen automatisch eine Tendenz zur Mitte zeigen, sich also extreme Einschätzungen (z. B. ein schlechtes Selbstkonzept) beim zweiten Mal abgeschwächt haben. Um diesem Effekt entgegenzuwirken, sollten die Proband*innen möglichst übliche Merkmalsausprägungen haben. Dies ist im Rahmen von Schulklassen nicht immer möglich. Denn

innerhalb einer Klasse kann es vorkommen, dass es, zum Beispiel in Bezug auf die Selbsteinschätzung, Schüler*innen gibt, die sich sehr schlecht oder sehr gut einschätzen und sie daher bei Messwiederholung zur Regression der Selbsteinschätzung kommen.

(6) Experimentelle Mortalität | Im Verlauf der Studie fallen immer wieder Proband*innen weg. Insbesondere bei DBR-Projekten ist dieser Aspekt eine relevante Bedrohung. Denn Kooperationspartner*innen zu finden und über einen längeren Zeitraum, in diesem Fall zwei Schuljahre, zu halten, ist herausfordernd. Es wurden daher von Anfang an mehr Schulen akquiriert als für die optimale Stichprobengröße errechnet (vgl. Abschn. 6.5). Dies war notwendig, da durch verschiedene Faktoren (Schulleitungswechsel, Lehrer*innenmangel im Fach Geographie etc.) schließlich einige Lehrkräfte und Klassen weggefallen sind. Darüber hinaus kam es zu den üblichen Ausfällen von einzelnen Schüler*innen zu einem, zwei oder allen Erhebungszeitpunkten aufgrund von Krankheit, Schuldistanz oder anderen schulintern bedingten Ausfällen. Insbesondere im ersten Design-Zyklus war die Anzahl an fehlenden Schüler*innen relativ groß. Außerdem kam es bei einigen Erhebungsinstrumenten zu Schwierigkeiten im ersten Design-Zyklus. Während der Fachwissenstest jeweils zu t1 und t2 in jeder Klasse durchgeführt wurde, Fehlwerte also allein auf das Fehlen einzelner Schüler*innen zu einem der Erhebungszeitpunkte zurückzuführen sind, wurden andere Erhebungen nur zu einem Erhebungszeitpunkt durchgeführt. Die Profilanalyse zur Messung der Fachsprache konnte aufgrund der mangelnden Schreibmotivation nicht in allen Klassen zu t2 erneut durchgeführt werden. Da DBR-Projekte eine gewisse Flexibilität für Umstellungen im Laufe des Forschungsprozesses einräumen, wurde die Fachsprache in einer Klasse zusätzlich mittels eines C-Tests erhoben. Es liegen daher nur Daten aus einer Klasse vor (vgl. Tab. 7.1). Im zweiten Design-Zyklus konnte der dritte Erhebungszeitpunkt in zwei Klassen aufgrund der COVID-19-Pandemie nicht stattfinden. Dies hat zur Folge, dass mehr als 10 % der Daten zu t3 fehlen und nur noch begrenzt statistische Aussagen getroffen werden können.

(7) Testübung | Bei wiederholtem Einsatz desselben Messinstruments kann es allein durch die wiederholte Durchführung zu Lerneffekten kommen. Um zu prüfen, ob diese Übungseffekte eintreten und sie gegebenenfalls bei den Berechnungen berücksichtigen zu können, wurde im ersten Design-Zyklus eine zweite Kontrollgruppe eingesetzt, die kein Treatment erhalten hat, aber die Tests zu t1 und t2 durchgeführt hat. Es zeigen sich keine signifikanten Veränderungen von t1 zu t2 ohne Treatment. Es wurde daher im zweiten Design-Zyklus auf eine zweite Kontrollgruppe verzichtet.

**Tab. 7.1** Anzahl der Proband*innen nach Design-Zyklus, Erhebungszeitpunkt und -instrument sowie fehlende Daten

| | Zyklus I | | Zyklus II | | |
|---|---|---|---|---|---|
| | N t1 | N t2 | N t1 | N t2 | N t3 |
| LGVT | 116 | – | 175 | – | – |
| Fragebogen Kontrollvariablen | 118 | – | 175 | – | – |
| Selbsteinschätzung | 118 | – | 175 | 165 | 116 |
| Fachwissenstest | 115 | 118 | 175 | 165 | 116 |
| Profilanalyse | 76 | 57 | 175 | 165 | – |
| C-Test | 22 | 21 | 175 | 165 | 116 |

(8) Mangelnde instrumentelle Reliabilität | Bei nicht reliablen Messinstrumenten kann es zu Messwertunterschieden kommen, die nicht auf das Treatment zurückgeführt werden können. Die Reliabilität bezieht sich auf die Messgenauigkeit der Instrumente. Anders als bei der Validität (Wird gemessen, was gemessen werden soll?) steht die Frage im Zentrum, wie genau das Messinstrument misst. Um möglichst genau messen zu können, sollte, wo möglich, auf bereits entwickelte und getestete Erhebungsinstrumente zurückgegriffen werden. Dies war aber im Rahmen der Studie mit den gewählten Zielvariablen nicht immer möglich. Der Fachwissenstest musste gänzlich neu erstellt werden (vgl. Abschn. 6.2). Es zeigen sich für die gesamte Studie für die Erhebungsinstrumente insgesamt befriedigende bis sehr gute Reliabilitäten, die die Voraussetzung für den Vergleich zwischen Kontroll- und Experimentalgruppe bilden (vgl. Rost 2004). In der nachfolgenden Tabelle sind die Reliabilitäten der selbst erstellten Erhebungsinstrumente nach Optimierung für den Einsatz im zweiten Design-Zyklus sowie die vom Hogrefe-Verlag angegebenen Reliabilitäten für den LGVT 5–12 + aufgeführt (vgl. Tab. 7.2). Genauere Erläuterungen zu den Instrumenten sowie der Interpretation der Reliabilitäten sind Abschn. 6.4 zu entnehmen.

(9) Kombination der genannten Bedrohungen der internen Validität | Die dargestellten Bedrohungen können in Kombination auftreten und sich so summativ negativ auf die interne Validität auswirken.

**Tab. 7.2** Reliabilitäten der Erhebungsinstrumente für Design-Zyklus II

| Erhebungsinstrument | Cronbachs α | N |
|---|---|---|
| Fachwissenstest | .79 | 133 |
| C-Test | .96 | 116 |
| Profilanalyse (*types*) | .78 | 165 |
| Selbsteinschätzung | .92 | 124 |
| LGVT | .72–.89 | 7142 |

**Externe Validität**

Eine Studie ist dann extern valide, wenn sich die Ergebnisse auf andere Kontexte übertragen lassen, also die Durchführung an einem anderen Ort, zu einem anderen Zeitpunkt und mit anderen Proband*innen zu ähnlichen Ergebnissen führt. Im Rahmen des DBR-Forschungsdesigns wird die Studie an der Schule und somit als Feldstudie durchgeführt. Dem inhärent ist eine schwierigere Einhaltung der internen Validität (vgl. Jäckle 2015, S. 24) bei gleichzeitig besserer externer Validität. Insbesondere im Rahmen von DBR zeigen sich gute Bedingungen für externe Validität, da die Studie über mehrere Zyklen hinweg, also an verschiedenen Schulen, mit unterschiedlichen Klassen, Lehrkräften und Schüler*innen, in unterschiedlichen Zeiträumen durchgeführt wird und jeweils zwei bis drei Erhebungszeitpunkte pro Zyklus stattfinden. Die Ergebnisse sollten sich dabei pro Zyklus in Effektrichtung und -größe ähneln. Für die externe Validität von entscheidender Relevanz ist die Repräsentativität der Stichprobe (vgl. Döring/Bortz 2016, S. 95). Da es sich um keine experimentelle Stichprobenziehung handelt, ist die Repräsentativität eingeschränkt. Durch die verschiedenen abgedeckten Schularten, Einzugsgebiete und weitere Heterogenitätsmerkmale wurde aber der Versuch unternommen, eine möglichst gute Übertragbarkeit der Ergebnisse zu erreichen. Auch die externe Validität kann durch verschiedene Faktoren eingeschränkt werden. Sie werden nachfolgend dargelegt und im Rahmen der Studie beleuchtet (vgl. Döring/Bortz 2016, S. 104).

(1) Wechselwirkungen des Kausaleffekts mit den Untersuchungspersonen | Die externe Validität kann dann eingehalten werden, wenn der Effekt aus Stichproben unterschiedlicher Populationen nachgewiesen werden konnte. Im Rahmen der Studie beschränkt sich die Aussagekraft auf Berliner Siebtklässler*innen aus Gymnasien und ISS im Fach Geographie zum Thema Schalenbau der Erde und Plattentektonik. Das Sample erfüllt verschiedene

Heterogenitätsmerkmale, was der externen Validität zuträglich ist, weil sie schulischer Alltag in Berlin ist.

(2) Wechselwirkungen des Kausaleffekts mit den Treatmentbedingungen I Sind die Treatmentbedingungen nicht bei jedem Erhebungszeitpunkt konstant zu halten, könnten Effekte durch andere Faktoren außerhalb des Treatments bedingt sein. Im Rahmen von Feldstudien sind die Rahmenbedingungen nicht völlig konstant zu halten. Uhrzeit der Erhebungen, Außentemperatur, die Fächer vor und nach dem Unterricht, mögliche Prüfungen in anderen Fächern u.v.m. beeinflussen die Leistungsperformanz der Schüler*innen (vgl. Helmke 2009, S. 73). Wechselwirkungen sind daher nicht auszuschließen. Um diesem Risiko zu begegnen, wurden strenge Zeit- und Durchführungsvorgaben vor den Erhebungen festgelegt, die für alle Teilnehmer*innen galten. Die Instruktionen wurden bei allen gleich mithilfe eines ausformulierten Manuals von mir dargelegt.

(3) Wechselwirkungen des Kausaleffekts mit den abhängigen Variablen I Um einen Kausaleffekt zum Beispiel auf die abhängige Variable Fachsprache bestimmen zu können, sollte dieselbe abhängige Variable bestenfalls in mehrfacher Weise operationalisiert werden. Für die abhängigen Variablen Fachsprache und Selbsteinschätzung wurde dies im Projekt vorgenommen; das Fachwissen wird allerdings allein über den Fachwissenstest im geschlossenen Antwortformat erhoben.

(4) Wechselwirkungen des Kausaleffekts mit den Settings I Im Rahmen von DBR werden bestimmte Lernsettings in ihrer Gesamtheit untersucht; die Isolation einzelner Faktoren ist nicht möglich; hierin liegt eine zentrale Einschränkung der externen Validität.

(5) Kontextabhängige Mediatoreffekte I „Eine Mediatorvariable, die den interessierenden Kausaleffekt mit hervorbringt, mag in einem Setting wirken, jedoch nicht in einem anderen“ (Döring/Bortz 2016, S. 104). Wie wirksam also sprachsensibler Geographieunterricht ist, könnte beispielsweise von den Leseleistungen abhängen. In einer Gruppe ohne schwache Leser*innen könnte ein möglicher Treatmenteffekt abgeschwächt oder nicht mehr auftreten. Daher werden in Abschnitt 7.5 bezugsgruppenspezifische Treatmenteffekte dargelegt.

**Konstruktvalidität**

Basierend auf dem Forschungsstand werden theoretische Konstrukte abgeleitet, die in einem weiteren Schritt über beobachtbare Merkmale operationalisiert werden. Dabei ist für die Qualität der Studie die Konstruktvalidität der verwendeten

Messinstrumente entscheidend. Es stellt sich die Frage, ob das Messinstrument geeignet ist, um das gewünschte, vorher definierte Konstrukt inhaltlich zu fassen. Es kann nur dann inhaltlich gültig sein, wenn es eine hohe Reliabilität und Objektivität aufweist (vgl. Döring/Bortz 2016, S. 95), was – wie nachfolgend erläutert wird – der Fall ist.

Objektivität meint intersubjektive Übereinstimmung. Ein Test ist also objektiv, wenn verschiedene Testanwender*innen bei denselben Testpersonen zu denselben Testergebnissen gelangen. Man unterscheidet zwischen Durchführungs-, Auswertungs- und Interpretationsobjektivität (vgl. Döring/Bortz 2016, S. 443). Am besten kann die Objektivität erfüllt sein, wenn man sich bei der Durchführung, Auswertung und Interpretation an ein vorher festgelegtes Testmanual hält. Im Rahmen der Studie wurde für jedes Testinstrument ein solches Testmanual erstellt; für den LGVT wurde das vom Verlag vorgegebene Manual eingesetzt. Für alle Tests habe ich vorher Musterlösungen erstellt, nach denen die Tests ausgewertet und interpretiert wurden. Bei C-Test (0, 1 oder 2 Punkte) und Fachwissenstest (0 oder 1 Punkt) ist sowohl die Auswertung als auch die Interpretation der Ergebnisse aufgrund der einfachen Punktestruktur intersubjektiv verständlich. Lediglich die Profilanalyse zeigte im ersten Design-Zyklus höhere intersubjektive Varianz; dies liegt unter anderem daran, dass die zu erreichende Punktzahl nach oben offen ist. Was als Fachbegriff bewertet wird und was nicht, wurde zwar vorher in Abstimmung mit Lehrkräften und nach Sichtung der Schulbücher festgelegt, dennoch kam es wenige Male zu Zweifelsfällen, die entsprechend dokumentiert und in allen Fällen gleich gehandhabt wurden. Die Auswertung und Interpretation ist aufgrund der vorher festgelegten Musterlösung und auszuwertenden Kategorien dennoch gut erfüllt.

Abgesehen von hoher Reliabilität und Objektivität muss zur Erfüllung der Konstruktvalidität die Datenqualität ausreichend hoch sein. Datenerhebung, -bereinigung und -aufbereitung müssen daher als einzelne Schritte durchgeführt werden. Die in dieser Studie angewandten Maßnahmen zur Sicherung der Datenqualität sind Abschnitt 6.3 zu entnehmen.

Um die Validität der einzelnen Erhebungsinstrumente zu überprüfen, wurden 20 Zusammenhangshypothesen in drei Blöcken (nach Zielvariablen) aufgestellt, die nachfolgend geprüft werden. Die Zielvariablen werden über insgesamt vier verschiedene Erhebungsinstrumente erfasst. Um die Validität dieser Instrumente zu prüfen, werden Hypothesen aufgestellt, die die auf Basis der Literatur angenommenen Zusammenhänge zwischen Zielvariablen (Fachwissen (FW), Fachsprache (FS) sowie Selbsteinschätzung) und Außenvariablen darstellen. So ist beispielsweise davon auszugehen, dass Fachwissen und Geo-Zensur signifikant miteinander korrelieren; ein valides Erhebungsinstrument für das Konstrukt Fachwissen würde diese Korrelation abbilden. Die Hypothesen werden tabellarisch je Zielvariable dargestellt.

*Fachwissenstest*

Für die Ergebnisse des Fachwissenstests werden Korrelationen zwischen der Geographienote und der Einschätzung „Geographie gehört zu meinen Lieblingsfächern" angenommen (vgl. Tab. 7.3).

**Tab. 7.3** Zusammenhangshypothesen zwischen Außenvariablen und der Zielvariable Fachwissen

| | mit Korrelationsrechnungen zu überprüfen | |
|---|---|---|
| | $H_1$ | $H_0$ |
| 1 | $FWH_1$ZensurGeo:<br>$FW_{t2}$ I ZensGeo1–2 > $FW_{t2}$ I ZensGeo4–6<br>Lesehilfe: Schüler*innen mit sehr guten oder guten Geographienoten schneiden im Fachwissenstest besser ab als Schüler*innen mit ausreichenden oder schlechteren Geographienoten. | $FWH_0$ZensurGeo:<br>$FW_{t2}$ I ZensGeo1–2 $\leq$ $FW_{t2}$ I ZensGeo4–6 |
| 2 | $FWH_1$GeoLieblingsfach:<br>$FW_{t2}$ I GeoLieb > $FW_{t2}$ I NichtGeoLieb | $FWH_0$GeoLieblingsfach:<br>$FW_{t2}$ I GeoLieb $\leq$ $FW_{t2}$ I NichtGeoLieb |

ZensGeo1-2 = Geographienote 1 oder 2
ZensGeo4-6 = Geographienote 4, 5 oder 6
GeoLieb = Geographie ist ein Lieblingsfach

Es zeigen sich mittlere Korrelationen mit einem Signifikanzniveau von $\alpha = .01$ zwischen Geographienote und Ergebnis im Fachwissenstest ($r = -.31$). Die Korrelation ist negativ, da die Noten nicht umkodiert wurden, sondern auf der Skala von 1 bis 6 geblieben sind (vgl. Tab. 7.4).

Auf Basis dieser Korrelationen wird $FWH_1$ZensGeo angenommen; die passende $H_0$ abgelehnt. $FWH_1$GeoLieb hingegen wird verworfen und $H_0$ angenommen. Letzteres spricht eher gegen die Konstruktvalidität. Eine mögliche Erklärung ist auch, dass die Schüler*innen zum Zeitpunkt der Erhebungen erst seit wenigen Wochen Geographie als Schulfach haben und es möglicherweise auch deshalb (noch) nicht zu ihren Lieblingsfächern zählen.

**Tab. 7.4** Korrelationen Fachwissen, Geographie ist Lieblingsfach und Geogeographienote

| | | Mittelwert Fachwissen t2 |
|---|---|---|
| Geographienote | r | −.31** |
| | p | .00 |
| | N | 136 |
| Geographie ist ein Lieblingsfach | r | .07 |
| | p | .42 |
| | N | 154 |

** Die Korrelation ist auf dem Niveau von 0,01 (2-seitig) signifikant

*Fachsprache (C-Test und Profilanalyse)*
Für den C-Test und die Profilanalyse werden Korrelationen mit der Zensur in Deutsch, einer Lese-Rechtschreib-Schwäche, der freizeitbezogenen Lesedauer, der Lesegeschwindigkeit, -genauigkeit und dem Leseverständnis angenommen sowie Deutsch als Erstsprache und fachsprachlicher Leistung (vgl. Tab. 7.5).

Die Zielvariable Fachsprache, erhoben über C-Test und Profilanalyse, zeigt mittlere bis starke Korrelationen mit den gewählten Außenvariablen, was auf die Validität der Erhebungsinstrumente schließen lassen kann (vgl. Tab. 7.6).

*Selbsteinschätzung*
Bezüglich der Selbsteinschätzung werden Korrelationen zwischen den Zensuren in Deutsch und Geographie, der Einschätzung, ob Geographie ein Lieblingsfach ist, der Lese-Rechtschreib-Schwäche, der freizeitbezogenen Lesedauer, der Lesegeschwindigkeit, -genauigkeit, dem Leseverständnis sowie Deutsch als Erstsprache vermutet (vgl. Tab. 7.7).

Fachsprachliche Einschätzung und Einschätzung zum Sachtextverständnis korrelieren mit der Deutsch- und mit der Geographienote, aber stärker mit Deutsch als mit Geographie (vgl. Tab. 7.8). Dazu kann man sagen, dass Noten generell miteinander korrelieren. Die Einschätzung des Geoverständnisses korreliert nicht mit den Leseleistungen, was für die Trennschärfe der Konstrukte spricht.

In der Campbell-Tradition werden 14 Bedrohungen der Konstruktvalidität unterschieden, die nachfolgend dargelegt und für die vorliegende Studie bewertet werden (vgl. Döring/Bortz 2016, S. 100; Shadish et al. 2002, S. 73).

(1) Inadäquate Konzeptspezifikation | Wenn die theoretischen Konstrukte nicht ausgeschärft sind, kann das entsprechende Konstrukt nicht ausreichend umfassend operationalisiert werden. Im Rahmen der Studie stellt die Operationalisierung der abhängigen Variablen in der Tat eine Herausforderung dar,

**Tab. 7.5** Zusammenhangshypothesen zwischen Außenvariablen und der Zielvariable Fachsprache

| | mit Korrelationsrechnungen zu überprüfen | |
|---|---|---|
| | $H_1$ | $H_0$ |
| 1) | $FSH_1$ZensDeutsch:<br>$FS_{t2}$ I ZensD1–2 > $FS_{t2}$ ZensD4–6 | $FSH_0$ZensDeutsch:<br>$FS_{t2}$ I ZensD1–2 ≤ $FS_{t2}$ I ZensD4–6 |
| 2) | $FSH_1$LRS:<br>$FS_{t2}$ I LRS < $FS_{t2}$ I KeinLRS | $FSH_0$LRS:<br>$FS_{t2}$ I LRS ≥ $FS_{t2}$ I KeinLRS |
| 3) | $FSH_1$Lesedauer:<br>$FS_{t2}$ I HoheLesDau > $FS_{t2}$ I NiedrLesDau | $FSH_0$Lesedauer:<br>$FS_{t2}$ I HoheLesDau ≤ $FS_{t2}$ I NiedrLesDau |
| 4) | $FSH_1$Lesegeschwindigkeit:<br>$FS_{t2}$ I HoheLGS > $FS_{t2}$ I NiedrLGS | $FSH_0$Lesegeschwindigkeit:<br>$FS_{t2}$ I HoheLGS ≤ $FS_{t2}$ I NiedrLGS |
| 5) | $FSH_1$Lesegenauigkeit:<br>$FS_{t2}$ I HoheLGN > $FS_{t2}$ I NiedrLGN | $FSH_0$Lesegenauigkeit:<br>$FS_{t2}$ I HoheLGN ≤ $FS_{t2}$ I NiedrLGN |
| 6) | $FSH_1$Leseverständnis:<br>$FS_{t2}$ I HoheLV > $FS_{t2}$ I NiedrLV | $FSH_0$Leseverständnis:<br>$FS_{t2}$ I HoheLV ≤ $FS_{t2}$ I NiedrLV |
| 7) | $FSH_1$DeutschErstsprache:<br>$FS_{t2}$ I DL1 > $FS_{t2}$ I DL2 | $FSH_0$DeutschErstsprache:<br>$FS_{t2}$ I DL1 ≤ $FS_{t2}$ I DL2 |

ZensD1-2 = Deutschnote 1 oder 2
ZensD4-6 = Deutschnote 4, 5 oder 6
HoheLesDau = Hohe Lesedauer
NiedrLeseDau = Niedrige Lesedauer
LRS = Lese-Rechtschreib-Schwäche
LGS = Lesegeschwindigkeit
LGN = Lesegenauigkeit
LV = Leseverständnis
DL1 = Deutsch als Erstsprache
DL2 = Deutsch als Zweitsprache

denn Fachwissen und Fachsprache sowie die Selbsteinschätzung zu diesen Variablen sind komplexe Konstrukte, deren ganzheitliche Erfassung eine Vielzahl an Erhebungsinstrumenten benötigen würde. Dennoch: Die sprachliche Kompetenz wird über zwei bzw. drei (inkl. LGVT) Instrumente erfasst, die jeweils unterschiedlich hohe Abstraktion erfordern. Dabei ist das Fachwissen nie völlig losgelöst von der Fachsprache zu betrachten. Das Fachwissen wird allerdings nur über Ankreuzaufgaben operationalisiert. Es ist außerdem wichtig anzumerken, dass Aussagen zum Fachwissen nur in Bezug auf das Thema Schalenbau der Erde und Plattentektonik getroffen werden können, nicht etwa auf das Fachwissen im Fach Geographie insgesamt. Bei der Fachsprache

**Tab. 7.6** Korrelationen mit Profilanalyse und C-Test

| | | Profilanalyse t2 | C-Test t2 |
|---|---|---|---|
| Deutschnote | r | −.36** | −.49** |
| | p | .00 | .00 |
| | N | 155 | 155 |
| LRS | r | .05 | .23** |
| | p | .52 | .00 |
| | N | 156 | 156 |
| Lesedauer pro Tag | r | .19* | .41** |
| | p | .02 | .00 |
| | N | 154 | 154 |
| Leseverständnis | r | .36** | .67** |
| | p | .00 | .00 |
| | N | 157 | 157 |
| Lesegeschwindigkeit | r | .33** | .51** |
| | p | .00 | .00 |
| | N | 157 | 157 |
| Lesegenauigkeit | r | .16* | .47** |
| | p | .05 | .00 |
| | N | 157 | 157 |
| Deutsch als Erstsprache | r | .13 | .24** |
| | p | .11 | .00 |
| | N | 148 | 148 |

**. Die Korrelation ist auf dem Niveau von 0,01 (2-seitig) significant
*. Die Korrelation ist auf dem Niveau von 0,05 (2-seitig) signifikant.

allerdings sind die Interpretationsmöglichkeiten im Rahmen der Profilanalyse weitreichender, da diese nicht nur die lexikalische Ebene im Blick hat, sondern auch Aussagen über syntaktische und pragmatische Textelemente macht, die themenunabhängig sind.

(2) Konfundierungseffekte | Eng mit der ersten Bedrohung der Konstruktvalidität geht der Konfundierungseffekt einher. Dieser bezieht sich auf mangelnde Trennschärfe der erhobenen Konstrukte und stellt für die Studie in zweierlei Hinsicht eine Bedrohung dar. Erstens sind die Konstrukte von Fachsprache und Fachwissen nicht völlig trennscharf voneinander abzugrenzen (vgl. Kap. 2). Um die mangelnde Trennschärfe abzufedern, wurden Merkmale für die beiden Konstrukte festgelegt und verschiedene Erhebungsinstrumente

**Tab. 7.7** Zusammenhangshypothesen zwischen Außenvariablen und der Zielvariable Selbsteinschätzung

| | mit Korrelationsrechnungen zu überprüfen | |
|---|---|---|
| | $H_1$ | $H_0$ |
| 1) | $SEH_1$ZensurDeutsch:<br>$SE_{t2}$ I ZensD1–2 > $SE_{t2}$ I ZensD4–6 | $SEH_0$ZensDeutsch:<br>$SE_{t2}$ I ZensD1–2 ≤ $SE_{t2}$ I ZensD4–6 |
| 2) | $SEH_1$ZensurGeo<br>$SE_{t2}$ I ZensGeo1–2 > $SE_{t2}$ I ZensGeo4–6 | $SEH_0$ZensurGeo<br>$SE_{t2}$ I ZensGeo1–2 ≤ $SE_{t2}$ I ZensGeo4–6 |
| 3) | $SEH_1$GeoLieblingsfach:<br>$SE_{t2}$ I GeoLieb > $SE_{t2}$ I NichtGeoLieb | $SEH_0$GeoLieblingsfach:<br>$SE_{t2}$ I GeoLieb ≤ $SE_{t2}$ I NichtGeoLieb |
| 4) | $SEH_1$LRS:<br>$SE_{t2}$ I LRS < $SE_{t2}$ I KeinLRS | $SEH_0$LRS:<br>$SE_{t2}$ I LRS ≥ $SE_{t2}$ I KeinLRS |
| 5) | $SEH_1$Lesedauer:<br>$SE_{t2}$ I HoheLesDau > $SE_{t2}$ I NiedrLesDau | $SEH_0$Lesedauer:<br>$SE_{t2}$ I HoheLesDau ≤ $SE_{t2}$ I NiedrLesDau |
| 6) | $SEH_1$Lesegeschwindigkeit:<br>$SE_{t2}$ I HoheLGS > $SE_{t2}$ I NiedrLGS | $SEH_0$Lesegeschwindigkeit:<br>$SE_{t2}$ I HoheLGS ≤ $SE_{t2}$ I NiedrLGS |
| 7) | $SEH_1$Lesegenauigkeit:<br>$SE_{t2}$ I HoheLGN > $SE_{t2}$ I NiedrLGN | $SEH_0$Lesegenauigkeit:<br>$SE_{t2}$ I HoheLGN ≤ $SE_{t2}$ I NiedrLGN |
| 8) | $SEH_1$Leseverständnis:<br>$SE_{t2}$ I HoheLV > $SE_{t2}$ I NiedrLV | $SEH_0$Leseverständnis:<br>$SE_{t2}$ I HoheLV ≤ $SE_{t2}$ I NiedrLV |
| 9) | $SEH_1$DeutschErstsprache:<br>$SE_{t2}$ I DL1 > $SE_{t2}$ I DL2 | $SEH_0$DeutschErstsprache:<br>$SE_{t2}$ I DL1 ≤ $SE_{t2}$ I DL2 |

eingesetzt, die eine Abgrenzung erleichtern sollen. In Bezug auf den Forschungsrahmen von DBR kommt der Konfundierungseffekt zweitens insofern zum Tragen, als in DBR-Projekten Gesamtsettings Gegenstand der Untersuchungen sind. Der Erfolg oder Misserfolg einer Intervention ist also nicht auf einzelne Variablen zurückzuführen (vgl. Abschn. 6.1).

(3) Mono-Operationalisierungs-Bias I Werden verschiedene Erhebungsinstrumente zur Erfassung desselben Konstrukts herangezogen, kann dieser Bedrohung entgegengewirkt werden. Im Rahmen der Studie ist dies, wie weiter oben ausgeführt, jedenfalls für einige Zielvariablen erreicht.

(4) Mono-Methoden-Bias I Die Konstruktvalidität der Studie wird gesteigert, indem mehrere Operationalisierungen auf der Basis verschiedener Datenerhebungsmethoden angewendet werden. Im Rahmen dieser Studie werden beispielsweise Multiple-Choice-Formate, Lückentexte sowie textproduzierende Formate eingesetzt.

**Tab. 7.8** Korrelationen mit der Selbsteinschätzung

| | | Geosprachverständnis | Sachtextverständnis | Geoverständnis |
|---|---|---|---|---|
| Deutschnote | R | −.38** | −.30** | −.36** |
| | P | .00 | .00 | .00 |
| | N | 173 | 167 | 173 |
| Geographienote | R | −.35** | −.22** | −.36** |
| | P | .00 | .01 | .00 |
| | N | 149 | 143 | 149 |
| Geographie ist ein Lieblingsfach | R | .29** | .21** | .63** |
| | P | .00 | .01 | .00 |
| | N | 172 | 166 | 172 |
| LRS und Legasthenie | r | .24** | .14 | .06 |
| | p | .00 | .08 | .44 |
| | N | 174 | 167 | 174 |
| Lesedauer pro Tag | r | .26** | .27** | .06 |
| | p | .00 | .00 | .41 |
| | N | 172 | 165 | 172 |
| Leseverständnis | r | .40** | .38** | .14 |
| | p | .00 | .00 | .07 |
| | N | 175 | 168 | 175 |
| Lesegeschwindigkeit | r | .31** | .37** | .12 |
| | p | .00 | .00 | .11 |
| | N | 175 | 168 | 175 |
| Lesegenauigkeit | r | .21** | .15 | .08 |
| | p | .01 | .06 | .31 |
| | N | 175 | 168 | 175 |
| Deutsch als Erstsprache | r | .17* | .21** | .12 |
| | p | .03 | .01 | .12 |
| | N | 165 | 158 | 165 |

**. Die Korrelation ist auf dem Niveau von 0,01 (2-seitig) significant

*. Die Korrelation ist auf dem Niveau von 0,05 (2-seitig) signifikant.

(5) Konfundierung von Treatment und Treatmentausprägung | Wenn das Treatment nur in einer bestimmten Ausprägung untersucht wird, ist die Konstruktvalidität beeinträchtigt. Das trifft auf die vorliegende Studie zu, die lediglich eine sprachsensible Unterrichtsreihe zum Thema Schalenbau der Erde und Plattentektonik in den Blick nimmt.
(6) Reaktivität der experimentellen Situation | Die Konstruktvalidität ist ebenfalls bedroht, wenn die Schüler*innen allein durch die Besonderheit der Forschungssituation im Vergleich zum sonstigen Unterricht ihr Verhalten verändern. Es ist schwierig zu bewerten, inwiefern dies im Rahmen der Studie der Fall war. Stärker ausgeprägt dürfte dies im ersten Design-Zyklus der Fall gewesen sein, da der Unterricht von mir selbst erteilt wurde. Im zweiten Design-Zyklus war ich in etwa der Hälfte der Schulstunden als Beobachterin in der Klasse, habe allerdings nicht mit der Klasse interagiert und somit vermutlich einen geringeren Einfluss.
(7) Novitäts- und Störungseffekt | Auch ist damit zu rechnen, dass die neue Situation insbesondere in Zyklus I Einfluss auf die Schüler*innen hatte.

Die folgenden Effekte sind aufgrund der Messungen sowie der Tatsache, dass die Proband*innen nicht wussten, welcher Gruppe sie zugewiesen wurden, nicht zu erwarten: (8) Reaktivität der experimentellen Situation, (9) Versuchsleiter-Erwartungseffekt, (10) Reaktive Veränderung von Selbstauskünften, (11) Kompensatorischer Ausgleich in der Kontrollgruppe, (12) Kompensatorischer Wettstreit der Kontrollgruppe mit der Experimentalgruppe, (13) Empörte Demoralisierung der Kontrollgruppe, (14) Treatmentdiffusion in die Kontrollgruppe.

*Statistische Validität*

Werden deskriptiv- und interferenzstatistische Verfahren korrekt durchgeführt, sodass die dargestellten Effekte statistisch signifikant sind und eine relevante Effektgröße aufweisen, so ist eine Untersuchung statistisch valide. Die statistische Validität hängt wesentlich von der Datenqualität sowie der Qualität der Datenanalysen ab (vgl. Döring/Bortz 2016, S. 97). Es bestehen verschiedene Bedrohungen, die dazu führen können, dass Hypothesen fälschlicherweise angenommen ($\alpha$-Fehler) oder abgelehnt werden ($\beta$-Fehler) (vgl. Döring/Bortz 2016, S. 105).

(1) Zu geringe Teststärke | Ohne ausreichend hohe Teststärke liefern Signifikanztests keine Grundlage für wissenschaftliche Hypothesenprüfung. Um diesem Problem vorzubeugen, wurde vor Durchführung der Studie und Rekrutierung der Stichprobe (a priori) die optimale Stichprobengröße statistisch bestimmt

sowie für die Hypothesenüberprüfung ein kritischer Wert für Cohens d bestimmt (vgl. Abschn. 6.4 und 6.5).

(2) Verletzung der Voraussetzungen der verwendeten Signifikanztests I Um überhaupt statistische Tests durchführen zu können, sind gewisse Voraussetzungen nötig (normalverteilte Daten, Varianzhomogenität zwischen den Gruppen). Diese sind gegeben, wie die Analyse der Daten zu t1 zeigen.

(3) Signifikanzfischen I Die Logik deduktiv-hypothesenprüfender quantitativer Forschung muss gewahrt sein. Ins Blaue hinein Variablenzusammenhänge zu prüfen, bis man signifikante Effekte findet, ist nicht zulässig. In der vorliegenden Arbeit wurden die Hypothesen auf Basis des Forschungsstandes aufgestellt, die Auswertung bezieht sich auf eben diese Hypothesen; explorative Befunde werden allerdings ebenfalls dargelegt, so diese besonders auffällig sind.

(4) Mangelnde Reliabilität von Messinstrumenten I Auch bei der statistischen Validität wird die in der Studie gegebene gute Reliabilität der Messinstrumente vorausgesetzt.

(5) Beschränkter Wertebereich von Variablen I Variablen, bei denen der Wertebereich eingeschränkt, beispielsweise kategorial, erfasst wird, haben geringere Aussagekraft, da sich Varianzen verringern und mögliche Kovarianzen mit anderen Variablen weniger stark auftreten. Die Folge ist, dass mögliche, statistische Zusammenhänge unterschätzt werden. Im Rahmen der vorliegenden Studie wurden, wann immer dies möglich war, Variablen ordinal- oder intervallskaliert erhoben; dennoch sind insbesondere bei den Kontrollvariablen einige kategoriale Variablen vorhanden.

(6) Mangelnde Reliabilität der Treatment-Implementierung I Das Treatment muss vollständig durchgeführt werden, damit der Effekt nicht unterschätzt wird. Im Rahmen der Studie wurde im ersten Design-Zyklus bei einer Klasse nicht das ganze Treatment durchgeführt, weil eine Schulstunde entfallen ist, die nicht nachgeholt werden konnte. Im zweiten Zyklus trat dieses Problem nicht auf.

(7) Störeinflüsse im experimentellen Setting I Im schulischen Rahmen kommt es immer wieder zu Störeinflüssen. Diese sind allerdings derart inhärent, dass eher die Abwesenheit von Störfaktoren zu einer Verzerrung der Ergebnisse führen würde. Durch die mehrfache Durchführung im zyklischen Design kann trotz der Störungen, die sich immer wieder unterscheiden, davon ausgegangen werden, dass die Effekte im Wesentlichen auf das entsprechende Lernsetting zurückzuführen sind.

(8) Heterogenität der Untersuchungspersonen bzw. -einheiten innerhalb der Untersuchungsgruppen | Die Schüler*innen sind in ihrer Heterogenität vergleichbar. Homogene Schüler*innengruppen bilden nicht den unterrichtlichen Alltag ab und würden somit Abstriche in der externen Validität bedeuten.
(9) Falsche Effektgrößenbestimmung | Es dürfen keine Fehler bei der Bestimmung und Interpretation der Effektgröße gemacht werden. Durch die Errechnung mit dem Programm G*Power ist diese Gefahr weitgehend eingedämmt.

### 7.2.3 Ethische Aspekte

Die Proband*innen wurden durch die Teilnahme an der Studie nicht beeinträchtigt oder gar geschädigt. Ebenso wenig führte die Nicht-Teilnahme an der Studie zu Nachteilen. Die Teilnahme war freiwillig und die Schüler*innen sowie die Erziehungsberechtigten wurden vor der Studie über die Modalitäten der Datenerhebung und -bearbeitung informiert und um ihr Einverständnis gebeten. Das Einverständnis kann jederzeit, auch nach der Teilnahme, zurückgezogen werden. Durch das Pseudonymisierungsverfahren können nachträglich einzelne Fälle aus dem Datensatz gelöscht werden. Zu keinem Zeitpunkt können die Ergebnisse einzelnen Schüler*innen zugeordnet werden. Es werden keine Analysen auf Individualebene durchgeführt. Den kooperierenden Schulen, Lehrkräften und Schüler*innen werden die Ergebnisse ebenfalls nicht auf Individual- oder Klassenebene übermittelt, sondern nur in ihrer Gesamtheit präsentiert. Die Studie wurde von der Berliner Senatsverwaltung für Bildung, Jugend und Familie genehmigt.

Aspekte der inhaltlichen Güte der Studie, insbesondere der Erhebungsinstrumente, umfassen die interne und die externe Validität, die Konstruktvalidität, ethische Aspekte sowie die Dokumentation des Forschungsprozesses. Auf diverse Bedrohungen der Validität sowie Maßnahmen, um ihnen entgegenzuwirken, bin ich in diesem Kapitel eingegangen. Eine zentrale verbleibende Schwäche liegt im Rahmen von Design-Based Research in der Untersuchung kompletter Designs, deren Erfolg oder Misserfolg nicht auf isolierte Variablen zurückzuführen ist und somit Einschränkungen der Validität bedeuten.

## 7.3 Geschlecht, Erstsprache und Lesekompetenz als bezugsgruppenspezifische Eingangsvoraussetzungen

Zunächst werden für die Prä-Messung die Effektgrößen (Cohens d) für die Gesamtstichprobe unterteilt nach Experimental- und Kontrollgruppe, für die Bezugsgruppe Leseverstehen sowie die Bezugsgruppe Geschlecht im Rahmen der Auswertungslogik von t-Tests für unabhängige Stichproben auf die drei abhängigen Variablen dargestellt. Zwischen den Bezugsgruppen Lesekompetenz und Geschlecht gibt es keine signifikanten Korrelationen, sodass beide Gruppen voneinander getrennt betrachtet werden können. Zwischen der Gruppe Deutsch als Erstsprache sowie Lesekompetenz besteht erwartungsgemäß eine signifikante Korrelation (r = .18), die als kleiner Effekt eingeordnet werden kann. Insofern wird auch diese Gruppe nachfolgend weiter gesondert betrachtet. Darüber hinaus lässt sich der Tabelle entnehmen, dass sich die Gruppen nicht hinsichtlich ihrer Zugehörigkeit zu Experimental- oder Kontrollgruppe unterscheiden (vgl. Tab. 7.9).

**Tab. 7.9** Korrelationen zwischen Mädchen, hohe Lesekompetenz, Deutsch als Erstsprache, Experimental- o. Kontrollgruppe

| | | Lesekompetenz (SL vs. MGL) | EG/KG |
|---|---|---|---|
| Geschlecht | r | −.06 | .04 |
| | p | .45 | .56 |
| | N | 175 | 175 |
| Deutsch als Erstsprache | r | .18* | .08 |
| | p | .02 | .33 |
| | N | 165 | 165 |

*Die Korrelation ist auf dem Niveau von .05 (2-seitig) signifikant.

Die zu erwartenden bezugsgruppenspezifischen Unterschiede zu t1 bilden die Voraussetzung für die Interpretation von Zusammenhängen des Treatments mit möglicherweise differenziellen Lernzuwächsen in einzelnen Bezugsgruppen (vgl. Abschn. 7.3–7.6). Die aufgestellten Hypothesen werden nachfolgend mithilfe der für die Gruppen errechneten kritischen d-Werte geprüft. Weitere Erläuterungen zur Berechnung und Interpretation von Cohens d können Abschnitt 6.4 entnommen werden.

### 7.3.1 Gruppenunterschiede zum ersten Erhebungszeitpunkt

Zum ersten Erhebungszeitpunkt zeigen sich im Fachwissen sowie in der Fachsprache keine signifikanten Unterschiede zwischen Kontroll- und Experimentalgruppe. Es ist also von gleichen Eingangsbedingungen und daher von guter Vergleichbarkeit hinsichtlich der Variablen Fachwissen und Fachsprache auszugehen. In der Selbsteinschätzung hingegen zeigen sich leichte Gruppenunterschiede. Die Experimentalgruppe schätzt sich bereits zum ersten Erhebungszeitpunkt besser ein als die Kontrollgruppe (Tab. 7.10).

**Tab. 7.10** Unterschiede in der Gesamtstichprobe, unterteilt nach EG/KG zu t1 ($\alpha = .05$; $1-\beta = .80$)

| Test | $d_{krit}$ | $\Delta d_{emp}$ | $\Delta d_{emp} \geq d_{krit}$ | EG/KG | N | m t1 | s | $t_{krit}$ | df |
|---|---|---|---|---|---|---|---|---|---|
| Fachwissen | .43 | .33 | nein | EG | 95 | .51 | .08 | 1.97 | 173 |
| | | | | KG | 80 | .48 | .10 | | |
| C-Test | .43 | .41 | nein | EG | 95 | 1.00 | .34 | 1.97 | 172 |
| | | | | KG | 80 | .85 | .36 | | |
| Profilanalyse | .43 | .19 | nein | EG | 95 | 28.26 | 12.33 | 1.97 | 172 |
| | | | | KG | 80 | 26.03 | 11.78 | | |
| Selbsteinschätzung | .43 | .45 | ja | EG | 95 | 3.52 | .60 | 1.97 | 172 |
| | | | | KG | 80 | 3.25 | .63 | | |

Den Auswertungen entsprechend wird die Nullhypothese, die gleiche Eingangsvoraussetzung bezüglich der Zielvariablen Selbsteinschätzung annimmt, abgelehnt. Beim Fachwissen und der Fachsprache können gleiche Voraussetzungen angenommen werden; die entsprechenden Alternativhypothesen werden verworfen.

| 1) | $GesamtH_1FW_{t1}$: $m(EG_{t1}) \neq m(KG_{t1})$ | verwerfen |
|---|---|---|
| | $GesamtH_0FW_{t1}$: $m(EG_{t1}) = m(KG_{t1})$ | beibehalten |

| 2) | $GesamtH_1FS_{t1}$: $m(EG_{t1}) \neq m(KG_{t1})$ | verwerfen |
|---|---|---|
| | $GesamtH_0FS_{t1}$: $m(EG_{t1}) = m(KG_{t1})$ | beibehalten |

| 3) | $\text{GesamtH}_1\text{SE}_{t1}: m(EG_{t1}) \neq m(KG_{t1})$ | annehmen |
|---|---|---|
| | $\text{GesamtH}_0\text{SE}_{t1}: m(EG_{t1}) = m(KG_{t1})$ | verwerfen |

Dass die Eingangsvoraussetzungen bei der Selbsteinschätzung nicht in beiden Gruppen gleich sind, ist problematisch, da dies Einschränkungen in der internen Validität bedeutet (Selektionseffekt) (vgl. Abschn. 7.2). Diese Bedrohung der internen Validität wird allerdings dadurch abgemildert, dass bei der Beurteilung der Treatmenteffekte nur die Differenzen zwischen t2 und t1 betrachtet werden.

### 7.3.2 Eingangsvoraussetzungen der Bezugsgruppe Lesekompetenz

In der Bezugsgruppe Lesekompetenz zeigen sich zu t1 erwartungsgemäß bei den mittleren und guten Leser*innen bessere Ergebnisse in allen Erhebungen (vgl. Tab. 7.11).

**Tab. 7.11** Unterschiede in der Bezugsgruppe Lesekompetenz zu t1 ($\alpha = .05$; $1\text{-}\beta = .80$)

| Test | $d_{krit}$ | $\Delta d_{emp}$ | $\Delta d_{emp} \geq d_{krit}$ | Gruppe Lesen | N | m t1 | s | $t_{krit}$ | df |
|---|---|---|---|---|---|---|---|---|---|
| Fachwissen | .42 | −.85 | ja | SL | 50 | .44 | .09 | 1.65 | 173 |
| | | | | MGL | 125 | .51 | .09 | | |
| C-Test | .42 | −1.43 | ja | SL | 50 | .64 | .26 | 1.65 | 173 |
| | | | | MGL | 125 | 1.05 | .32 | | |
| Profil analyse | .42 | −.55 | ja | SL | 50 | 22.66 | 11.69 | 1.65 | 173 |
| | | | | MGL | 125 | 29.07 | 11.81 | | |
| Selbsteinschätzung | .42 | −.52 | ja | SL | 50 | 3.17 | .61 | 1.65 | 173 |
| | | | | MGL | 125 | 3.49 | .61 | | |

Auf Basis dieser Daten können alle Alternativhypothesen, die zu t1 schlechtere Leistungen für die schwächsten 30 % der Leser*innen bezüglich aller Zielvariablen vermuten, angenommen werden.

| 4) | $\text{LesenH}_1\text{FW}_{t1}: m(\text{Lesen}_{SL\ t1}) < m(\text{Lesen}_{MGL\ t1})$ | annehmen |
|---|---|---|
| | $\text{LesenH}_0\text{FW}_{t1}: m(\text{Lesen}_{SL\ t1}) \geq m(\text{Lesen}_{MGL\ t1})$ | verwerfen |

| 5) | $LesenH_1FS_{t1}: m(Lesen_{SL\ t1}) < m(Lesen_{MGL\ t1})$ | annehmen |
|---|---|---|
| | $LesenH_0FS_{t1}: m(Lesen_{SL\ t1}) \geq m(Lesen_{MGL\ t1})$ | verwerfen |

| 6) | $LesenH_1SE_{t1}: m(Lesen_{SL\ t1}) < m(Lesen_{MGL\ t1})$ | annehmen |
|---|---|---|
| | $LesenH_0SE_{t1}: m(Lesen_{SL\ t1}) \geq m(Lesen_{MGL\ t1})$ | verwerfen |

Es ist ausgehend von diesen Daten plausibel, weitere Untersuchungen bezüglich der Zusammenhänge des Treatments mit differenziellen Lernzuwächsen in der Bezugsgruppe Lesekompetenz anzustellen (vgl. Abschn. 7.5).

### 7.3.3 Eingangsvoraussetzungen der Bezugsgruppe Geschlecht

Hinsichtlich der Bezugsgruppe Geschlecht werden bezüglich der Variable Fachsprache Vorteile für die Mädchen erwartet, wohingegen beim Fachwissen und der Selbsteinschätzung Vorteile für die Jungen erwartet werden. Diese Genderunterschiede sind bei allen Zielvariablen in der Tendenz zu erkennen; sie werden allerdings nur für die Selbsteinschätzung sowie die Profilanalyse signifikant. Für die Zielvariable Fachsprache ergibt sich kein eindeutiges Bild. Während beim C-Test ähnliche Startvoraussetzungen zwischen den Geschlechtern vorhanden sind, zeigen die Mädchen bei der Profilanalyse signifikant bessere Ergebnisse beim ersten Erhebungszeitpunkt. Die Hypothesenüberprüfung gestaltet sich daher bei der Zielvariable Fachsprache nicht so eindeutig, wie beim Fachwissen, da die Fachsprache in ihren unterschiedlichen Facetten über zwei Erhebungsinstrumente operationalisiert wird. Die $H_1$ wird nachfolgend nur dann angenommen, wenn bei beiden Erhebungsinstrumenten $d_{emp} \geq d_{krit}$ ist. Doch auch die Richtung der Effektgröße in den einzelnen Erhebungsinstrumenten gibt Hinweise auf Interpretationsmöglichkeiten (vgl. Tab. 7.12).

Auf Basis der dargestellten Daten wird nur die Alternativhypothese bezüglich der Selbsteinschätzung angenommen; die weiteren Alternativhypothesen werden abgelehnt.

| 7) | $GeschlH_1FW_{t1}: m(Geschl_{weibl\ t1}) < m(Geschl_{männl\ t1})$ | verwerfen |
|---|---|---|
| | $GeschlH_0FW_{t1}: m(Geschl_{weibl\ t1}) \geq m(Geschl_{männl\ t1})$ | beibehalten |

**Tab. 7.12** Unterschiede in der Bezugsgruppe Geschlecht zu t1 ($\alpha = .05$; $1\text{-}\beta = .80$)

| Test | $d_{krit}$ | $\Delta d_{emp}$ | $\Delta d_{emp} \geq d_{krit}$ | Gruppe Geschl | N | m t1 | s | $t_{krit}$ | df |
|---|---|---|---|---|---|---|---|---|---|
| Fach-wissen | .38 | .19 | nein | männl. | 92 | .50 | .10 | 1.65 | 173 |
| | | | | weibl. | 83 | .48 | .09 | | |
| C-Test | .38 | −.13 | nein | männl. | 92 | .91 | .38 | 1.65 | 173 |
| | | | | weibl. | 83 | .96 | .33 | | |
| Profil analyse | .38 | −.63 | ja | männl. | 92 | 23.76 | 11.49 | 1.65 | 173 |
| | | | | weibl. | 83 | 31.10 | 11.64 | | |
| Selbsteinschätzung | .38 | .47 | ja | männl. | 92 | 3.53 | .60 | 1.65 | 173 |
| | | | | weibl. | 83 | 3.24 | .62 | | |

| | | |
|---|---|---|
| 8) | $GeschlH_1FS_{t1}: m(Geschl_{weibl\ t1}) > m(Geschl_{männl\ t1})$ | verwerfen |
| | $GeschlH_0FS_{t1}: m(Geschl_{weibl\ t1}) \leq m(Geschl_{männl\ t1})$ | beibehalten |

| | | |
|---|---|---|
| 9) | $GeschlH_1SE_{t1}: m(Geschl_{weibl\ t1}) < m(Geschl_{männl\ t1})$ | annehmen |
| | $GeschlH_0SE_{t1}: m(Geschl_{weibl\ t1}) \geq m(Geschl_{männl\ t1})$ | verwerfen |

Es ist ausgehend von diesen Daten hinsichtlich der Zielvariable Selbsteinschätzung statistisch plausibel, weitere Untersuchungen bezüglich differenzieller Lernzuwächse in der Bezugsgruppe Geschlecht anzustellen. Auch für die weiteren Zielvariablen werden diese Untersuchungen angestellt, da sich in der Tendenz die in der Literatur typischen Geschlechterunterschiede für t1 abzeichnen (vgl. Abschn. 7.5), auch wenn diese in der untersuchten Kohorte nicht signifikant sind.

### 7.3.4 Eingangsvoraussetzungen der Bezugsgruppe Deutsch als Erst-/Zweitsprache

Hinsichtlich der Bezugsgruppe Deutsch als Erst-/Zweitsprache zeigen sich hinsichtlich aller Variablen bessere Ergebnisse bei den Schüler*innen mit Deutsch als Erstsprache. Der empirische d-Wert überschreitet allerdings nur beim C-Test den kritischen d-Wert (vgl. Tab. 7.13).

**Tab. 7.13** Unterschiede in der Bezugsgruppe Deutsch als Erst-/Zweitsprache zu t1 ($\alpha = .05$; $1\text{-}\beta = .80$)

| Test | $d_{krit}$ | $\Delta d_{emp}$ | $\Delta d_{emp} \geq d_{krit}$ | Gruppe L1/L2 | N | m t1 | s | $t_{krit}$ | df |
|---|---|---|---|---|---|---|---|---|---|
| Fachwissen | .47 | −.43 | nein | L2 | 37 | .46 | .09 | 1.65 | 163 |
| | | | | L1 | 128 | .50 | .09 | | |
| C-Test | .47 | −.49 | ja | L2 | 37 | .82 | .33 | 1.65 | 163 |
| | | | | L1 | 128 | .99 | .35 | | |
| Profil analyse | .47 | −.11 | nein | L2 | 37 | 26.73 | 11.08 | 1.65 | 163 |
| | | | | L1 | 128 | 28.07 | 12.31 | | |
| Selbsteinschätzung | .47 | −.46 | nein | L2 | 37 | 3.20 | .63 | 1.65 | 163 |
| | | | | L1 | 128 | 3.48 | .61 | | |

Basierend auf den dargestellten Daten kann keine Alternativhypothese beibehalten werden. Das heißt, Schüler*innen mit Deutsch als Erst- oder Zweitsprache zeigen beim Fachwissen, der Fachsprache und der Selbsteinschätzung annähernd gleiche Eingangsvoraussetzungen; bei der Fachsprache sind bessere Leistungen bei den Deutsch-als-Erstsprachler*innen zu vermerken.

| 10) | $\text{SpracheH}_1\text{FW}_{t1}: m(\text{Sprache}_{L2\ t1}) < m(\text{Sprache}_{L1\ t1})$ | verwerfen |
|---|---|---|
| | $\text{SpracheH}_0\text{FW}_{t1}: m(\text{Sprache}_{L2\ t1}) \geq m(\text{Sprache}_{L1\ t1})$ | beibehalten |

| 11) | $\text{SprachelH}_1\text{FS}_{t1}: m(\text{Sprache}_{L2\ t1}) < m(\text{Sprache}_{L1\ t1})$ | verwerfen |
|---|---|---|
| | $\text{SpracheH}_0\text{FS}_{t1}: m(\text{Sprache}_{L2\ t1}) \geq m(\text{Sprache}_{L1\ t1})$ | beibehalten |

| 12) | $\text{SpracheH}_1\text{SE}_{t1}: m(\text{Sprache}_{L2\ t1}) < m(\text{Sprache}_{L1\ t1})$ | verwerfen |
|---|---|---|
| | $\text{SpracheH}_0\text{SE}_{t1}: m(\text{Sprache}_{L2\ t1}) \geq m(\text{Sprache}_{L1\ t1})$ | beibehalten |

Es wäre angesichts der annähernd gleichen Ausgangslagen zu t1 ebenfalls plausibel, keine weiteren differenziellen Untersuchungen anzustellen. Auf Basis des dargestellten Forschungsstands ist es allerdings denkbar, dass es Unterschiede im Erwerb von Fachwissen und Fachsprache bei Kindern mit Deutsch als Erst- oder Zweitsprache gibt. Daher werden nachfolgend die aufgestellten Hypothesen überprüft, auch wenn sich zu t1 keine bezugsgruppenspezifischen Unterschiede in der Stichprobe feststellen lassen. Es ist zum Beispiel denkbar, dass die Gruppen unterschiedlich stark vom sprachsensiblen Treatment profitieren.

Kontroll- und Experimentalgruppe haben gleiche Voraussetzungen hinsichtlich des Fachwissens und der Fachsprache; die Experimentalgruppe schätzt sich allerdings bereits zum ersten Erhebungszeitpunkt besser ein als die Kontrollgruppe. Bezugsgruppenspezifisch zeigen sich zu t1 Vorteile für mittlere und starke Leser*innen hinsichtlich aller Zielvariablen. Mädchen zeigen zum ersten Erhebungszeitpunkt bessere fachsprachliche Leistungen und Jungen geben zu t1 eine bessere Selbsteinschätzung ab als Mädchen.

## 7.4 Effekte des sprachsensiblen Geographieunterrichts

Nachfolgend werden mit t-Tests für unabhängige Stichproben Lernzuwachseffekte ausgewertet. Es geht um die Frage, welche Gruppe mehr vom Treatment profitiert; diejenigen mit sprachsensiblem Geographieunterricht (EG) oder diejenigen ohne (KG). Dazu werden die unter Abschn. 5.2 aufgestellten Hypothesen auf Basis der empirischen Daten aus Design-Zyklus II geprüft. Hierfür betrachte ich einerseits klassischerweise die Prä-Post-Veränderungen der Gesamtstichprobe, unterteilt in Experimental- und Kontrollgruppe sowie die weiter oben erläuterten Bezugsgruppen. Die Interpretation des Interventionserfolgs erfolgt auch bei den folgenden Hypothesen mit dem kritischen Wert von Cohens $d_{emp}$ (vgl. Abschn. 6.4).

$$\Delta d_{emp} = \frac{\left(m\,t2 - t1_{Gruppe1} - M\,t2 - t1_{Gruppe2}\right)}{\left(\frac{(SD_{Gruppe1} + SD_{Gruppe2})}{2}\right)}$$

In den folgenden Tabellen (vgl. Tab. 7.14–Tab. 7.19) ist der Minuend immer in der oberen Zeile abgetragen (schwächste Leser*innen, männlich, EG); der Wert in der darunterliegenden Zeile ist der Subtrahend (mittlere und gute Leser*innen, weiblich, KG). Negative d-Werte sind dadurch bedingt.

### 7.4.1 Treatmenteffekte auf das Fachwissen

Wer profitiert hinsichtlich des Fachwissenserwerbs stärker: Experimental- oder Kontrollgruppe? Diese Frage wird mithilfe der folgenden Daten differenziert nach Bezugsgruppe beantwortet (vgl. Tab. 7.14).

**Tab. 7.14** Treatmenteffekte auf die Zielvariable Fachwissen in den verschiedenen Bezugsgruppen; Zyklus II, Differenzwerte t2–t1($\alpha$ = .05, 1-$\beta$ = .80)

| Test | Gruppe | $d_{krit}$ | $\Delta d_{emp}$ | $\Delta d_{emp} \geq d_{krit}$ Vorteil EG | EG/KG | N | Δm t2-t1 | s | $t_{krit}$ | df |
|---|---|---|---|---|---|---|---|---|---|---|
| Fachwissenstest (45 Items) | gesamt | .40 | .51 | ja | EG | 88 | .12 | .11 | 1.66 | 156 |
| | | | | | KG | 69 | .06 | .11 | | |
| | SL | .74 | .31 | nein | EG | 25 | .07 | .12 | 1.68 | 45 |
| | | | | | KG | 22 | .03 | .12 | | |
| | MGL | .48 | .60 | ja | EG | 63 | .14 | .10 | 1.66 | 108 |
| | | | | | KG | 47 | .08 | .11 | | |
| | männl. | .56 | .67 | ja | EG | 42 | .12 | .11 | 1.66 | 79 |
| | | | | | KG | 39 | .05 | .11 | | |
| | weibl. | .59 | .33 | nein | EG | 46 | .12 | .11 | 1.67 | 74 |
| | | | | | KG | 30 | .08 | .11 | | |
| | L1 | .48 | .45 | Nein | EG | 69 | .13 | .12 | 1.66 | 113 |
| | | | | | KG | 46 | .08 | .10 | | |
| | L2 | .89 | .50 | Nein | EG | 16 | .10 | .08 | 1.70 | 31 |
| | | | | | KG | 17 | .04 | .15 | | |

Bezogen auf die gesamte Stichprobe ist die Experimentalgruppe hinsichtlich des Fachwissenserwerbs statistisch signifikant erfolgreicher als die Kontrollgruppe. $H_1$ kann angenommen, $H_0$ verworfen werden.

| | | |
|---|---|---|
| 13) | TreatmenteffektGesamt$H_1FW_{t2}$: $m(EG_{t2}) - m(EG_{t1}) > m(KG_{t2}) - m(KG_{t1})$ | annehmen |
| | TreatmenteffektGesamt$H_0FW_{t2}$: $m(EG_{t2}) - m(EG_{t1}) \leq m(KG_{t2}) - m(KG_{t1})$ | verwerfen |

Schaut man sich die Ergebnisse der Bezugsgruppe Lesekompetenz an, ist auffällig, dass die mittleren und guten Leser*innen in der Experimentalgruppe besonders profitieren, die schwächsten 30 % allerdings den kritischen d-Wert für die Experimentalgruppe nicht erreichen. Ein ähnliches Bild zeigt sich für die Bezugsgruppe Geschlecht. Die Jungen profitieren hinsichtlich des Fachwissens in der Experimentalgruppe stärker, die Mädchen nicht. Festzuhalten ist aber auch, dass jedenfalls die Richtung der Effektgröße Vorteile für die Experimentalgruppe andeutet, die allerdings nicht signifikant werden. Auch in der Bezugsgruppe Deutsch als Erst-/Zweitsprache zeigen sich keine signifikanten Vorteile für die Experimentalgruppe, obwohl auch hier die Richtung der Effekte zu Gunsten der Experimentalgruppe ausfällt. Die $H_1$ für die Hypothesen 14), 15) und 16) können nicht angenommen und $H_0$ nicht verworfen werden.

| | | |
|---|---|---|
| 14) | TreatmenteffektLesen$_{SL}H_1FW_{t2}$: $m(EG_{t2}) - m(EG_{t1}) > m(KG_{t2}) - m(KG_{t1})$ | verwerfen |
| | TreatmenteffektLesen$_{SL}H_0FW_{t2}$: $m(EG_{t2}) - m(EG_{t1}) \leq m(KG_{t2}) - m(KG_{t1})$ | beibehalten |

| | | |
|---|---|---|
| 15) | TreatmenteffektGeschl$_{weibl}H_1FW_{t2}$: $m(EG_{t2}) - m(EG_{t1}) > m(KG_{t2}) - m(KG_{t1})$ | verwerfen |
| | TreatmenteffektGeschl$_{weibl}H_0FW_{t2}$: $m(EG_{t2}) - m(EG_{t1}) \leq m(KG_{t2}) - m(KG_{t1})$ | beibehalten |

| | | |
|---|---|---|
| 16) | TreatmenteffektSprache$_{L2}H_1FW_{t2}$: $m(EG_{t2}) - m(EG_{t1}) > m(KG_{t2}) - m(KG_{t1})$ | verwerfen |
| | TreatmenteffektSprache$_{L2}H_0FW_{t2}$: $m(EG_{t2}) - m(EG_{t1}) \leq m(KG_{t2}) - m(KG_{t1})$ | beibehalten |

### 7.4.2 Treatmenteffekte auf die Fachsprache

Für die Zielvariable Fachsprache stellt sich ebenfalls die Frage, welche Gruppe stärker profitiert. Die folgenden Daten sind Grundlage der Hypothesenüberprüfung (vgl. Tab. 7.15).

Bezogen auf die gesamte Stichprobe ist die Experimentalgruppe hinsichtlich des Fachspracherwerbs statistisch signifikant erfolgreicher als die Kontrollgruppe. Sowohl beim C-Test als auch bei der Profilanalyse profitiert die Experimentalgruppe. $H_1$ kann angenommen, $H_0$ verworfen werden.

| | | |
|---|---|---|
| 17) | TreatmenteffektGesamt$H_1FS_{t2}$: $m(EG_{t2}) - m(EG_{t1}) > m(KG_{t2}) - m(KG_{t1})$ | annehmen |
| | TreatmenteffektGesamt$H_0FS_{t2}$: $m(EG_{t2}) - m(EG_{t1}) \leq m(KG_{t2}) - m(KG_{t1})$ | verwerfen |

Für die Bezugsgruppe Lesekompetenz zeigen sich je nach Erhebungsinstrument unterschiedliche Befunde. Aufgrund der oben dargestellten Prämisse, dass $\Delta d_{emp} \geq d_{krit}$ für beide Erhebungsinstrumenten zutreffen muss, wird die Alternativhypothese, dass das sprachsensible Treatment besonders die Fachsprache von schwachen Leser*innen fördert, abgelehnt.

| | | |
|---|---|---|
| 18) | TreatmenteffektLesen$_{SL}H_1FS_{t2}$: $m(EG_{t2}) - m(EG_{t1}) > m(KG_{t2}) - m(KG_{t1})$ | verwerfen |
| | TreatmenteffektLesen$_{SL}H_0FS_{t2}$: $m(EG_{t2}) - m(EG_{t1}) \leq m(KG_{t2}) - m(KG_{t1})$ | beibehalten |

Die Veränderungen in der Fachsprache ergeben bei der Unterscheidung nach Mädchen und Jungen kein klares Bild. So zeigen die Mädchen der Experimentalgruppe beim C-Test Vorteile gegenüber der Kontrollgruppe; bei der Profilanalyse zeigen eben diese Vorteile die Jungen der Experimentalgruppe. Es ist dennoch anzumerken, dass die Richtung der Effektgröße auf mögliche Vorteile für die Profilanalyse bei den Mädchen der Experimentalgruppe hindeutet; die Effektgröße reicht aber nicht aus. Die $H_1$ muss daher abgelehnt werden.

| | | |
|---|---|---|
| 19) | TreatmenteffektGeschl$_{weibl}H_1FS_{t2}$: $m(EG_{t2}) - m(EG_{t1}) > m(KG_{t2}) - m(KG_{t1})$ | verwerfen |
| | TreatmenteffektGeschl$_{weibl}H_0FS_{t2}$: $m(EG_{t2}) - m(EG_{t1}) \leq m(KG_{t2}) - m(KG_{t1})$ | beibehalten |

**Tab. 7.15** Treatmenteffekte auf die Zielvariable Fachsprache in den verschiedenen Bezugsgruppen; Zyklus II, Differenzwerte t2-t1($\alpha$ = .05, 1-$\beta$ = .80)

| Gruppe | Test | $d_{krit}$ | $\Delta d_{emp}$ | $\Delta d_{emp} \geq d_{krit}$ Vorteil EG | EG/KG | N | Δm t2-t1 | s | $t_{krit}$ | df |
|---|---|---|---|---|---|---|---|---|---|---|
| Gesamt | C-Test | .40 | .51 | ja | EG | 88 | .34 | .31 | 1.66 | 156 |
| | | | | | KG | 69 | .19 | .30 | | |
| | Profilanalyse | .40 | .51 | ja | EG | 88 | 6.24 | 10.66 | 1.66 | 156 |
| | | | | | KG | 70 | .27 | 12.60 | | |
| SL | C-Test | .74 | .99 | ja | EG | 25 | .31 | .31 | 1.68 | 45 |
| | | | | | KG | 22 | .03 | .25 | | |
| | Profilanalyse | .74 | .26 | nein | EG | 25 | 4.44 | 11.61 | 1.68 | 45 |
| | | | | | KG | 22 | 1.50 | 11.28 | | |
| MGL | C-Test | .48 | .31 | nein | EG | 63 | .35 | .31 | 1.66 | 108 |
| | | | | | KG | 47 | .26 | .29 | | |
| | Profilanalyse | .48 | .58 | ja | EG | 63 | 6.95 | 10.28 | 1.66 | 108 |
| | | | | | KG | 47 | .77 | 11.14 | | |
| weibl. | C-Test | .60 | .68 | ja | EG | 45 | .37 | .16 | 1.67 | 71 |
| | | | | | KG | 28 | .23 | .24 | | |
| | Profilanalyse | .60 | .37 | nein | EG | 45 | 7.69 | 11.25 | 1.67 | 71 |
| | | | | | KG | 28 | 3.07 | 13.88 | | |
| männl. | C-Test | .58 | .45 | nein | EG | 40 | .31 | .41 | 1.67 | 74 |
| | | | | | KG | 36 | .14 | .33 | | |

(Fortsetzung)

**Tab. 7.15** (Fortsetzung)

| Gruppe | Test | $d_{krit}$ | $\Delta d_{emp}$ | $\Delta d_{emp} \geq d_{krit}$ Vorteil EG | EG/KG | N | Δm t2-t1 | s | $t_{krit}$ | df |
|---|---|---|---|---|---|---|---|---|---|---|
| | Profilanalyse | .58 | .62 | ja | EG | 40 | 4.65 | 10.19 | 1.67 | 74 |
| | | | | | KG | 36 | −1.06 | 8.36 | | |
| L1 | C-Test | .48 | .43 | nein | EG | 69 | .34 | .31 | 1.66 | 113 |
| | | | | | KG | 46 | .21 | .27 | | |
| | Profilanalyse | .48 | .45 | nein | EG | 69 | 6.41 | 10.84 | 1.66 | 133 |
| | | | | | KG | 46 | 1.37 | 11.64 | | |
| L2 | C-Test | .89 | .84 | nein | EG | 16 | .33 | .31 | 1.70 | 31 |
| | | | | | KG | 17 | .09 | .25 | | |
| | Profilanalyse | .89 | .36 | nein | EG | 16 | 3.56 | 9.42 | 1.70 | 31 |
| | | | | | KG | 17 | .12 | 9.84 | | |

Bezüglich der Gruppe Deutsch als Erst-/Zweitsprache zeigen sich keine signifikanten Vorteile für die Experimentalgruppe, auch wenn die Effektrichtung diese andeutet. Die Alternativhypothese wird verworfen.

| | | |
|---|---|---|
| 20) | $\text{TreatmenteffektSprache}_{L2}H_1FS_{t2}$: $m(EG_{t2}) - m(EG_{t1}) > m(KG_{t2}) - m(KG_{t1})$ | verwerfen |
| | $\text{TreatmenteffektSprache}_{L2}H_0FS_{t2}$: $m(EG_{t2}) - m(EG_{t1}) \leq m(KG_{t2}) - m(KG_{t1})$ | beibehalten |

### 7.4.3 Treatmenteffekte auf die Selbsteinschätzung

Bei den Hypothesen zur Zielvariable Selbsteinschätzung handelt es sich um ungerichtete Hypothesen; $d_{krit}$ ist daher für diese Hypothesen strenger, da zweiseitige t-Tests zugrunde liegen (vgl. Tab. 7.16). Es wurden ungerichtete Hypothesen aufgestellt, weil eine höhere/niedrigere Selbsteinschätzung zu t2 nicht notwendigerweise bedeutet, dass sie realistischer ist als zu t1. Es wird also lediglich angenommen, dass sich die Selbsteinschätzung in Zyklus II von t1 zu t2 verändert, da es im Treatment explizit adressiert wurde. Die Selbsteinschätzungsskala umfasst 21 Items zur Geographiefachsprache, dem Geographiewissen sowie zum Umgang mit Sachtexten.

Es sind keine signifikanten Unterschiede zwischen den Gruppen zu erkennen; keine der Alternativhypothesen kann auf Basis der Daten angenommen werden.

| | | |
|---|---|---|
| 21) | $\text{TreatmenteffektGesamt}H_1SE_{t2}$: $m(EG_{t2}) - m(EG_{t1}) \neq m(KG_{t2}) - m(KG_{t1})$ | verwerfen |
| | $\text{TreatmenteffektGesamt}H_0SE_{t2}$: $m(EG_{t2}) - m(EG_{t1}) = m(KG_{t2}) - m(KG_{t1})$ | beibehalten |

| | | |
|---|---|---|
| 22) | $\text{TreatmenteffektLesen}_{SL}H_1SE_{t2}$: $m(EG_{t2}) - m(EG_{t1}) \neq m(KG_{t2}) - m(KG_{t1})$ | verwerfen |
| | $\text{TreatmenteffektLesen}_{SL}H_0SE_{t2}$: $m(EG_{t2}) - m(EG_{t1}) = m(KG_{t2}) - m(KG_{t1})$ | beibehalten |

**Tab. 7.16** Treatmenteffekte auf die Zielvariable Selbsteinschätzung in den verschiedenen Bezugsgruppen; Zyklus II, Differenzwerte t2-t1($\alpha = .05$, $1\text{-}\beta = .80$)

| Test | Gruppe | $d_{krit}$ | $\Delta d_{emp}$ | $\Delta d_{emp} \geq d_{krit}$ Vorteil EG | EG/KG | N | $\Delta$m t2-t1 | s | $t_{krit}$ | df |
|---|---|---|---|---|---|---|---|---|---|---|
| Selbsteinschätzung (21 Items) | Gesamt | .45 | –.28 | nein | EG | 88 | –.12 | .45 | 1.98 | 155 |
| | | | | | KG | 69 | .00 | .40 | | |
| | SL | .84 | .20 | nein | EG | 25 | –.08 | .36 | 2.01 | 45 |
| | | | | | KG | 22 | –.16 | .44 | | |
| | ML | .55 | –.50 | nein | EG | 63 | –.14 | .48 | 1.98 | 108 |
| | | | | | KG | 47 | .07 | .36 | | |
| | männl. | .63 | –.24 | nein | EG | 42 | –.11 | .49 | 1.99 | 79 |
| | | | | | KG | 39 | .00 | .37 | | |
| | weibl. | .66 | –.31 | nein | EG | 46 | –.14 | .41 | 1.99 | 74 |
| | | | | | KG | 30 | –.01 | .44 | | |
| | L1 | .54 | .08 | nein | EG | 69 | –.14 | .42 | 1.98 | 113 |
| | | | | | KG | 46 | –.18 | .41 | | |
| | L2 | 1.01 | –.52 | nein | EG | 16 | –.16 | .39 | 2.04 | 31 |
| | | | | | KG | 17 | .04 | .38 | | |

| | | |
|---|---|---|
| 23) | $TreatmenteffektGeschl_{weibl} H_1 SE_{t2}$: $m(EG_{t2}) - m(EG_{t1}) \neq m(KG_{t2}) - m(KG_{t1})$ | verwerfen |
| | $TreatmenteffektGeschl_{weibl} H_0 SE_{t2}$: $m(EG_{t2}) - m(EG_{t1}) = m(KG_{t2}) - m(KG_{t1})$ | beibehalten |

| | | |
|---|---|---|
| 24) | $TreatmenteffektSprache_{L2} H_1 FS_{t2}$: $m(EG_{t2}) - m(EG_{t1}) \neq (KG_{t2}) - m(KG_{t1})$ | verwerfen |
| | $TreatmenteffektSprache_{L2} H_0 FS_{t2}$: $m(EG_{t2}) - m(EG_{t1}) = (KG_{t2}) - m(KG_{t1})$ | beibehalten |

Zentrale Erkenntnis bezüglich der Haupteffekte des Treatments ist, dass die Experimentalgruppe in Hinblick auf den Erwerb von Fachwissen und Fachsprache statistisch signifikant und mit mittlerer Effektgröße vom sprachsensiblen Geographieunterricht profitiert ($d = .51$, $\alpha = .05$, $1\text{-}\beta = .80$). Hinsichtlich der Selbsteinschätzung ergibt sich kein statistisch signifikanter Befund. Es zeigen sich außerdem bezüglich aller Variablen Vorteile für die schwächsten Leser*innen der Experimentalgruppe im Vergleich zu denen in der Kontrollgruppe; die Vorteile werden aber nicht signifikant.

## 7.5 Bezugsgruppenspezifische Treatmenteffekte

Im Folgenden werden die bezugsgruppenspezifischen Treatmenteffekte innerhalb der Kontroll- und Experimentalgruppe dargestellt. Dabei geht es z. B. um die Frage, ob starke oder schwache Leser*innen in der Experimentalgruppe höhere Lernzuwächse im Fachwissen haben. Auch hierzu wurden unter Abschn. 5.2 Hypothesen aufgestellt; diese werden wie bei der Überprüfung der Haupteffekte mithilfe des kritischen d-Werts (vgl. Abschn. 6.4) überprüft.

### 7.5.1 Bezugsgruppenspezifische Treatmenteffekte auf das Fachwissen

Wer profitiert hinsichtlich des Fachwissenserwerbs in der Experimentalgruppe stärker: schwächere oder stärkere Leser*innen, Jungen oder Mädchen, Schüler*innen mit Deutsch als Erst- oder Zweitsprache? Die folgende Datenauswertung bildet die Grundlage, um diese Frage in der Hypothesenüberprüfung zu adressieren (vgl. Tab. 7.17).

**Tab. 7.17** Bezugsgruppenspezifische Treatmenteffekte innerhalb EG/KG; Zielvariable Fachwissen; Zyklus II, Differenzwerte t2-t1($\alpha = .05$, $1\text{-}\beta = .80$)

| Test | Gruppe | $d_{krit}$ | $\Delta d_{emp}$ | $\Delta d_{emp} \geq d_{krit}$ | EG/KG | N | Δm t2-t1 | s | $t_{krit}$ | df |
|---|---|---|---|---|---|---|---|---|---|---|
| Fachwissenstest EG | SL | .59 | −.63 | ja | EG | 25 | .07 | .12 | 1.66 | 86 |
| | MGL | | | | EG | 63 | .14 | .10 | | |
| | männl. | .54 | .02 | nein | EG | 42 | .12 | .11 | 1.66 | 86 |
| | weibl. | | | | EG | 46 | .12 | .11 | | |
| | L1 | .70 | .27 | nein | EG | 69 | .13 | .12 | 1.66 | 83 |
| | L2 | | | | EG | 16 | .10 | .08 | | |
| Fachwissenstest KG | SL | .65 | −.38 | nein | KG | 22 | .03 | .12 | 1.67 | 67 |
| | MGL | | | | KG | 47 | .08 | .11 | | |
| | männl. | .61 | −.30 | nein | KG | 39 | .05 | .11 | 1.67 | 67 |
| | weibl. | | | | KG | 30 | .08 | .11 | | |
| | L1 | .71 | .29 | nein | KG | 46 | .08 | .10 | 1.67 | 61 |
| | L2 | | | | KG | 17 | .04 | .15 | | |

In der Experimentalgruppe zeigt sich, dass die mittleren und guten Leser*innen im Vergleich zu den schwächsten Leser*innen signifikant höhere Fachwissenszuwächse haben. Im Vergleich zur Kontrollgruppe jedoch zeigen sowohl schwache als auch mittlere und gute Leser*innen bessere Leistungen im Fachwissenstest. Die Annahme, dass schwache Leser*innen stärker vom sprachsensiblen Treatment profitieren können als mittlere und gute Leser*innen, ist nicht haltbar. Die Alternativhypothese muss daher verworfen werden.

| | | |
|---|---|---|
| 25) | GruppeneffektLesen$H_1 FW_{t2}$:<br>m(FW $Les_{SL}$ I $EG_{t2}$) – m(FW $Les_{SL}$ I $EG_{t1}$) > m(FW $Les_{MGL}$ I $EG_{t2}$) – m(FW $Les_{MGL}$ I $EG_{t1}$) | verwerfen |

| | | |
|---|---|---|
| | GruppeneffektLesen$H_0FW_{t2}$: m(FW $Les_{SL}$ I $EG_{t2}$) – m(FW $Les_{SL}$ I $EG_{t1}$) ≤ m(FW $Les_{MGL}$ I $EG_{t2}$) – m(FW $Les_{MGL}$ I $EG_{t1}$) | beibehalten |

Geschlechterspezifische Unterschiede hinsichtlich des Fachwissenszuwachses zeigen sich weder in der Experimental- noch in der Kontrollgruppe in signifikantem Maße; zu t1 waren die Geschlechterunterschiede im Fachwissen zwar ebenfalls nicht signifikant, zeigten aber in der Tendenz Vorteile für die Jungen. Die Nullhypothese, dass Mädchen und Jungen annähernd gleichen Fachwissenszuwachs haben, kann beibehalten werden.

| | | |
|---|---|---|
| 26) | GruppeneffektGeschl$H_1FW_{t2}$: m(FW männl I $EG_{t2}$) – m(FW männl I $EG_{t1}$) < m(FW weibl I $EG_{t2}$) – m(FW weibl I $EG_{t1}$) | verwerfen |
| | GruppeneffektGeschl$H_0FW_{t2}$: m(FW männl I $EG_{t2}$) – m(FW männl I $EG_{t1}$) ≥ m(FW weibl I $EG_{t2}$) – m(FW weibl I $EG_{t1}$) | beibehalten |

Auf Basis der Daten (vgl. Tab. 7.17) sind keine Unterschiede zwischen Schüler*innen mit Deutsch als Erst- und Zweitsprache auszumachen. Die Annahme, dass Zweitsprachler*innen besonders vom sprachsensiblen Treatment profitieren und dadurch höheren Fachwissenszuwachs haben als die Erstsprachler*innen, ist nicht haltbar.

| | | |
|---|---|---|
| 27) | GruppeneffektSprache$H_1FW_{t2}$: m(FW $Spr_{L2}$ I $EG_{t2}$) – m(FW $Spr_{L2}$ I $EG_{t1}$) > m(FW $Spr_{L1}$ I $EG_{t2}$) – m(FW $Spr_{L1}$ I $EG_{t1}$) | verwerfen |
| | GruppeneffektSprache$H_0FW_{t2}$: m(FW $Spr_{L2}$ I $EG_{t2}$) – m(FW $Spr_{L2}$ I $EG_{t1}$) ≤ m(FW $Spr_{L1}$ I $EG_{t2}$) – m(FW $Spr_{L1}$ I $EG_{t1}$) | beibehalten |

### 7.5.2 Bezugsgruppenspezifische Treatmenteffekte auf die Fachsprache

Nachfolgend werden die gruppenspezifischen Veränderungen hinsichtlich des Erwerbs von Fachsprache innerhalb der Experimental- und Kontrollgruppe dargestellt (vgl. Tab. 7.18).

**Tab. 7.18** Bezugsgruppenspezifische Treatmenteffekte innerhalb EG/KG; Zielvariable Fachsprache; Zyklus II, Differenzwerte t2-t1($\alpha = .05$, $1\text{-}\beta = .80$)

| Test | Gruppe | $d_{krit}$ | $\Delta d_{emp}$ | $\Delta d_{emp} \geq d_{krit}$ | EG/KG | N | Δm t2-t1 | s | $t_{krit}$ | df |
|---|---|---|---|---|---|---|---|---|---|---|
| C-Test EG | SL | .59 | −.15 | nein | EG | 25 | .31 | .31 | 1.66 | 86 |
| | MGL | | | | EG | 63 | .35 | .31 | | |
| | männl. | .54 | −.22 | nein | EG | 42 | .31 | .41 | 1.66 | 86 |
| | weibl. | | | | EG | 46 | .37 | .16 | | |
| | L1 | .70 | .04 | Nein | EG | 69 | .34 | .31 | 1.66 | 83 |
| | L2 | | | | EG | 16 | .33 | .31 | | |
| Profil-analyse EG | SL | .59 | −.23 | nein | EG | 25 | 4.44 | 11.61 | 1.66 | 86 |
| | MGL | | | | EG | 63 | 6.95 | 10.28 | | |
| | männl. | .54 | −.31 | nein | EG | 42 | 4.55 | 9.97 | 1.66 | 86 |
| | weibl. | | | | EG | 46 | 7.78 | 11.15 | | |
| | L1 | .70 | .28 | Nein | EG | 69 | 6.41 | 10.84 | 1.66 | 83 |
| | L2 | | | | EG | 16 | 3.56 | 9.42 | | |
| C-Test KG | SL | .65 | −.85 | ja | KG | 22 | .03 | .25 | 1.67 | 67 |
| | MGL | | | | KG | 47 | .26 | .29 | | |
| | männl. | .61 | −.23 | nein | KG | 39 | .16 | .33 | 1.67 | 67 |
| | weibl. | | | | KG | 30 | .22 | .24 | | |
| | L1 | .71 | .46 | Nein | KG | 46 | .21 | .27 | 1.67 | 61 |
| | L2 | | | | KG | 17 | .09 | .25 | | |
| Profil-analyse KG | SL | .65 | .07 | nein | KG | 22 | 1.50 | 11.28 | 1.67 | 67 |
| | MGL | | | | KG | 47 | .77 | 11.14 | | |
| | männl. | .61 | −.30 | nein | KG | 39 | −.44 | 8.72 | 1.67 | 67 |
| | weibl. | | | | KG | 30 | 2.87 | 13.54 | | |
| | L1 | .71 | .12 | Nein | KG | 46 | 1.37 | 11.64 | 1.67 | 61 |
| | L2 | | | | KG | 17 | .12 | 9.84 | | |

In der Experimentalgruppe zeigen sich hinsichtlich des Fachspracherwerbs weder beim C-Test noch bei der Profilanalyse signifikante Vor- oder Nachteile für eine Gruppe von Leser*innen. Die Richtung der Effektgröße deutet allerdings eher auf Vorteile für stärkere Leser*innen hin. Im Vergleich mit der Kontrollgruppe hingegen scheinen die Vorteile für stärkere Leser*innen bei sprachsensiblem Geographieunterricht abgemildert zu werden. Der Schereneffekt zwischen starken und schwachen Leser*innen wird in der Experimentalgruppe in der Tendenz abgeschwächt. Der Schereneffekt bezeichnet das Phänomen, dass die Leistungen schwacher und starker Schüler*innen wie die Blätter einer Schere weiter auseinander gehen. Das sprachsensible Treatment ist binnendifferenziert und zielt darauf ab, alle bestmöglich zu fördern; sprachschwache Schüler*innen sollen ebenso wie sprachstarke Schüler*innen dazulernen. Dass besonders die sprachschwachen Schüler*innen profitieren, ist als Erfolg zu werten; gleichzeitig ist auch die Leistungszunahme bei den sprachstarken Schüler*innen erfreulich. Der Leistungszuwachs bei allen Schüler*innen kann ein Indiz dafür sein, dass die Binnendifferenzierung funktioniert hat. Da die Leistungen also bei allen Schüler*innen ansteigen, zeigen sich keine signifikanten Vorteile für die leseschwachen Kinder, sodass die Alternativhypothese statistisch nicht gehalten werden.

| | | |
|---|---|---|
| 28) | GruppeneffektLesenH$_1$FS$_{t2}$: m(FS Les$_{SL}$ \| EG$_{t2}$) – m(FS Les$_{SL}$ \| EG$_{t1}$) > m(FS Les$_{MGL}$ \| EG$_{t2}$) – m(FS Les$_{MGL}$ \| EG$_{t1}$) | verwerfen |
| | GruppeneffektLesenH$_0$FS$_{t2}$: m(FS Les$_{SL}$ \| EG$_{t2}$) – m(FS Les$_{SL}$ \| EG$_{t1}$) ≤ m(FS Les$_{MGL}$ \| EG$_{t2}$) – m(FS Les$_{MGL}$ \| EG$_{t1}$) | beibehalten |

Es zeigen sich in der Prä-Post-Analyse der Fachsprachtests keine signifikanten genderspezifischen Unterschiede innerhalb der Experimental- oder Kontrollgruppe. Insbesondere im C-Test sind die Differenzen in der Experimentalgruppe geringer ausgeprägt als in der Kontrollgruppe. Auch im Vergleich zu t1 haben sich die Genderunterschiede zu Ungunsten der Jungen abgemildert, obwohl diese in der Tendenz immer noch zu erkennen sind, allerdings nicht mehr statistisch signifikant werden. Die Alternativhypothese wird daher verworfen.

| | | |
|---|---|---|
| 29) | GruppeneffektGeschlH$_1$FS$_{t2}$: m(FS weibl \| EG$_{t2}$) – m(FS weibl \| EG$_{t1}$) < m(FS männl \| EG$_{t2}$) – m(FS männl \| EG$_{t1}$) | verwerfen |
| | GruppeneffektGeschlH$_0$FS$_{t2}$: m(FS weibl \| EG$_{t2}$) – m(FS weibl \| EG$_{t1}$) ≥ m(FS männl \| EG$_{t2}$) – m(FS männl \| EG$_{t1}$) | beibehalten |

Weder in der Kontroll- noch in der Experimentalgruppe zeigen sich signifikante Unterschiede beim Fachspracherwerb zwischen Deutsch-als-Erst- und Zweitsprachler*innen. Die Alternativhypothese, dass insbesondere Zweitsprachler*innen besonders vom Treatment profitieren, wird verworfen.

| | | |
|---|---|---|
| 30) | GruppeneffektSpracheH$_1$FS$_{t2}$: m(FS Spr$_{L2}$ I EG$_{t2}$) – m(FS Spr$_{L2}$ I EG$_{t1}$) > m(FS Spr$_{L1}$ I EG$_{t2}$) – m(FS Spr$_{L1}$ I EG$_{t1}$) | verwerfen |
| | GruppeneffektSprachenH$_0$FS$_{t2}$: m(FS Spr$_{L2}$ I EG$_{t2}$) – m(FS Spr$_{L2}$ I EG$_{t1}$) ≤ m(FS Spr$_{L1}$ I EG$_{t2}$) – m(FS Spr$_{L1}$ I EG$_{t1}$) | beibehalten |

## 7.5.3 Bezugsgruppenspezifische Treatmenteffekte auf die Selbsteinschätzung

Ebenso wie bei den allgemeinen Treatmenteffekten zeigen sich bei den bezugsgruppenspezifischen Treatmenteffekten in der Selbsteinschätzung keine klaren Befunde. Durch ein strengeres $d_{krit}$ aufgrund der zweiseitigen t-tests wird kein Effekt signifikant (vgl. Tab. 7.19).

Bezüglich der Selbsteinschätzung zeigen sich keine signifikanten Vorteile für schwache Leser*innen, die Mädchen oder Zweitsprachler*innen in der Experimental- oder Kontrollgruppe. Die Alternativhypothesen werden verworfen.

| | | |
|---|---|---|
| 31) | GruppeneffektLesenH$_1$SE$_{t2}$: m(SE Les$_{SL}$ I EG$_{t2}$) – m(SE Les$_{SL}$ I EG$_{t1}$) > m(SE Les$_{MGL}$ I EG$_{t2}$) – m(SE Les$_{MGL}$ I EG$_{t1}$) | verwerfen |
| | GruppeneffektLesenH$_0$SE$_{t2}$: m(SE Les$_{SL}$ I EG$_{t2}$) – m(SE Les$_{SL}$ I EG$_{t1}$) ≤ m(SE Les$_{MGL}$ I EG$_{t2}$) – m(SE Les$_{MGL}$ I EG$_{t1}$) | beibehalten |

| | | |
|---|---|---|
| 32) | GruppeneffektGeschlH$_1$SE$_{t2}$: m(SE weibl I EG$_{t2}$) – m(SE weibl I EG$_{t1}$) > m(SE männl I EG$_{t2}$) – m(SE männl I EG$_{t1}$) | verwerfen |
| | GruppeneffektGeschlH$_0$SE$_{t2}$: m(SE weibl I EG$_{t2}$) – m(SE weibl I EG$_{t1}$) ≤ m(SE männl I EG$_{t2}$) – m(SE männl I EG$_{t1}$) | beibehalten |

| | | |
|---|---|---|
| 33) | GruppeneffektSpracheH$_1$SE$_{t2}$: m(SE Spr$_{L2}$ I EG$_{t2}$) – m(SE Spr$_{L2}$ I EG$_{t1}$) > m(SE Spr$_{L1}$ I EG$_{t2}$) – m(SE Spr$_{L1}$ I EG$_{t1}$) | verwerfen |

| | GruppeneffektSpracheH$_0$SE$_{t2}$: m(SE Spr$_{L2}$ ∣ EG$_{t2}$) – m(SE Spr$_{L2}$ ∣ EG$_{t1}$) $\leq$ m(SE Spr$_{L1}$ ∣ EG$_{t2}$) – m(SE Spr$_{L1}$ ∣ EG$_{t1}$) | beibehalten |
|---|---|---|

Zu t1 konnten keine Geschlechterunterschiede festgestellt werden. Auch zum zweiten Erhebungszeitpunkt lassen sich keine Geschlechterunterschiede hinsichtlich der Veränderungen in den Zielvariablen erkennen. Bezüglich der Unterschiede zwischen leseschwachen und -starken Schüler*innen zeigt sich in Bezug auf die Variable Fachsprache, dass der Schereneffekt in der Experimentalgruppe abgemildert werden konnte. Für die Bezugsgruppe Deutsch als Erst-/Zweitsprache zeigen sich keine Unterschiede zwischen Lerner*innen mit Deutsch als Erst- oder Zweitsprache.

## 7.6 Beständigkeit der Treatmenteffekte

Abschließend stelle ich die Treatmenteffekte im Verlauf der Erhebungen (t1–t3) je Zielvariable nach Kontroll- und Experimentalgruppe unterteilt dar. Es handelt sich um die Mittelwerte je Erhebungszeitpunkt; es sind nicht die Differenzwerte dargestellt, wie dies in den anderen Kapiteln der Fall ist. Dies liegt darin begründet, dass die Stichprobe zu t3 aufgrund der COVID-19-Pandemie mehr als 10 % geringer ist und daher für die bisher durchgeführten Darstellungen zu klein ist. Es wird nachfolgend beurteilt, wie sich die Lernzuwächse oder -verluste über die drei Erhebungszeitpunkte je Zielvariable verändern. Die Beurteilung der unter 5.2 aufgestellten Hypothesen erfolgt über Balkendiagramme; genauere Erläuterungen folgen.

### 7.6.1 Beständigkeit der Treatmenteffekte auf das Fachwissen

Über alle drei Erhebungszeitpunkte lassen sich in beiden Gruppen Fachwissenszuwächse erkennen. Zu t3 gab es einen weiteren, leichten Anstieg des Fachwissens in beiden Gruppen, auch wenn dieser nicht signifikant wird (Überlappung der Fehlerbalken). Der Zuwachs zu t3 ist in beiden Gruppen ähnlich hoch (vgl. Abb. 7.1).

**Tab. 7.19** Bezugsgruppenspezifische Treatmenteffekte innnerhalb EG/KG; Zielvariable Selbsteinschätzung; Zyklus II, Differenzwerte t2-t1($\alpha = .05$, $1\text{-}\beta = .80$)

| Test | Gruppe | $d_{krit}$ | $\Delta d_{emp}$ | $\Delta d_{emp} \geq d_{krit}$ | EG/KG | N | $\Delta$m t2-t1 | s | $t_{krit}$ | df |
|---|---|---|---|---|---|---|---|---|---|---|
| Selbsteinschätzung EG | SL | .67 | .14 | nein | EG | 25 | −.08 | .36 | 1.99 | 86 |
| | MGL | | | | EG | 63 | −.14 | .48 | | |
| | männl. | .61 | .07 | nein | EG | 42 | −.11 | .49 | 1.99 | 86 |
| | weibl. | | | | EG | 46 | −.14 | .41 | | |
| | L1 | .79 | .05 | nein | EG | 69 | −.14 | .42 | 1.99 | 83 |
| | L2 | | | | EG | 16 | −.16 | .39 | | |
| Selbsteinschätzung KG | SL | .73 | −.57 | nein | KG | 22 | −.16 | .44 | 2.00 | 67 |
| | MGL | | | | KG | 47 | .07 | .36 | | |
| | männl. | .69 | .02 | nein | KG | 39 | .00 | .37 | 2.00 | 67 |
| | weibl. | | | | KG | 30 | −.01 | .44 | | |
| | L1 | .81 | −.55 | nein | KG | 46 | −.18 | .41 | 2.00 | 61 |
| | L2 | | | | KG | 17 | .04 | .38 | | |

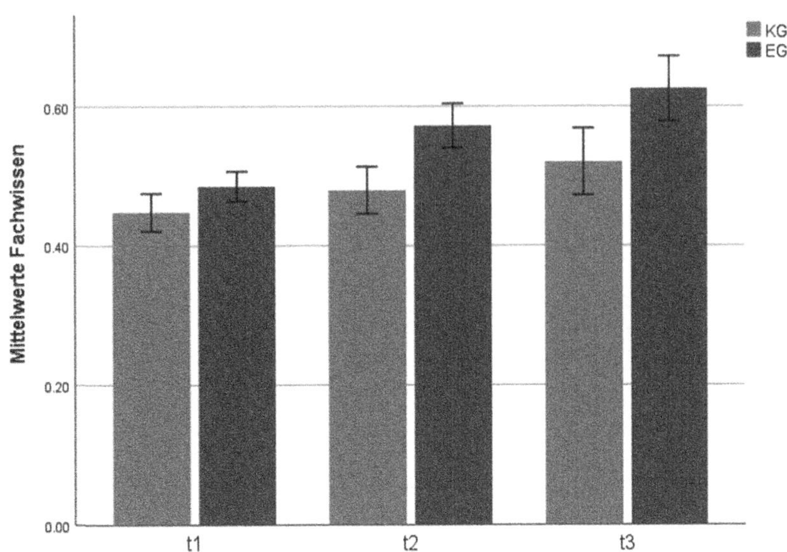


**Abb. 7.1** Mittelwerte des Fachwissenstest zu t1, t2 und t3 in Kontroll- und Experimentalgruppe; Fehlerbalken 95 %. (Eigene Darstellung)

Dass zu t3 keine Verluste, sondern sogar noch leichte Lernzuwächse zu erkennen sind, ist möglicherweise unter anderem damit zu begründen, dass an das Thema Schalenbau der Erde und Plattentektonik anschließend in den meisten Klassen Naturkatastrophen behandelt wurden, die auf das Wissen aus der Unterrichtsreihe aufbauen, auch wenn es nicht mehr explizit thematisiert wird. Die Experimentalgruppe hat im Vergleich zur Kontrollgruppe keine Nachteile; die Alternativhypothese kann daher hinsichtlich der Beständigkeit der Treatmenteffekte angenommen werden.

| | | |
|---|---|---|
| 25) | TreatmenteffektGesamt$H_1FW_{t3}$:<br>$m(EG_{t3-t2}) - m(EG_{t2-t1}) \geq m(KG_{t3-t2}) - m(KG_{t2-t1})$ | annehmen |
| | TreatmenteffektGesamt$H_0FW_{t3}$:<br>$m(EG_{t3-t2}) - m(EG_{t2-t1}) < m(KG_{t3-t2}) - m(KG_{t2-t1})$ | verwerfen |

### 7.6.2 Beständigkeit der Treatmenteffekte auf die Fachsprache

Zu t3 wurde wegen des zeitlichen Umfangs auf eine Profilanalyse verzichtet und nur ein C-Test eingesetzt. Es zeigen sich über alle Zeitpunkte und alle Gruppen Lernzuwächse (vgl. Abb. 7.2). Dass zu t3 nochmals Zuwächse zu verzeichnen sind, kann an Übungseffekten liegen, die nach dem dritten Mal auftreten. In Zyklus I gab es für die Kontrollgruppe, die auf Übungseffekte überprüft wurde, nur zwei Erhebungszeitpunkte. Es traten in diesem Rahmen keine signifikanten Übungseffekte auf. Denkbar ist außerdem, dass größere Lernzuwächse dann wahrscheinlicher werden, wenn bereits zu t2 mehr Wissen vorhanden ist.

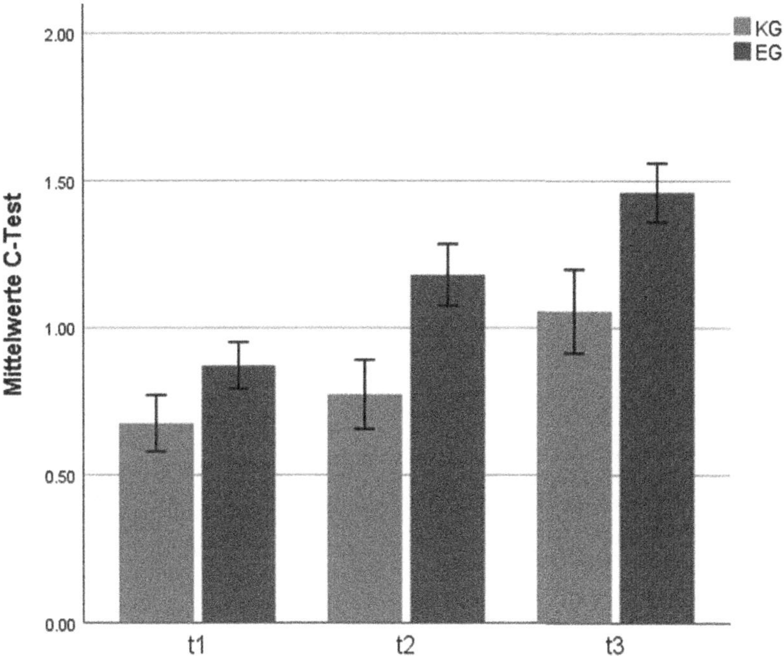


**Abb. 7.2** Mittelwerte des C-Tests zu t1, t2 und t3 in Kontroll- und Experimentalgruppe; Fehlerbalken 95 %. (Eigene Darstellung)

Auf Basis dieser Daten kann die Alternativhypothese angenommen werden.

| | | |
|---|---|---|
| 26) | TreatmenteffektGesamt$H_1FS_{t3}$:<br>$m(EG_{t3-t2}) - m(EG_{t2-t1}) \geq m(KG_{t3-t2}) - m(KG_{t2-t1})$ | annehmen |
| | TreatmenteffektGesamt$H_0FS_{t3}$:<br>$m(EG_{t3-t2}) - m(EG_{t2-t1}) < m(KG_{t3-t2}) - m(KG_{t2-t1})$ | verwerfen |

### 7.6.3 Beständigkeit der Treatmenteffekte auf die Selbsteinschätzung

Bezüglich der Selbsteinschätzung konnten keine Hypothesen mehr aufgestellt werden; sie ist aber der Vollständigkeit wegen dennoch dargestellt (vgl. Abschn. 5.2.4). Von Bedeutung sind insbesondere der Verlauf und die Unterschiede in Kontroll- und Experimentalgruppe. Während die Selbsteinschätzung in der Kontrollgruppe weitgehend stabil bleibt, schätzt sich die Experimentalgruppe über den Verlauf der Untersuchungen schlechter ein, sodass zwischen t1 und t3 eine (wenn auch nicht signifikante) Veränderung hin zu einer konservativeren Einschätzung der fachsprachlichen und fachlichen Kompetenzen im Geographieunterricht zu erkennen ist (vgl. Abb. 7.3).

Die Beständigkeit der Treatmenteffekte zeigt hinsichtlich der Variablen Fachwissen und Fachsprache keine Verluste in beiden Gruppen. Im Gegenteil zeigen sich sogar noch weitere Leistungszuwächse. Lediglich die Selbsteinschätzung zeigt zum dritten Erhebungszeitpunkt geringere Werte als zum ersten und zweiten Erhebungszeitpunkt.

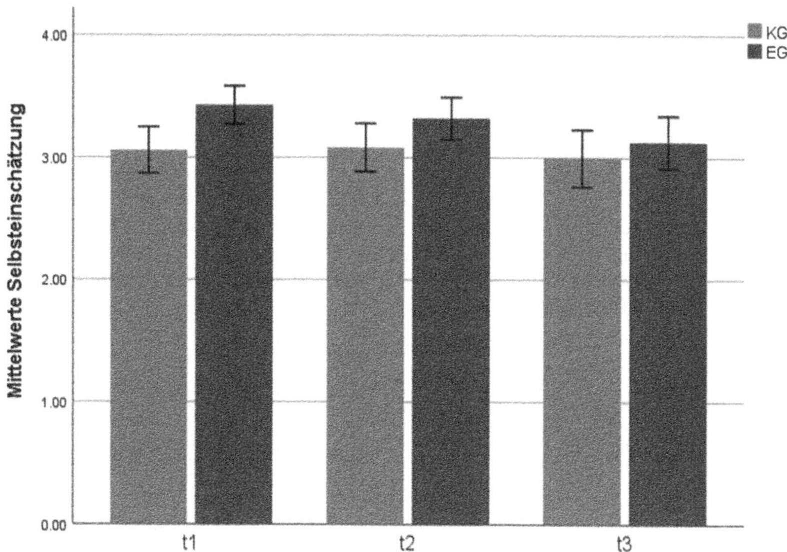


**Abb. 7.3** Mittelwerte der Selbsteinschätzungsskala zu t1, t2 und t3 in Kontroll- und Experimentalgruppe; Fehlerbalken 95 %. (Eigene Darstellung)

BY

# Teil III
# Diskussion und Zusammenfassung

Der dritte und letzte Teil dieser Arbeit bringt den Forschungsstand auf der einen Seite und die eigene empirische Arbeit auf der anderen Seite zusammen. Nachfolgend steht die Diskussion der Ergebnisse vor dem Hintergrund des aktuellen Forschungsstands im Fokus (vgl. Kap. 8). Die Zusammenfassung bündelt abschließend die zentralen Erkenntnisse und Aspekte der Arbeit (vgl. Kap. 9).

# Diskussion der Ergebnisse

# 8

In diesem Kapitel wird diskutiert, welchen Beitrag die vorliegende Arbeit zur aktuellen Forschung leistet (vgl. Abschn. 8.1) und welche Grenzen ihr auferlegt sind (vgl. Abschn. 8.3). Darüber hinaus werden in einem weiteren Unterkapitel alle relevanten Konsequenzen und Empfehlungen für die Unterrichtspraxis erörtert (vgl. Abschn. 8.2). Zuletzt zeigt ein Ausblick Potenziale für Anschlussforschung, weitere Fragestellungen und Desiderata auf (vgl. Abschn. 8.4).

## 8.1 Eigener Beitrag zum Forschungsstand

Die vorliegende Arbeit ergänzt die aktuelle Forschungslandschaft zu sprachsensiblem Geographieunterricht in verschiedenen Aspekten. Im Folgenden wird der Mehrwert dieser Arbeit vor allem für die geographiedidaktische Forschung dargestellt. Dabei sei übergeordnet zunächst auf den methodischen Rahmen verwiesen, der die Arbeit strukturiert.

**Design-Based Research in der Geographiedidaktik**

Design-Based Research wird in der Geographiedidaktik bisher wenig genutzt, obschon es sich zunehmender Beliebtheit erfreut. DBR ermöglichte es, auf verschiedenen Ebenen, nämlich einerseits theoretisch für die Grundlagenforschung und andererseits für die unterrichtliche Praxis, anschlussfähige Ergebnisse zu generieren. Die zentralen Erkenntnisse, die sich aus dem methodischen Rahmen ergeben, diskutiere ich im Folgenden.

Durch den iterativen Ablauf unterscheidet sich Design-Based Research wesentlich von anderen Forschungsdesigns. Im zyklischen Vorgehen werden Daten erhoben und ausgewertet, sodass die Intervention auf dieser Basis entsprechend



S. Wey, *Wie Sprache dem Verstehen hilft*,
https://doi.org/10.1007/978-3-658-36038-2_8

angepasst werden kann. Die Daten werden eher bottom-up, also mehrfach und formativ im Forschungsprozess erhoben. Dieses Vorgehen unterscheidet sich zentral vom dem, was üblicherweise in der Geographiedidaktik, aber auch in bildungswissenschaftlichen Studien wie PISA, TIMSS und IGLU angewendet wird. Der Prozess im Design-Based Research führt dazu, dass die Zusammenarbeit mit Praktiker*innen, in diesem Fall Geographielehrkräften, gestärkt wird und der reale Rahmen der Schule Berücksichtigung findet. Dies wiederum hat zur Folge, dass die Maßnahmen zu höherer Akzeptanz auf Seiten der Lehrkräfte führen und eine Implementierung in der Schulpraxis eher wahrscheinlich ist. So wurde die beforschte Unterrichtsreihe nach dem ersten Design-Zyklus auf Basis der Rückmeldung der Lehrkräfte sowie der Datenauswertung angepasst. Auch die Schüler*innen wurden in den Überarbeitungsprozess durch Feedbackmöglichkeiten einbezogen. Eine weitere Dimension der zyklischen, formativen Entwicklungs- und Forschungsarbeit ist die Annäherung an eine möglichst optimale Lösung. In diesem Sinne sind die Design-Kriterien und die daraus entstehende Unterrichtsreihe als Teil der Problemlösung zu begreifen – das Praxisproblem, Geographie sprachsensibel zu unterrichten. Um ein Problem zu lösen, wird auf Vorstellung(en) von einem Zielzustand zurückgegriffen, der die Problemlösehandlung maßgeblich beeinflusst. In der praktischen Umsetzung der Zielvorstellung ist es dann aber so, dass die Erwartungen nicht so getroffen werden. Die Problemlösung ist also durch unsere Vorstellung geprägt und gleichzeitig begrenzt. Simon (1955) beschreibt dieses Phänomen unter dem Begriff *bounded rationality* wie folgt:

> Broadly stated, the task is to replace the global rationality of economic man with the kind of rational behavior that is compatible with the access to information and the computational capacities that are actually possessed by organisms, including man, in the kinds of environments in which such organisms exist. (Simon 1955, S. 99)

Diese *bounded rationality* lässt sich am besten durch iteratives Vorgehen in den Designprozess einbinden (also abmildern). Jeder Design-Zyklus erzeugt dabei zwar keine perfekte, jedoch eine hinreichend zufriedenstellende, also optimale Problemlösung. So wurden z. B. durch die Durchführung des ersten Design-Zyklus die Testverfahren verbessert und in Design-Zyklus II das Problem der Evidenzbeurteilung für die Unterrichtsreihe und die Reliabilitäten adressiert. Je mehr Design-Zyklen durchgeführt werden können, desto stärker kann das Phänomen der *bounded rationality* abgefedert werden. Die zeitlichen Ressourcen hat dieses Projekt auf zwei Design-Zyklen beschränkt.

Mit diesen fruchtbaren Ansätzen, die sich aus der Designforschung ergeben, sind jedoch auch zahlreiche Limitationen verbunden, auf die teilweise schon im entsprechenden Methodikkapitel eingegangen wurde (vgl. Abschn. 6.1.3). Besonders kritisch hervorzuheben ist der Bruch mit klassischen Gütekriterien. Dadurch, dass die Intervention während des Forschungsprozesses verbessert wird und die Einheit als Gesamtes betrachtet und beforscht wird, also keine isolierten Variablen im Fokus stehen, entstehen Einbußen hinsichtlich der Validität. Das Verhältnis des flexiblen, praxisnahen Forschungsdesigns DBR zu klassischen Gütekriterien wird auch unter den Grenzen des Projekts nochmals kritisch diskutiert (vgl. Abschn. 8.3).

**Begriffliche Klarheit**

In der Diskussion um Bildungs-, Fach- und Alltagssprache sowie angrenzende Begriffe gibt es verschiedene, inkonsistent nebeneinander existierende Definitionen und Abgrenzungsversuche. Die begriffliche Heterogenität ist im Grundlagenteil dieser Arbeit dargelegt (vgl. Abschn. 2.1). Außerdem stellt die Zusammenschau des Diskurses den Versuch dar, begriffliche Klarheit zu schaffen. Was unter Fachsprache zu fassen ist, wurde zunächst theoretisch dargelegt und über die Entwicklung bzw. Adaption der Erhebungsinstrumente im empirischen Teil operationalisiert. Die Begriffsabgrenzung sowie die Operationalisierung in dieser Arbeit stellen einen von mehreren Zugängen dar. Ebenso gestaltet es sich mit dem vielschichtigen Begriff der Kompetenz, der ebenfalls häufig verwendet wird. Es existieren verschiedene Definitionen und Auslegungen des Kompetenzbegriffs. In dieser Arbeit wird bewusst nicht die sprachliche und fachliche Kompetenz der Schüler*innen als Zielvariable ausgerufen, sondern die Veränderung von Teilen des Fachwissens und der Fachsprache untersucht.

**Die Rollen und die Bedeutung von Sprache für den Geographieunterricht**

Im Grundlagenteil wird über die verschiedenen Rollen von Sprache im Geographieunterricht referiert (vgl. Abschn. 2.2). Die Darstellung des dahingehend vorliegenden Forschungsstandes ist nicht gänzlich neu, zeigt aber in der Zusammenschau verschiedener Forschungsarbeiten die Bedeutsamkeit von Sprache im Geographieunterricht auf. Was dadurch theoretisch offensichtlich wird – Sprache ist wichtiger Bestandteil des Geographieunterrichts und steht in Zusammenhang mit dem Erwerb von Fachwissen – untersuchte die erörterte Studie empirisch für den Geographieunterricht. Weiter oben ist bereits beschrieben, dass es aus dem aktuellen Forschungsstand anderer Fächer sowie der Analyse der verschiedenen Rollen von Sprache im Geographieunterricht nahe liegt, sprachsensiblen Geographieunterricht durchzuführen. Die vorliegende Studie untermauert diese Forderung erstmals empirisch. Dass die schwächsten Leser*innen über alle Erhebungszeitpunkte hinweg deutliche Nachteile im Fachwissenstest haben, zeigt, wie wichtig Leseförderung auch im Fachunterricht ist. Ferner korrelieren die Lernzuwächse in

Fachwissenstest und C-Test ($r = .34$, $\alpha = .01$) sowie die Lernzuwächse in Fachwissenstest und Profilanalyse miteinander ($r = .19$, $\alpha = .05$). Dies stützt erneut den Befund, dass Sprache im Geographieunterricht hohe Bedeutung zukommt.

**Design-Kriterien für sprachsensiblen Geographieunterricht**

Auf Basis des Forschungsstandes wurden Design-Kriterien für sprachsensiblen Geographieunterricht abgeleitet. Dabei wurde interdisziplinär auf Möglichkeiten sprachsensiblen Fachunterrichts geblickt. Der Anspruch war, verschiedene Zugänge zu berücksichtigen und diejenigen, die sich bereits in anderen Fächern und Forschungsfeldern als fruchtbar erwiesen haben, auf den Geographieunterricht anzuwenden.

Das erste Kriterium „Guter Geographieunterricht" ist gleichermaßen basal wie zur Diskussion gestellt – jedenfalls in seiner Operationalisierung. Weitgehend Konsens besteht darin, dass Geographieunterricht auf konstruktivistischem Lernverständnis basieren soll. Wellenreuther (2013) weist im Rahmen des Konstruktivismus auf die Notwendigkeit von direkter Instruktion hin. An dieser Stelle möchte ich diesen Aspekt explizieren. Konstruktivistischer Unterricht bedeutet nicht, die Schüler*innen mit dem zu Lernenden allein zu lassen, sondern sie durch Instruktion zu unterstützen (vgl. Abschn. 3.1).

Als weiteres zentrales Kriterium kristallisierte sich das sprachliche Scaffolding heraus. Dieses ist einerseits vor dem Hintergrund konstruktivistischen Lernverständnisses relevant und wird andererseits besonders in der Sprachdidaktik als notwendig für durchgängige Sprachbildung erachtet (vgl. Abschn. 3.3). In der Unterrichtsintervention wird bei der Operationalisierung des sprachlichen Scaffoldings nicht jeder sprachliche Bereich gleich stark beleuchtet. Vor allem bei der Textproduktion gibt die Unterrichtsreihe gestufte Hilfen im Sinne des Scaffoldings. Der mündliche Unterrichtsdiskurs (Mikro-Scaffolding) ist nicht explizit Untersuchungsgegenstand. Diese Schwerpunktsetzung ergibt sich aus dem Untersuchungsdesign und den entwickelten/adaptierten Erhebungsinstrumenten. Die Aufnahme von Gesprächen, was eine Untersuchung auf Mikro-Scaffolding-Ebene überhaupt erst ermöglicht hätte, war aus datenschutzrechtlichen Gründen nicht durchführbar, sodass Erhebungsverfahren genutzt wurden, die Schriftsprache fokussieren. Es ist erstrebenswert, in Anschlussforschung das sprachliche Scaffolding auf verschiedene Wege zu operationalisieren und auf seine Wirksamkeit hin zu prüfen (vgl. Abschn. 8.4).

Die Darstellungsvernetzung ist insbesondere für die Geographie ein wichtiges Design-Kriterium, da das Fach eine Vielzahl an verschiedenen (dis)kontinuierlichen Darstellungsformen aufweist. Auch bei diesem Kriterium ist eine vielseitige Operationalisierung möglich.

Die Arbeit untersuchte den Einbezug der Erstsprache erstmalig in dieser Form für den Geographieunterricht und erwies sich in den Beobachtungen der Unterrichtsreihe sowie der Rückmeldung der Schüler*innen als sinnvoll, insbesondere hinsichtlich verschiedener motivationaler Aspekte. Genauere Untersuchungen hierzu müssten noch vorgenommen werden, da Motivation ein komplexes Konstrukt verschiedener Bestandteile und Einflussfaktoren ist.

Es ist abschließend herauszustellen, dass die Kriterien keinen Anspruch auf Vollständigkeit erheben. Die Bezugsdisziplinen sind gewichtet und von unterschiedlicher Relevanz; es sind durchaus andere gute Schwerpunktsetzungen und Kriterien denkbar und sinnvoll.

**Erhebungsinstrumente**

Ein zentraler Beitrag für weitere Forschung liegt in der Entwicklung und Adaption verschiedener Erhebungsinstrumente. Bisher noch nicht vorhanden war ein Fachwissenstest für das Fach Geographie zu den Themen Schalenbau der Erde und Plattentektonik. Ein selbst entwickelter sprachlich möglichst niedrigschwelliger Multiple-Choice-Test überprüft das Fachwissen. Der Test erwies sich in seiner Reliabilität und Validität als sehr zufriedenstellend und kann auch in der Folgeforschung eingesetzt werden.

Um die Fachsprache zu erheben, wurden zwei Messinstrumente adaptiert. Zum einen ist ein C-Test entstanden, der sehr ökonomisch in Erstellung, Auswertung und Interpretation ist und alle weiteren Gütekriterien gleichsam gut erfüllt. Den C-Test, der sonst vorwiegend in der Zweit- und Fremdsprachenforschung eingesetzt wird, für die Erhebung der Fachsprachlichkeit zu erheben, ist bisher nur in wenigen Studien erprobt und hat sich im Rahmen dieser Arbeit als ertragreicher Ansatz erwiesen. Da aber der C-Test insbesondere die lexikalische Seite von Fachsprache erfasst, wurde zusätzlich eine Profilanalyse eingesetzt und ausgewertet. Die Profilanalyse umfasst verschiedene Auswertungskategorien, die aus bisherigen Arbeiten übernommen oder angepasst wurden. Die Auswertung der Profilanalyse ist deutlich umfangreicher und komplexer als die des C-Tests, gleichzeitig ist es durch sie möglich, ein Bild der Fachsprachlichkeit der Schüler*innen zu erhalten, dass nicht nur die lexikalische Ebene von Sprache umfasst. Doch auch die Profilanalyse hat Schwächen. So berücksichtigt sie kaum die pragmatische Seite von Sprache und inhaltliche Korrektheit spielt eine nebengeordnete Rolle. Pragmatik und Inhalt finden jeweils in nur einer der 16 Auswertungskategorien Berücksichtigung. Gleichzeitig stellt die Isolation der inhaltlichen Gesichtspunkte den Versuch dar, die Konstrukte Fachsprache und Fachwissen möglichst unabhängig voneinander zu erheben. Eben zu dieser Diskussion um die Unterscheidung von Fachwissen und Fachsprache leistet die vorliegende Arbeit einen Beitrag. Durch die Erstellung und den Einsatz der Erhebungsinstrumente sowie die ausführliche Erörterung der verschiedenen sprachlichen Register entsteht mehr begriffliche Klarheit.

Neben den Erhebungsinstrumenten zu Fachsprache und Fachwissen wurden auch Items zur Selbsteinschätzung bezüglich des Fachwissens und der Fachsprache im Fach Geographie aus größeren Schulleistungsstudien auf den Geographieunterricht adaptiert (vgl. Abschn. 6.2). Alle selbst entwickelten bzw. adaptierten Erhebungsinstrumente wurden über zwei Design-Zyklen hinweg empirisch erprobt, zeigen hohe Erfüllung der Gütekriterien und sind daher auch für den Einsatz in etwaiger Folgeforschung geeignet.

**Empirische Evidenzen**

Ein zentraler Beitrag zur aktuellen Forschung liegt in der vorgelegten Dokumentation des empirischen Vorgehens, der Bereitstellung eines Datensatzes und der erkannten Evidenz (vgl. Abschn. 7.3–7.6). Die Dokumentation soll Lehrkräfte ermächtigen, selbstständig einen Zugang zu sprachsensiblem Geographieunterricht zu konstruieren und kann als Leitfaden für Unterrichtsentwicklung gelesen werden. Die zum Datensatz gehörigen Erhebungsverfahren können im Unterricht verwendet werden.

Der wesentliche Teil der Forschungsarbeit war es, die auf den Design-Kriterien beruhende sprachsensible Unterrichtsreihe hinsichtlich ihrer Wirksamkeit zu untersuchen. Zusammengefasst zeigen sich in Hinblick auf diverse Variablen und Bezugsgruppen Vorteile für diejenigen Schüler*innen, die sprachsensiblen Geographieunterricht erhalten haben. Die zentrale Erkenntnis ist, dass sprachsensibler Geographieunterricht sowohl den Fachwissenserwerb als auch die Fachsprachlichkeit der Schüler*innen besser fördert als nicht-sprachsensibler Geographieunterricht ($d = .51$, $\alpha = .05$, $\beta\text{-}1 = .80$).

Bezüglich der bezugsgruppenspezifischen Untersuchungen zeigt sich, dass die schwächsten Leser*innen in der Experimentalgruppe hinsichtlich aller Variablen leichte, nicht signifikante Vorteile im Vergleich zur Kontrollgruppe haben. Es wird auch deutlich, dass die mittleren und guten Leser*innen noch stärkeren Zuwachs in Fachsprache und Fachwissen haben als die schwachen Leser*innen. Eine Erklärung hierfür ist der aus der Soziologie bekannte Matthäus-Effekt („Denn wer da hat, dem wird gegeben, dass er die Fülle habe; wer aber nicht hat, dem wird auch das genommen, was er hat.“ Matthäus-Evangelium 25,29), wovon der erste Teil des Satzes auch in dieser Studie zum Tragen zu kommen scheint. Denn auch sprachstarke Schüler*innen zeigen in der Experimentalgruppe deutlich höhere Leistungszuwächse als in der Kontrollgruppe. Auch die sprachschwachen Schüler*innen profitieren von dem Treatment. Positiv formuliert zeigt sich in diesem Befund ein wesentlicher Vorteil von sprachsensiblem Geographieunterricht. Er dient nicht nur den (lese)schwächsten Schüler*innen, sondern ist hinsichtlich der betrachteten Merkmale wirksamer als nicht-sprachsensibler Geographieunterricht. Damit entkräften die dargestellten Ergebnisse Bedenken, dass bei einer sprachsensiblen Ausrichtung des Geographieunterrichts Fachlichkeit zu kurz kommt. Außerdem räumt er mit dem Missverständnis auf, dass sprachsensibler Geographieunterricht nur die Schwächsten fördert. Wenn binnendifferenzierter Unterricht möglichst gut gelingen soll, ist der Anspruch, dass alle gefordert werden. Dies bedeutet auch, dass sich die Unterschiede zwischen den Leistungsstarken und Leistungsschwachen nicht zwingend schmälern. Bezüglich der Unterschiede zwischen leseschwachen und -starken Schüler*innen zeigt sich in Bezug auf die Variable Fachsprache, dass der Schereneffekt in der Experimentalgruppe abgemildert werden konnte; für die Variable Fachwissen ist dieser Befund so nicht feststellbar. Im Gegenteil: Es zeigt sich, dass die Lesestarken der Experimentalgruppe höheren Leistungszuwachs haben als die Leseschwachen derselben Gruppe ($d = -.63$, $\alpha = .05$, $1\text{-}\beta = .80$). In der Kontrollgruppe fallen die Unterschiede im Fachwissenszuwachs zwischen Lesestärksten und Leseschwächsten nicht signifikant aus. Erst wenn Sprache als Hürde überwunden ist, können Lehrende und Lernende die Aufmerksamkeit auf das fachliche Lernen lenken. Die Befunde zeigen damit, dass Lesekompetenz nicht nur zentrale Voraussetzung für Schulerfolg im Allgemeinen ist, sondern ein Schlüssel für Teilhabe am Fachunterricht. Die Erkenntnisse werfen außerdem die Frage auf, ob nicht die schwächsten 30 % der Leser*innen angepasste Lernziele für den Fachunterricht brauchen. Dass diese Überlegung angestellt werden kann, ist der genaueren Betrachtung der Stichprobe untergliedert nach Bezugsgruppen zu verdanken. An dieser Stelle offenbart sich – auch im Vergleich zu anderen empirischen Studien zu sprachsensiblem Fachunterricht – ein wesentlicher Vorteil der statistischen Untersuchungen in dieser Arbeit.

Weder zum ersten Erhebungszeitpunkt noch im Verlauf der weiteren Erhebungen lassen sich Unterschiede zwischen Schüler*innen mit Deutsch als Erst- oder Zweitsprache feststellen. Dies ist insofern ein erfreulicher Befund, als er darauf hindeutet, dass Kinder mit mehrsprachigem Hintergrund jedenfalls in dieser Kohorte keine signifikanten Nachteile haben und die entsprechenden Schulen bereits in irgendeiner Form auf die praktische Realität der multilingualen Schule reagieren.

Nach den Untersuchungen unklar bleibt die Rolle der Selbsteinschätzung. Diese Variable ist im Forschungsprozess als relevante Größe aufgefallen. Im ersten Design-Zyklus waren Korrelationen zwischen Geschlecht und Selbsteinschätzung zu erkennen. Die Mädchen schätzten im ersten Design-Zyklus ihre sprachlichen und fachlichen Kompetenzen schlechter ein als die Jungen, und das, obwohl sie in den entsprechenden Tests dazu leicht bessere Ergebnisse erzielten. Diese Diskrepanz war derart auffällig, dass die Selbsteinschätzung im zweiten Design-Zyklus im Prä-Post-Follow-up-Vergleich und nicht mehr nur zu t1 erhoben wurde. Für den zweiten Design-Zyklus ergeben sich allerdings keine signifikanten Korrelationen mehr und es bedarf weiterer empirischer Untersuchung. Dadurch, dass die Variable der Selbsteinschätzung erst im Forschungsprozess aufgetaucht ist, ist sie nicht explizit im Grundlagenteil aufgearbeitet. Dies sollte Gegenstand von Folgearbeiten sein. Die skizzierten Einsichten legitimieren und fordern weitere Forschung zur Wirksamkeit sprachsensiblen Geographieunterrichts in verschiedenen Formen der Operationalisierung.

## 8.2 Konsequenzen und Empfehlungen für die Unterrichtspraxis

Neben den oben dargestellten theoretischen und empirischen Erkenntnissen lassen sich aus der durchgeführten Studie diverse Konsequenzen für die unterrichtliche Praxis ableiten. Die Design-Kriterien für sprachsensiblen Geographieunterricht sind eine zentrale Praxisempfehlung. Die nachfolgenden Aspekte lösen allerdings den Blick davon und fassen weitere Aspekte der Arbeit für die praktische Umsetzung ins Auge.

**Leseförderung stärken**

Im Rahmen der Studie wurden die schwächsten 30 % der Leser*innen eingehender betrachtet. Bei Analyse der differenziellen Treatmenteffekte in der sprachsensiblen Gruppe zeigt sich, dass die mittleren und guten Leser*innen stärker vom Treatment profitieren als die schwächsten Leser*innen. Dies könnte bedeuten, dass die Hilfen, die das sprachsensible Treatment anbietet, nicht auf angemessenem Niveau stattgefunden haben und noch niedrigschwelliger angesiedelt sein müssen. Darüber hinaus kann es sinnvoll sein, für die Leseschwächsten eigene Lernziele zu entwickeln. Dass die schwächsten Leser*innen nicht stärker profitieren als die mittleren und guten Leser*innen, kann auch daran liegen, dass im Rahmen der Studie nicht für jede Klasse individuelle Anpassungen der gestuften Hilfen vorgenommen werden konnten, um Vergleichbarkeit zwischen den Klassen zu garantieren. Sprachsensibler Geographieunterricht muss adaptiv wirken und kann dementsprechend nicht als abstrakte Methode pauschalisiert werden.

Insgesamt zeigt sich, dass die Anforderungen an Leseförderung in der Sekundarstufe I breiter diskutiert werden müssen. Für Lehrkräfte bedeutet das, dass Lesekompetenz in allen Fächern gefördert werden muss. Lesen anzuregen, auch das private Lesen, muss integraler Bestandteil jedes Unterrichts werden. Ein möglicher Zugang ist der Einbezug literarischer Texte im Fachunterricht. So gibt es zum Beispiel in der untersuchten sprachsensiblen Unterrichtsreihe einen Baustein, der Bezug auf Jules Vernes Reise zum Mittelpunkt der Erde nimmt. Die Lehrperson liest den Schüler*innen einen Auszug aus dem Buch vor; die Schüler*innen aktivieren ihre eigenen Vorstellungen zum Erdinneren, vergleichen sie mit der literarischen Aufbereitung und schließlich beschäftigen sie sich mit dem Erdinneren aus fachlicher Perspektive. Denkbar wäre auch, die Schüler*innen den Abschnitt selbst lesen zu lassen, allerdings stand in diesem Teil der Unterrichtsstunde die literarische Ästhetik im Fokus. Die Schüler*innen sollten sich auf den literarischen Text einlassen, ohne selbst lesen zu müssen, was für manche Schüler*innen möglicherweise eine zusätzliche Belastung darstellt.

**Schreiben als integraler Bestandteil des Geographieunterrichts**

Abgesehen von der notwendigen fächerübergreifenden Leseförderung plädiert diese Arbeit für mehr Schreiben im Geographieunterricht. Insbesondere unter Einbezug von Scaffolding und Darstellungsvernetzung zeigte sich das Schreiben in der Studie als Schlüssel zum fachlichen Verstehen. Dabei bezieht sich das Schreiben eben nicht primär auf Hefteinträge, sondern dient dem Erkenntnisgewinn selbst. Epistemisches Schreiben zeigt sich für sprachschwächere Schüler*innen als hilfreich in der Sprachförderung, da der Schreibprozess Zeit gibt, die in der gesprochenen Sprache nicht vorhanden ist. Außerdem nimmt es Druck, der durch Sprechen, insbesondere vor oder im Klassenverband durch die Anwesenheit (und Beurteilung) anderer vorhanden ist.

**Sprachliches Scaffolding**

Sowohl die angesprochene Lese- als auch die Schreibförderung sollten im Rahmen des sprachlichen Scaffoldings stattfinden. Die Untersuchungen der schwächsten 30 % der Leser*innen zeigen, dass die in der Unterrichtsreihe dargebotenen Hilfen möglicherweise noch nicht ausreichend niedrigschwellig angesiedelt waren, um die schwächsten so gut zu fördern wie die stärksten Leser*innen. Durchgängige Sprachförderung wird nur dann möglich sein, wenn sowohl sprachschwache als auch sprachstarke Schüler*innen möglichst gleich stark gefördert werden können. Aufgrund der großen Heterogenität im Klassenzimmer ist dafür Binnendifferenzierung unabdingbar; dass diese nicht nur in Bezug auf fachliche Aspekte geschehen sollte, sondern unbedingt ebenfalls unter sprachlichen Gesichtspunkten, zeigt die Arbeit eindrücklich. In der Arbeit wenig beleuchtet wird sprachliches Scaffolding auf Ebene des mündlichen Unterrichtsdiskurses. Diese Ebene zu stärken, ist eine zentrale Unterrichtsempfehlung.

**Abwendung vom monolingualen Habitus**

Sprachliche Vielfalt ist das Fundament dieser Arbeit. Die Schüler*innen dieser Stichprobe (N = 320) sprechen 35 verschiedene Sprachen. Obschon dies nicht repräsentativ für jede Schule im Bundesgebiet ist, so zeigt die hohe Sprachenvielfalt an, dass Mehrsprachigkeit längst zum schulischen Alltag gehört. Es ist Zeit, diese anzuerkennen und, mehr noch, als Ressource zu begreifen. Das heißt nicht, dass alle Lehrkräfte die Erstsprachen ihrer Schüler*innen sprechen oder verstehen können sollen. Bei dieser Empfehlung geht es viel eher darum, auch andere Erstsprachen als das Deutsche als Werkzeug zum fachlichen Verstehen zu begreifen und nicht ständig und überall auf der deutschen Sprache im Unterricht zu beharren.

**Qualifizierungsangebot etablieren**

All die dargelegten Empfehlungen für die unterrichtliche Praxis bilden nicht die aktuelle Ausbildungssituation oder gar den Unterrichtsalltag ab. Lehrkräfte werden momentan nicht ausreichend geschult oder schon im Lehramtsstudium mit sprachlichen Anforderungen im Geographieunterricht konfrontiert. Es bleibt eher dem Zufall überlassen, ob Studierende mit dem Thema Sprache im Klassenzimmer überhaupt in Kontakt kommen, insbesondere dann, wenn sie kein Sprachenfach studieren. Je nachdem unterscheidet sich der Qualifizierungsbedarf erheblich. Möglichkeiten sprachsensiblen Geographieunterrichts müssten integraler Bestandteil des Studiums sein. Alle Lehramtsstudierenden sollten darüber hinaus Module besuchen, die sich mit Sprache in der Schule allgemein sowie im Fachunterricht beschäftigt. Auch wenn es zunächst überrascht, können auch Sprachenfächer sprachsensibel oder nicht-sprachsensibel unterrichtet werden. So findet Grammatikunterricht in Deutsch meistens isoliert und nicht kontexteingebunden statt; Lektüre wird auch ohne gestufte Hilfen gelesen, Schreiben findet ebenfalls oft ohne Einbindung in Kontexte statt. Den Schüler*innen ist meist nicht klar, warum sie das, was sie im Deutschunterricht lernen, für andere Fächer benötigen. Das mag auch daran liegen, dass viele Textsorten, auf die im Deutschunterricht eingegangen wird, tatsächlich außerhalb dieses Rahmens keine Anwendung finden. Welche Hürden sprachlich bestehen, ist sprachlich kompetenten Sprecher*innen/Schreiber*innen/Leser*innen oft gar nicht bewusst und genau deshalb braucht es ein Qualifizierungsangebot, das für die sprachlichen Schwierigkeiten im Geographieunterricht sensibilisiert. Darüber hinaus bleibt die Rolle von guten Unterrichtsgesprächen oft unterbeleuchtet. Auch diese Arbeit bespricht das Mikro-Scaffolding zu wenig explizit und es braucht dringend Folgeforschung, die sich mit der Umsetzung von Mikro-Scaffolding im Geographieunterricht sowie angemessenen Schulungen für Lehrkräften beschäftigen.

Qualifizierungsmaßnahmen für Lehrkräfte sowie die Implementierung von sprachsensiblem Geographieunterricht im Studium sind die wichtigsten Konsequenzen, die diese Arbeit aus ihren Ergebnissen ableitet. Ohne ein Angebot an Lehrkräfte für mehr Sprachsensibilität im Unterricht verbleiben die Erkenntnisse überwiegend auf wissenschaftlicher Ebene. Es sind daher Schulungen für Lehrkräfte sowie Seminare zu Sprachsensibilität an der Universität geplant. Gleichwohl ist anzumerken, dass es im Aus- und Fortbildungsbereich zu Sprachsensibilität, insbesondere auch zu Mehrsprachigkeit, positive Entwicklungen gegeben hat und sich sowohl im Studium als auch in Forschung und Lehrkräfteschulungen diverse Angebote etabliert haben (vgl. Peuschel/Burkard 2019b, S. 33–34).

## 8.3 Grenzen

Trotz der Beiträge, die die Arbeit zum aktuellen Forschungsstand und der praktischen Umsetzung sprachsensiblen Geographieunterrichts leisten kann, verbleiben einige Grenzen, die ich im Folgenden aufführen möchte. Auf einige Grenzen wird bereits bei Beurteilung der Gütekriterien kritisch hingewiesen (vgl. Abschn. 7.2).

**Einschränkungen der internen Validität**

Feldstudien sind anfällig für vielfältige Störfaktoren. Uhrzeit, Tag, persönliche Stimmung und andere Aspekte können in der Praxis nur schwer kontrolliert werden. Trotz diverser Maßnahmen für hohe interne Validität (vgl. Abschn. 7.2) konnten in dieser Studie nicht alle Störfaktoren isoliert werden. Eine zentrale Einschränkung der internen Validität sind die unterschiedlichen Eingangsvoraussetzungen von Kontroll- und Experimentalgruppe hinsichtlich der Variable Selbsteinschätzung. Diese Bedrohung der internen Validität wird dadurch abgemildert, dass bei der Beurteilung der Treatmenteffekte nur die Lernzuwächse beurteilt werden. Dennoch sind die unterschiedlichen Eingangsvoraussetzungen problematisch. Denn es ist möglich, dass der Lernzuwachs in der Experimentalgruppe durch höheres Vorwissen begünstigt wird und nicht allein auf das Treatment zurückzuführen ist. Darüber hinaus stört der Regressionseffekt die internale Validität. In der vorliegenden Studie werden nämlich Personen auf Individualebene hinsichtlich verschiedener Variablen untersucht; sie erfahren dann aber das Treatment auf Klassenebene. Dies hat zur Folge, dass nicht einwandfrei herausgestellt werden kann, ob Veränderungen in den Erhebungen zu t2 auf das Treatment zurückzuführen sind.

**Einschränkungen der externen Validität**

Die größte Einschränkung der externen Validität liegt in der begrenzten Stichprobengröße. Aufgrund der begrenzten Anzahl an Proband*innen und der relativ großen Heterogenität innerhalb der Stichprobe sind nur eingeschränkte statistische Verfahren möglich. Die optimale Stichprobengröße wurde vor den Erhebungen für eine mittlere Effektgröße ermittelt (vgl. Abschn. 6.5). Ein entsprechend großes Sample konnte ebenfalls erstellt werden. Für Berechnungen auf Ebene der Gesamtstichprobe untergliedert nach Kontroll- und Experimentalgruppe sind die Gruppengrößen ausreichend. Dies liegt unter anderem darin begründet, dass die Treatmenteffekte mit mittlerer Größe deutlich ausfallen. Bei geringeren Effekten und zweiseitigen t-Tests wird die Hypothesenüberprüfung mit der vorhandenen Stichprobengröße problematisch. Dies gilt ebenfalls für die Betrachtung einzelner Bezugsgruppen. In den Untersuchungen wurde die Stichprobe hinsichtlich dreier Merkmale gesondert betrachtet (Geschlecht, Lesekompetenz, Erstsprache). Für manche Berechnungen zeigt sich an dieser Stelle bereits, dass die Stichprobengröße nicht ausreichend ist. Weitere Betrachtungen der Stichprobe untergliedert in andere Merkmale, wie zum Beispiel der Erstsprachen, wären Anknüpfungspunkte für Folgeforschung, können aber statistisch nicht mehr ausreichend plausibel abgebildet werden.

Einschränkend zur begrenzten Stichprobe sind eine teilweise hohe Anzahl an Fehlwerten in Design-Zyklus I zu nennen. Hierfür ist eine Reihe von Gründen ursächlich. Während der Fachwissenstest jeweils zu t1 und t2 in jeder Klasse durchgeführt wurde, Fehlwerte also allein auf das Fehlen einzelner Schüler*innen zu einem der Erhebungszeitpunkte zurückzuführen sind, wurden andere Erhebungen nur zu einem Erhebungszeitpunkt durchgeführt. Der Lesegeschwindigkeits- und -verständnistest sowie der Fragebogen zur Erhebung der Kontrollvariablen wurden lediglich zu t1 vorgelegt, da davon ausgegangen wurde, dass sich diese zu t2 nicht verändert haben werden. Dies wurde ebenfalls für den zweiten Design-Zyklus so angenommen – mit dem Unterschied, dass die Skala zur Selbsteinschätzung im zweiten Design-Zyklus explizit im Treatment der Experimentalgruppe adressiert werden soll, da sich auffällige Korrelationen mit den abhängigen Variablen ergeben haben. Diese Skala wurde daher in Design-Zyklus II auch zu t2 und t3 erhoben. Die Profilanalyse zur Messung der Fachsprache konnte in Design-Zyklus I aufgrund der mangelnden Schreibmotivation nicht in allen Klassen zu t2 erneut durchgeführt werden. Da das Design im Rahmen des explorativen Design-Based Research eine gewisse Flexibilität hinsichtlich kleiner Umstellungen während eines Zyklus zulässt, wurde die leistungsbezogene geographiespezifische Fachsprachlichkeit in der letzten zu erhebenden Klasse mittels eines C-Tests durchgeführt. Es liegen daher für Zyklus I nur Daten aus einer Klasse vor. Im zweiten Design-Zyklus konnte die Einschränkung hoher Fehlwerte behoben werden.

Eine weitere Einschränkung der externen Validität liegt im Forschungsdesign begründet. Design-Based Research untersucht komplette Unterrichtssettings in einem Zusammenspiel vieler verschiedener Faktoren. Dies hat den Vorteil, möglichst praxisnah die Wirksamkeit ganzer Settings untersuchen zu können. Im Umkehrschluss bedeutet das aber auch, dass der Erfolg oder Misserfolg einer Intervention nicht auf einzelne, isolierte Variablen zurückzuführen ist, wie es in klassischer Grundlagenforschung im Rahmen von (quasi-)experimentellen Designs der Fall wäre.

**Einschränkungen der Konstruktvalidität**

Eine weitere Grenze des Forschungsprojekts stellen die nicht völlig trennscharf zu erhebenden Konstrukte Fachsprache und Fachwissen dar. So korreliert der C-Test mit dem Fachwissenstest. Dennoch ist eben in der Konstruktion der verschiedenen Erhebungsinstrumente im Vergleich zum vor dieser Arbeit bestehenden Forschungsstand ein Fortschritt zu sehen (vgl. Abschn. 8.1). Durch die eingehende Auseinandersetzung mit der Problematik der Trennschärfe im Grundlagenteil der Arbeit und der daraus abgeleiteten Konstruktion der Erhebungsinstrumente wird das Problem adressiert und abgemildert.

**Einschränkungen der Objektivität**

Einschränkungen in der Objektivität sind insbesondere für Design-Zyklus I der Studie aufzuführen. Die Treatments in Design-Zyklus I wurden von mir selbst durchgeführt. Dies ist einem hohen Grad an Objektivität abträglich, wurde aber aus forschungspraktischen Gründen als vertretbar eingeschätzt. Die zunächst geplante Videographie der Unterrichtsreihe und anschließende externe Bewertung der Objektivität konnte aus Datenschutzgründen nicht durchgeführt werden. Im Rahmen des explorativen Designs erschien es vertretbar, dass das Treatment im ersten Design-Zyklus von mir selbst durchgeführt wurde; so war es möglich, positive und negative Aspekte des Unterrichts aus erster Hand zu erfahren und im zweiten Design-Zyklus entsprechend zu überarbeiten. Es wurde darauf geachtet, dass das nicht-sprachsensible Treatment vor dem sprachsensiblen Treatment durchgeführt wurde, um zu verhindern, Elemente des sprachsensiblen Treatments in die Kontrollgruppe zu integrieren. Im zweiten Design-Zyklus wurden die Unterrichtsreihen von der eigentlichen Geographielehrperson durchgeführt. Vorab erhielten die Lehrpersonen eine 90-minütige Schulung zur entsprechenden Unterrichtsreihe. Mindestens die Hälfte der Unterrichtsreihe habe ich beobachtet, um sicherzustellen, dass keine Abweichungen vom zu unterrichtenden Treatment vorhanden waren. Darüber hinaus wurde ein Fragebogen für die Lehrkräfte eingesetzt, in dem diese

Angaben zu ihren (sprachlichen) Lehrgewohnheiten machten. Dies erlaubte es, bedingt Rückschlüsse auf Unterschiede im Lehrverhalten ziehen zu können.

**Diagnose und Therapie**

Eine weitere mögliche Grenze dieser Studie liegt in der praktischen Implementierung der Forschungserkenntnisse. Bereits im Forschungsdesign selbst ist ein hoher Praxisanteil enthalten; mit der Schulung der Lehrkräfte sowie des zyklischen Vorgehens ist bereits bei Durchführung der Studie ein praktischer Nutzen vorhanden. Darüber hinaus ist es allerdings eine wichtige Aufgabe, die Forschungserkenntnisse aus dieser Arbeit nach ihrer Fertigstellung in die Praxis zu tragen. Andernfalls verbleiben die Ergebnisse eher in der Wissenschaft; eine bloße Diagnose ohne Therapie. Durch Implementierung sprachsensiblen Geographieunterrichts bereits im Studium sowie im Schulungsangebot für Lehrkräfte kann Sprachsensibilität bottom-up integraler Bestandteil des Schulalltags werden.

## 8.4 Ausblick

Bevor die Arbeit insgesamt abschließend zusammengefasst wird, geht der Blick nach vorne. Was folgt auf diese Studie? Welche Fragestellungen und Untersuchungsgegenstände ergeben sich aus der Arbeit? Wo ergeben sich weitere Potenziale für Replikationen oder Überarbeitungen?

**Qualifizierungsangebot**

Im vorangegangen Unterkapitel wird bei den Grenzen auf die Implementierung der Erkenntnisse in der Praxis eingegangen. Um dem zu begegnen, sollen ein Qualifizierungsangebot für Lehrkräfte sowie Seminare für Studierende anknüpfend an diese Arbeit erstellt und durchgeführt werden, um eine entsprechende Multiplikation der Erkenntnisse zu erreichen. Darüber hinaus sind Handreichungen und Praxisbeiträge in Zeitschriften denkbare Wege, um die Erkenntnisse einem Praxispublikum zugänglich zu machen. Außerdem ist in Zeiten des Digitalen an soziale Medien zu denken. In welcher Form welche Zielgruppe sinnvoll erreicht werden kann, ist zu diskutieren.

**Selbsteinschätzung als Hemmnis und Chance**

Im Laufe des Forschungsprozesses ist die Variable der Selbsteinschätzung als möglicherweise relevanter Faktor für den Aufbau von Fachwissen und Fachsprache aufgefallen. Dadurch, dass die Selbsteinschätzung nicht von Anfang an Zielgröße der Untersuchung war, sondern durch die Flexibilität von Design-Based Research im zweiten Design-Zyklus Berücksichtigung finden konnte, war die theoretische Einbettung und damit die Interpretation dieser Größe in geringerem Ausmaß möglich. In Anschlussfragestellungen ist anzuraten, diese Variable als Zielvariable sowohl theoretisch als auch empirisch umfassender zu beleuchten. So stellt sich die Frage, welche Rolle die Selbsteinschätzung beim Erwerb von Fachsprache und Fachwissen spielt und inwiefern sie im sprachsensiblen Treatment adressiert werden kann. Bedeutsam erscheinen auf Basis der Erkenntnisse dieser Arbeit Geschlechterunterschiede hinsichtlich der Selbsteinschätzung, vor allem in Verbindung mit der tatsächlichen Entwicklung der Ergebnisse im Fachwissenstest und in der Fachsprache. Auf theoretischer Ebene sind in diesem Kontext Forschungsarbeiten zur Über- und Unterschätzung der eigenen Fähigkeiten zu betrachten. Ferner sei darauf hingewiesen, dass Selbsteinschätzung und Motivation fächerübergreifende pädagogisch-psychologische Aspekte sind. Diese grundlegend anzuheben und damit dem fachlichen Leistungszuwachs Raum zu geben, erfordert interdisziplinäres Zuspiel und ist nicht allein aus der geographiedidaktischen Forschung heraus zu stemmen.

**Schüler*innenvorstellungen und Sprachsensibilität**

Die Arbeit hat deutlich herausgestellt, dass Fachsprache in hohem Maße metaphorisch geprägt ist. Metaphern sind allgegenwärtiger Teil von Sprache und können das Verständnis erleichtern; insbesondere aber im fachlichen Kontext können Metaphern auch zu fachlich unangemessenen Schüler*innenvorstellungen führen oder diese befördern. Vor diesem Hintergrund erscheinen Untersuchungen zur Bedeutsamkeit von Metaphern in der Fachsprache und Schüler*innenvorstellungen relevant, um sprachsensiblen Geographieunterricht fachlich und sprachlich angemessen zu gestalten.

**Fokus auf einzelne Kriterien von sprachsensiblem Geographieunterricht**

Eine Grenze von Design-Based Research ist, dass gesamte Settings untersucht werden, ohne am Ende des Forschungsprozesses den Erfolg oder Misserfolg auf einzelne Variablen attribuieren zu können (vgl. Abschn. 6.1). Die Arbeit konnte – unter Berücksichtigung all ihrer Grenzen – herausstellen, dass sprachsensibler Geographieunterricht wirksam hinsichtlich des Erwerbs von Fachwissen und Fachsprache ist. Warum das so ist, klärt diese Arbeit nicht, und insofern ist Anschlussforschung ratsam, die die einzelnen Design-Kriterien näher untersucht. Es stellt sich die Frage, ob und wie die einzelnen Faktoren isoliert voneinander in unterschiedlichen Operationalisierungsformen funktionieren. Denkbar ist, dass die einzelnen Kriterien nur im Zusammenspiel Wirksamkeit zeigen, oder aber, dass manche Kriterien weniger wirksam sind als andere. Auf Basis des Grundlagenteils sowie der Operationalisierung der Kriterien für die vorliegende Forschungsarbeit liegt die Vermutung nahe, dass insbesondere dem sprachlichen Scaffolding eine große Bedeutung beigemessen werden sollte. Mehrfach wurde im Verlauf der Arbeit dargestellt, dass das Mikro-Scaffolding nicht explizit in die Auswertung der Unterrichtsreihe einfließt, obwohl es in der aktuellen Forschung eine große Rolle spielt. Anschlussforschung sollte den Fokus daher auch auf Mikro-Scaffolding und damit den mündlichen Unterrichtsdiskurs richten.

**Beitrag zur Inklusion**

Inwiefern kann sprachsensibler Geographieunterricht einen Beitrag zur Inklusion leisten? Diese Frage wird in dieser Arbeit nicht beleuchtet, ist aber insbesondere im aktuellen bildungspolitischen Diskurs von hoher Relevanz. Sprachsensibler Geographieunterricht in der Form, wie er in der vorliegenden Studie betrachtet wird, sensibilisiert Lehrkräfte hinsichtlich der sprachlichen Herausforderungen, doch ist damit nicht auf Aspekte der Inklusion im eigentlichen Sinne eingegangen. In Folgeforschung könnte die Rolle von Sprache in der Debatte um angemessene Inklusionskonzepte Berücksichtigung finden.

**Bezugsgruppen genauer untersuchen**

Was die Arbeit bereits in einigen Berechnungen leistet, ist die Betrachtung von drei Bezugsgruppen, getrennt nach Geschlecht, Lesekompetenz sowie Deutsch als Erst- oder Zweitsprache. Eingehendere Untersuchungen dieser Bezugsgruppen sind für anschließende Fragestellungen von Interesse, um das sprachsensible Treatment weiter zu optimieren. So zeigte sich in dieser Studie, dass die sprachlichen Scaffolds für besonders schwache Leser*innen noch nicht niedrigschwellig genug gewesen sind und möglicherweise auch binnendifferenzierte Lernziele veranschlagt werden sollten. In diesem Kontext scheint es ebenfalls aufschlussreich, hinsichtlich des Gruppenmerkmals Lesekompetenz homogene Gruppen zusammenzustellen, um genauer definieren zu können, was die Eingangsvoraussetzungen sind und worin die Schwierigkeiten im Einzelnen bestehen. Bei der Bezugsgruppe Geschlecht zeigen sich je nach betrachteter Variable Risiken für Mädchen oder Jungen, anders als dies für die Lesekompetenz der Fall ist; das Risiko liegt deutlich auf Seiten der schwachen Leser*innen. Die Analyse nach Deutsch-als-Erst- oder Zweitsprachler*innen scheint in der Unterteilung noch nicht feingliedrig genug zu sein. Sinnvoll erscheint in diesem Zusammenhang eine genauere Analyse der Bezugsgruppe. Ein genaueres Bild der Eingangsvoraussetzungen könnte gezeichnet werden, wenn die Stichprobe untergliedert nach ihren Erstsprachen und nicht binär nach dem Merkmal

Deutsch als Erstsprache strukturiert würde. Risikogruppen ließen sich so genauer aufschlüsseln und das Treatment könnte entsprechend optimiert werden.

**Sprachsensibilität in Bezug auf den gesellschaftspolitischen Kontext**

In dieser Arbeit wird Sprachsensibilität allein auf Fachsprache bezogen. Betrachtungsgegenstand sind also im Vergleich zur Alltagssprache differierende, erschwerende Sprachstrukturen. Sprachsensibilität wird aber, insbesondere im gesellschaftlich-politischen Diskurs oft auch im Kontext diskriminierungssensibler Sprache verwendet. Schon rein begrifflich sollte eine Auseinandersetzung mit dem Verständnis von Sprachsensibilität diskutiert werden. Inwiefern kann Sprachsensibilität beispielsweise nicht nur auf Aspekte der Fachsprache blicken, sondern auch einen sprachlich sensiblen Umgang mit Gender und Kultur schulen? Während des Forschungsprozesses im Rahmen von Design-Based Research, also bei der engen Zusammenarbeit mit den Lehrkräften, ist immer wieder evident geworden, dass Sprachsensibilität auch im gesellschaftspolitischen Kontext Relevanz hat. Es sei in diesem Zusammenhang noch mal deutlich gemacht, dass Sprachsensibilität ein außerordentliches Maß an Sprachreflexion erfordert und ermöglicht – sowohl auf Seiten der Lehrkräfte als auch auf Seiten der Schüler*innen. Ist der Reflexionsprozess über Fachsprache in Gang gesetzt, so ist es möglicherweise nur noch ein kleiner Weg dahin, Begrifflichkeiten, deren Verwendung und deren Bedeutungszuschreibung(en) zu reflektieren und sich für bewusste Sprachverwendung, die immer ein Abwägen zwischen Optionen bedeutet, zu entscheiden. Der Geographieunterricht ist für Sprachsensibilität prädestiniert – insbesondere zum Beispiel im Umgang mit Karten, Kolonialgeschichte und Zuschreibung(en) von Raum. Aspekte, die unter anderem in dem im Grundlagenteil erwähnten *linguistic turn* in das Augenmerk der Forschung gerückt sind.

**Gendergerechter Geographieunterricht**

Im Rahmen dieser Arbeit werden Genderunterschiede insbesondere in Hinblick auf die Selbsteinschätzung untersucht. Außerdem sind Genderunterschiede in Bezug auf unterschiedliche Interessen bezüglich verschiedener Themen im Geographieunterricht auszumachen, wie verschiedene Interessenstudien zeigen. Auch im Rahmen dieser Arbeit zeigte sich in den Beobachtungen, dass das Thema Schalenbau der Erde und Plattentektonik bei den Jungen auf größeres Interesse stieß als bei Mädchen. Das Schreiben von Texten sowie die Aufgaben im Rahmen der sprachlichen Scaffolds wurden aber mit mehr Begeisterung von den Mädchen durchgeführt. Die Kombination eben dieser beiden Bereiche, also ein physisch-geographisches Thema (Vorteile für die Jungen) sprachsensibel auszurichten (Vorteil für die Mädchen), könnte die klassischen Genderunterschiede, die die aktuelle Forschung feststellt, ausgleichen.

**Weitere Analysen**
In dieser Arbeit kamen insbesondere deskriptive und interferenzstatistische Verfahren zur Anwendung. In weiterer Folgeforschung lohnt darüber hinaus der Blick auf Mehrebenen- und Strukturgleichungsmodelle. In Mehrebenenmodellen könnten noch stärker auffällige Einzeldaten berücksichtigt werden. Strukturgleichungsmodelle fassen verschiedene Bedingungen der empirischen Untersuchung modellhaft zusammen und können die dargestellten Daten anders strukturiert zum theoretischen Ausgangspunkt weiterer Forschungsarbeiten machen; zum Beispiel könnte die Frage behandelt werden, welche Rolle Selbsteinschätzung für die Variablen Fachsprache und Fachwissen spielt.

Darüber hinaus sollten insbesondere für den Fachwissenstest als gänzlich neu entwickeltes Erhebungsinstrument noch strengere empirische Prüfungen der Eindimensionalität z. B. über Faktorenanalysen durchgeführt werden.

Vom Reifegrad der wissenschaftlichen Forschung fehlt im Kontext Plattentektonik und sprachsensibler Unterricht in Zukunft ein Längsschnittexperiment mit fortlaufendem Förderassessments (wöchentlich) und einer explizit designten Kontrollbedingung. Die Geographiedidaktik kann die verwendete designbasierte, zyklische Methode des Unterrichtsdesigns vermutlich auch in anderen Unterrichtskontexten und Klassenstufen relativ einfach einsetzen. So könnten Kommunikationsprozesse mit der Schulpraxis initiiert und vorläufige fachdidaktisch relevante Evidenzen für praktische Problemlösungen bewertet werden.

# Zusammenfassung 9

In der Einleitung wurde bereits deutlich, dass die Problemlösung durchgängiger Sprachbildung keine isolierte Aufgabe ist, sondern eine übergeordnete gesellschaftspolitische Herausforderung schulischer Bildung. Für diese Unternehmung braucht es nicht nur den Geographieunterricht oder Deutschförderung, sondern multiperspektivische Professionalität. Und vor diesem Hintergrund kann die vorliegende Forschungsarbeit nur ein Teil der Lösung dieser Aufgabe sein. Genau das, also einen Teil zu mehr Bildungsgerechtigkeit durch sprachsensiblen Geographieunterricht zu leisten, ist das Ziel.

Um dieses Ziel zu erreichen, wurde zunächst der Forschungsstand interdisziplinär aufgearbeitet, um daraus Kriterien für sprachsensiblen Geographieunterricht abzuleiten. Die Kriterien dienten als Grundlage für eine sprachsensible Geographieunterrichtsreihe, die im Folgenden zum zentralen Gegenstand der empirischen Untersuchungen wurde. Durch dieses Vorgehen wurde es möglich, die beiden eingangs dargestellten Fragestellungen zu beantworten – und neue zu generieren. Abschließend gebe ich Antworten auf ebendiese eingangs dargestellten Fragestellungen.

(1) Welche Design-Kriterien hat sprachsensibler Geographieunterricht?
(2) Wie wirksam ist sprachsensibler Geographieunterricht im Vergleich zu Geographieunterricht ohne sprachsensible Ausrichtung hinsichtlich
- des Erwerbs von Fachwissen und
- des Erwerbs von Fachsprache?

Die kurze Antwort auf die erste Forschungsfrage lautet wie folgt: Die Design-Kriterien von sprachsensiblem Geographieunterricht sind (1) Guter Geographieunterricht, (2) Sprachliches Scaffolding, (3) Vernetzung (dis)kontinuierlicher Darstellungsformen, (4) Einbezug der Erstsprache. Doch diese Antwort wäre



S. Wey, *Wie Sprache dem Verstehen hilft*,
https://doi.org/10.1007/978-3-658-36038-2_9

nicht nur kurz, sondern verkürzt. Denn abschließend sei besonders herausgestellt, dass diese Design-Kriterien keinen Anspruch auf Vollständigkeit erheben. Zum aktuellen Zeitpunkt der Forschung sind diese Kriterien plausibel. Doch sowohl in der Operationalisierung als auch in der Gewichtung sind zahlreiche Varianten möglich, sodass am Ende dieser Arbeit nicht geklärt ist, welches Kriterium wie und in welchem Ausmaß wirkt. Das war allerdings auch nicht der Anspruch dieser Arbeit. Viel eher ging es darum, eine erste Skizze für übertragbare Kriterien von sprachsensiblem Geographieunterricht zu formulieren und diese in einer Variante der Operationalisierung zu beforschen. Wie im vorangegangenen Kapitel dargestellt, muss es in Folgeforschung darum gehen, diese Kriterien weiter kritisch zu beforschen.

Auch auf die zweite Forschungsfrage möchte ich zunächst eine kurze Antwort geben. Sprachsensibler Geographieunterricht zeigt sich hinsichtlich der Variablen Fachwissen und Fachsprache als wirksamer als Geographieunterricht ohne sprachsensible Ausrichtung. In der Arbeit wurden im Prä-Post-Follow-up-Vergleich zwei Gruppen in einer quasi-experimentellen Studie gegenübergestellt und hinsichtlich der Variablen Fachwissen und Fachsprache analysiert. Die Inhalte in beiden Unterrichtsreihen waren identisch, der Grad an Sprachsensibilität variierte allerdings. Die Experimentalgruppe erhielt sprachsensiblen Geographieunterricht, während die Kontrollgruppe kein explizit sprachsensibles Treatment erhielt. Es zeigen sich signifikante Vorteile für die Experimentalgruppe, und zwar sowohl hinsichtlich des Fachwissens als auch der Fachsprache. Diese Erkenntnis ist insofern wertvoll, als eine häufige Entschuldigung für die fehlende Berücksichtigung sprachlicher Aspekte im Fachunterricht der fachliche Inhalt ist, der darunter leiden würde. Die Arbeit zeigt, dass dies nicht der Fall sein muss. Im Gegenteil: Die Gruppe, die explizit auf Fachsprache fokussierte, hatte höhere Fachwissenszuwächse als die Gruppe, die Sprache nicht ausdrücklich zum Lerngegenstand machte.

Bei Betrachtung der Bezugsgruppe Lesekompetenz sind Vorteile für die Experimentalgruppe erkennbar, ebenso stellt es sich bei Betrachtung der Bezugsgruppe Geschlecht dar. Keine analysierte Gruppe profitierte bezüglich der Variablen Fachwissen und Fachsprache in der Kontrollgruppe mehr als in der Experimentalgruppe.

Neben den verschiedenen empirischen Erkenntnissen, die umfänglich erläutert wurden, seien abschließend noch zwei weitere Aspekte in der Zusammenfassung genannt. Einerseits zeigen die theoretischen Darstellungen eindrücklich, wie relevant Sprache für den Geographieunterricht ist, und andererseits, wie vielseitig sie in ihren Funktionen, aber auch in ihren Facetten der Darstellung ist. Insgesamt zeigte sich rückblickend und während des gesamten Forschungsprozesses, dass

Design-Based Research für die aufgeworfenen Fragestellungen sehr gut geeignet ist. Die Theorie wird ausführlich dargelegt, aber auch durch die eigenen Erkenntnisse angereichert. Darüber hinaus entsteht praktischer Nutzen durch die unmittelbare Implementierung der praxisnahen empirischen Forschung.

Mit dieser Arbeit wurde ein weiterer Beitrag für die Forschung um sprachsensiblen Geographieunterricht im Speziellen, aber auch um durchgängige Sprachbildung im Allgemeinen vorgestellt. Außerdem ist es der Anspruch der Arbeit, durch die Forschungserkenntnisse ein weiteres Puzzleteil auf dem Weg zu mehr Bildungsgerechtigkeit zu liefern.

# Literaturverzeichnis

Adamzik, K. (1998): Fachsprachen als Varietäten, 181–189. In: Hoffmann, L./Kalverkämper, H./Wiegand, H. E. (Hrsg.): Fachsprachen. Ein internationales Handbuch zur Fachsprachenforschung und Terminologiewissenschaft.

Agel, C. et al. (2012): Naturwissenschaftliche Sprachförderung. In: Der mathematische und naturwissenschaftliche Unterricht 65, 1, 36–43.

Ahrenholz, B. (2010): Bildungssprache im Sachunterricht der Grundschule, S. 15–35. In: Ahrenholz, B. (Hrsg.): Fachunterricht und Deutsch als Zweitsprache. 2. akt. Aufl.

Ahrenholz, B. (2013): Sprache im Fachunterricht untersuchen, S. 87–98. In: Röhner, C. (Hrsg.): Fachbezogene Sprachförderung in Deutsch als Zweitsprache. Theoretische Konzepte und empirische Befunde zum Erwerb bildungssprachlicher Kompetenzen.

Ainsworth, S. et al. (2002): Examining the Effects of Different Multiple Representational Systems in Learning Primary Mathematics. In: Journal of the Learning Sciences 11, 1, S. 25–61.

Akker, J. v. d. (2013): Curricular Development Research as a Specimen of Educational Design Research, S. 52–71. In: Plomp, T./Nieveen, N. (Hrsg.): Education Design Research. Rev. ed...

Altun, T. et al. (2015): Lernaufgaben im GL-Unterricht: Welche sprachlichen Anforderungen enthalten *begründe*-Aufgaben?, S. 123–134. In: Benholz, C./Frank, M./Gürsoy, E. (Hrsg.): Deutsch als Zweitsprache in allen Fächern. Konzepte für Lehrerbildung und Unterricht.

Altun, T./Günther, K. (2018): *Begründen* als Arbeitsauftrag im Geschichtsunterricht, S. 157–178. In: Grannemann, K./Oleschko, S./Kuchler, C. (Hrsg.): Sprachbildung im Geschichtsunterricht. Zur Bedeutung der kognitiven Funktion von Sprache.

Amt für Statistik Berlin-Brandenburg (2020): Einwohnerinnen und Einwohner im Land Berlin am 31. Dezember 2019. https://www.statistik-berlin-brandenburg.de (Abruf am 23.11.2020).

Anderson, T./Shattuck, J. (2012): Design-Based Research. In: Educational Researcher 41, 1, S. 16–25.

Autorengruppe Bildungsberichterstattung (2016): Bildung in Deutschland 2016. Ein indikatorengestützter Bericht mit einer Analyse zu Bildung und Migration.

Autorengruppe Bildungsberichterstattung (2020): Bildung in Deutschland 2020. Ein indikatorengestützter Bericht mit einer Analyse zu Bildung in einer digitalisierten Welt.

 
S. Wey, *Wie Sprache dem Verstehen hilft*,
https://doi.org/10.1007/978-3-658-36038-2

Bachmann, T./Becker-Mrotzek, M. (2017): Schreibkompetenz und Textproduktion modellieren, S. 25–54. In: Becker-Mrotzek, M./Grabowski, J./Steinhoff, T. (Hrsg.): Forschungshandbuch empirische Schreibdidaktik.

Bailey, A. L. (2006): The language demands of school. Putting academic English to the test.

Bakker, A. (2018): Design research in education. A practical guide for early career researchers.

Bannan-Ritland, B. (2003): The Role of Design in Research: The Integrative Learning Design Framework. In: Educational Researcher 32, 1, S. 21–24.

Barricelli, M. (2015): Worte zur Zeit. Historische Sprache und narrative Sinnbildung im Geschichtsunterricht. In: Zeitschrift für Geschichtsdidaktik 14, S. 25–46.

Barricelli, M. (2019): Sprache und interkulturelles Geschichtslernen. Eine diversitätssensible Annäherung, S. 25–42. In: Bertram, C./Kolpatzik, A. (Hrsg.): Sprachsensibler Geschichtsunterricht. Von der Theorie über die Empirie zur Pragmatik.

Baumert, J. et al. (2006a): Entwicklung eines Strukturmodells zum Zusammenhang zwischen sozialer Herkunft und fachlichen und überfachlichen Kompetenzen: Befunde national und international vergleichender Analysen, S. 61–94. In: Baumert, J./Stanat, P./Watermann, R. (Hrsg.): Herkunftsbedingte Disparitäten im Bildungswesen: Differenzielle Bildungsprozesse und Probleme der Verteilungsgerechtigkeit. Vertiefende Analysen im Rahmen von PISA 2000.

Baumert, J./Kunter, M. (2006): Stichwort: Professionelle Kompetenz von Lehrkräften. In: Zeitschrift für Erziehungswissenschaft 9, 4, S. 469–520.

Baumert, J./Stanat, P./Watermann, R. (Hrsg.) (2006b): Herkunftsbedingte Disparitäten im Bildungswesen: Differenzielle Bildungsprozesse und Probleme der Verteilungsgerechtigkeit. Vertiefende Analysen im Rahmen von PISA 2000.

Becker, A./Hundt, M. (1998): Die Fachsprache in der einzelsprachlichen Differenzierung, S. 118–133. In: Hoffmann, L./Kalverkämper, H./Wiegand, H. E. (Hrsg.): Fachsprachen. Ein internationales Handbuch zur Fachsprachenforschung und Terminologiewissenschaft.

Becker, R. (2011): Entstehung und Reproduktion dauerhafter Bildungsungleichkeiten, S. 87–138. In: Becker, R. (Hrsg.): Lehrbuch der Bildungssoziologie. 2., überarbeitete und erweiterte Auflage.

Becker, T. (2010): Mündliche Kommunikation, S. 55–72. In: Lange, G./Weinhold, S. (Hrsg.): Grundlagen der Deutschdidaktik. Sprachdidaktik – Mediendidaktik – Literaturdidaktik. 4., korrigierte Aufl.

Becker-Mrotzek, M. et al. (2015): Kohärenzherstellung und Perspektivübernahme als Teilkompetenz der Schreibkompetenz. Von der diagnostischen Absicherung zur didaktischen Implementierung, S. 177–205. In: Redder, A./Naumann, J./Tracy, R. (Hrsg.): Forschungsinitiative Sprachdiagnostik und Sprachförderung – Ergebnisse.

Becker-Mrotzek, M./Quasthoff, U. (1998): Zu diesem Heft. Unterrichtsgespräche zwischen Gesprächsforschung, Fachdidaktik und Unterrichtspraxis. In: Der Deutschunterricht 50, 1, S. 3–13.

Becker-Mrotzek, M./Schindler, K. (2007): Schreibkompetenz modellieren, 7–26. In: Becker-Mrotzek, M./Bredel, U./Hartmut, G. (Hrsg.): Kölner Beiträge zur Sprachdidaktik. Reihe A // Texte schreiben.

Becker-Mrotzek, M./Vogt, R. (Hrsg.) (2009): Unterrichtskommunikation. Linguistische Analysemethoden und Forschungsergebnisse. 2., bearb. und akt. Aufl.

Beerenwinkel, A./Gräsel, C. (2005): Texte im Chemieunterricht. Ergebnisse einer Befragung von Lehrkräften. In: Zeitschrift für Didaktik der Naturwissenschaften 11, S. 21–39.

Beese, M. et al. (2014): Sprachbildung in allen Fächern.

Beese, M./Roll, H. (2015): Textsorten im Fach – zur Förderung von Literalität im Sachfach in Schule und Lehrerbildung, S. 51–72. In: Benholz, C./Frank, M./Gürsoy, E. (Hrsg.): Deutsch als Zweitsprache in allen Fächern. Konzepte für Lehrerbildung und Unterricht.

Beilner, H. (2002): Empirische Zugänge zur Arbeit mit Textquellen in der Sekundarstufe I, S. 84–96. In: Schönemann, B./Voit, H. (Hrsg.): Von der Einschulung bis zum Abitur. Prinzipien und Praxis des historischen Lernens in den Schulstufen; Konferenz für Geschichtsdidaktik; veranstaltet vom 1. bis 3. Oktober 2001 in der Reinhardswaldschule in Fuldatal bei Kassel.

Berendes, K. et al. (2018): Reading demands in secondary school: Does the linguistic complexity of textbooks increase with grade level and the academic orientation of the school track? In: Journal of Educational Psychology 110, 4, S. 518–543.

Bernardo, A. B. I. (2005): Language and modeling word problems in mathematics among bilinguals. In: The Journal of psychology 139, 5, S. 413–425.

Berning, J. (2011): Textwissen und Schreibbewusstsein als zentrale Elemente von Schreibkompetenz, S. 7–28. In: Berning, J. (Hrsg.): Textwissen und Schreibbewusstsein. Beiträge aus Forschung und Praxis.

Bernstein, B. B. (1971): Class, codes, and control. Volume I: Theoretical studies towards a sociology of language.

Biber, D. (1988): Variation across speech and writing.

Bickes, H./Pauli, U. (2009): Erst- und Zweitspracherwerb.

Böing, M. (2009): Le tourisme en Enspagne – Wie Urlaubs(t)räume gemacht werden. Mit alten und neuen Raumkonzepten fachsprachliche Sprechanlässe schaffen. In: Praxis Geographie, 5, S. 25–30.

Böing, M./Palmen, P. (2013): Zweisprachiges Unterrichten im bilingualen Geographieunterricht. In: Geographie heute, S. 45–46.

Bortz, J./Schuster, C. (2010): Statistik für Human- und Sozialwissenschaftler. Limitierte Sonderausgabe: mit 70 Abbildungen und 163 Tabellen. 7., vollständig überarbeitete und erweiterte Auflage.

Bos, W. et al. (2012a): Leistungsprofile von Viertklässerinnen und Viertklässern in Deutschland, S. 227–260. In: Bos, W. et al. (Hrsg.): IGLU 2011. Lesekompetenzen von Grundschulkindern in Deutschland im internationalen Vergleich.

Bos, W. et al. (2012b): Leistungsprofile von Viertklässlerinnen und Viertklässlern in Deutschland, S. 269–302. In: Bos, W. et al. (Hrsg.): TIMSS 2011. Mathematische und naturwissenschaftliche Kompetenzen von Grundschulkindern in Deutschland im internationalen Vergleich.

Bos, W. et al. (2017): IGLU 2016: Wichtige Ergebnisse im Überblick, S. 13–28. In: Hußmann, A. et al. (Hrsg.): IGLU 2016. Lesekompetenzen von Grundschulkindern in Deutschland im internationalen Vergleich.

Böttcher, F./Meister, A. (2015): Modellbasiertes naturwissenschaftliches Argumentieren im Biologieunterricht, S. 249–269. In: Budke, A. et al. (Hrsg.): Fachlich argumentieren lernen. Didaktische Forschungen zur Argumentation in den Unterrichtsfächern.

Bourdieu, P. (1982): Die feinen Unterschiede. Kritik der gesellschaftlichen Urteilskraft.

Brämer, R./Clemens, H. (1980): Physik als Fremdsprache. In: Der Physikunterricht 14, S. 76–87.

Brinkmeier, B. (2019): Philosophie und Sprache, Sprachbeherrschung und Philosophieunterricht, S. 79–106. In: Danilovich, Y./Putjata, G. (Hrsg.): Sprachliche Vielfalt im Unterricht.

Brooks, C. (2013): Scaffolding im Geographieunterricht, S. 49–54. In: Manfred Rolfes/Anke Uhlenwinkel (Hrsg.): Essays zur Didaktik der Geographie.

Bruner, J. S. (1983): Child's talk. Learning to use language.

Budde, M. et al. (2012): Sprachdidaktik. 2., aktualis. Aufl.

Budde, M. (2015): Sprachreflexion beim Textverstehen, S. 69–86. In: Bredel, U./Schmellentin, C. (Hrsg.): Welche Grammatik braucht der Grammatikunterricht? 2., korr. Auflage.

Budke, A. et al. (2010): Entwicklung eines Argumentationskompetenzmodells für den Geographieunterricht. In: Geographie und ihre Didaktik / Journal of Geography Education 38, 3, S. 180–190.

Budke, A. (2011): Förderung von Argumentationskompetenzen in aktuellen Geographieschulbüchern, S. 253–263. In: Matthes, E./Schütze, S. (Hrsg.): Aufgaben im Schulbuch.

Budke, A. (2012): Argumentationen im Geographieunterricht. In: Geographie und ihre Didaktik / Journal of Geography Education 40, 1, S. 23–34.

Budke, A. et al. (2015): Argumentationskompetenzen im Vergleich der Fächer Geographie, Biologie und Mathematik, S. 273–297. In: Budke, A. et al. (Hrsg.): Fachlich argumentieren lernen. Didaktische Forschungen zur Argumentation in den Unterrichtsfächern.

Budke, A. et al. (Hrsg.) (2015): Fachlich argumentieren lernen. Didaktische Forschungen zur Argumentation in den Unterrichtsfächern.

Budke, A./Kuckuck, M. (2017a): Sprache im Geographieunterricht, 7–35. In: Budke, A./Kuckuck, M. (Hrsg.): Sprache im Geographieunterricht. Bilinguale und sprachsensible Materialien und Methoden.

Budke, A./Kuckuck, M. (Hrsg.) (2017b): Sprache im Geographieunterricht. Bilinguale und sprachsensible Materialien und Methoden.

Budke, A./Meyer, M. (2015): Fachlich argumentieren lernen. Die Bedeutung der Argumentation in den unterschiedlichen Schulfächern, S. 9–28. In: Budke, A. et al. (Hrsg.): Fachlich argumentieren lernen. Didaktische Forschungen zur Argumentation in den Unterrichtsfächern.

Budke, A./Morawski, M. (2019): Schriftliches Argumentieren lernen: Kooperatives Schreibfeedback im sprachbewussten Geographieunterricht, S. 169–178. In: Peuschel, K./Burkard, A. (Hrsg.): Sprachliche Bildung und Deutsch als Zweitsprache in den geistes- und gesellschaftswissenschaftlichen Fächern.

Budke, A./Uhlenwinkel, A. (2013): Argumentation, S. 11–16. In: Rolfes, M. (Hrsg.): Metzler Handbuch 2.0. Geographieunterricht; ein Leitfaden für Praxis und Ausbildung.

Budke, A./Weiss, G. (2014): Sprachsensibler Geographieunterricht, S. 113–133. In: Michalak, M. (Hrsg.): Sprache als Lernmedium im Fachunterricht. Theorien und Modelle für das sprachbewusste Lehren und Lernen. 2. unveränd. Aufl.

Bundesamt für Justiz (23.05.1949): Grundgestz für die Bundesrepublik Deutschland.

Bundesamt für Statistik (2020): Statistik nach Regionen. Bund, Länder und Kreise. Dezember 2018. https://statistik.arbeitsagentur.de/Navigation/Statistik/Statistik-nach-Regionen/SGBII-Traeger/Berlin-Nav.html (Abruf am 3.4.2020).

Bundesministerium für Bildung und Forschung (Hrsg.) (2005): Expertise – Förderung von Lesekompetenz.
Busse, V. (2019): Umgang mit Mehrsprachigkeit und sprachsensibler Unterricht aus pädagogischer Sicht: Ein einführender Überblick, S. 1–34. In: Butler, M./Goschler, J. (Hrsg.): Sprachsensibler Fachunterricht.
Bußmann, H./Gerstner-Link, C. (Hrsg.) (2002): Lexikon der Sprachwissenschaft. 3., aktualisierte und erw. Aufl.
Butzkamm, W. (1989): Psycholinguistik des Fremdsprachenunterrichts. Natürliche Künstlichkeit: von der Muttersprache zur Fremdsprache.
Campbell, D. T. (1957): Factors relevant to the validity of experiments in social settings. In: Psychological bulletin 54, 4, S. 297–312.
Chomsky, N. (1959): Review of Verbal Behavoir by B. F. Skinner. In: Language 35, 1, S. 26–58.
Clarkson, P. C. (2006): Australian Vietnamese Students Learning Mathematics: High Ability Bilinguals and Their Use of Their Languages. In: Educational Studies in Mathematics 64, 2, S. 191–215.
Clarkson, P. C. (2009): Mathematics Teaching in Australian Multilingual Classrooms: Developing an Approach to the Use of Classroom Languages., S. 145–160. In: Barwell, R. (Hrsg.): Multilingualism in mathematics classrooms. Global perspectives.
Cohen, J. (1988): Statistical power analysis for the behavioral sciences. 2. ed.
Collins, A. et al. (1989): Cognitive Apprenticeship: Teaching the craft of reading, writing, and mathematics, S. 453–494. In: Resnick, L. B. (Hrsg.): Knowing, learning, and instruction. Essays in honor of Robert Glaser.
Conrad, D. (2014): Erfahrungsbasiertes Verstehen geowissenschaftlicher Phänomene. Eine didaktische Rekonstruktion des Systems Plattentektonik. Dissertation.
Conrad, D. (2016): Wie können Plattenbewegungen verständlich unterricht werden? Zentrale Ergebnisse einer didaktischen Rekonstruktion der Bewegung von Lithosphärenplatten. How to Teach Plate Movements Effectively? Key Results of an Educational Reconstruction of the Movement of Tectonic Plates. In: Zeitschrift für Geographiedidaktik 44, 2, S. 25–49.
Cooper, K. M. et al. (2018): Who perceives they are smarter? Exploring the influence of student characteristics on student academic self-concept in physiology. In: Advances in physiology education 42, 2, S. 200–208.
Cromley, J. G. et al. (2010): Reading comprehension of scientific text. A domain-specific test of the direct and inferential mediation model of reading comprehension. In: Journal of Educational Psychology 102, 3, S. 687–700.
Cummins, Jim (1979): Cognitive academic language proficiency, linguistic interdependence, the optimum age question and some other matters, S. 198–205.
Cummins, James (1979): Linguistic interdependence and the educational development of bilingual children. In: Review of Educational Research, 49, S. 222–251.
Cummins, J. (2019): Sprachsensible Schule. Mehrsprachige Lernende unterrichten. In: Lernende Schule 86, S. 12–15.
Czapek, F.-M. (2014): Denken und Schreiben in Zusammenhängen. Eine vernächlässigte Aufgabe im Geographieunterricht. In: Praxis Geographie, 4, S. 10–14.

Damman-Thedens, K./Michalak, M. (2012): Bildnarrationen im Fremdsprachenunterricht – Vermittlung von Bildverstehensstrategien. In: Zeitschrift für Interkulturellen Fremdsprachenunterricht 17, 2, S. 129–142.

Deppner, J. (1989): Fachsprache der Chemie in der Schule. Empirische Untersuchung zum Textverständnis und Ansätze zur sprachlichen Förderung türkischer und deutscher Schülerinnen und Schüler.

Design-Based-Research Collective (2003): Design-Based Research: An Emerging Paradigm for Educational Inquiry. In: Educational Researcher 32, 1, S. 5–8.

Deutsche Gesellschaft für Geographie (2017): Bildungsstandards im Fach Geographie für den Mittleren Schulabschluss mit Aufgabenbeispielen, Bonn. http://geographiedidaktik.org/wp-content/uploads/2017/10/Bildungsstandards_Geographie_9.Aufl_._2017.pdf (Abruf am 10.11.2020).

Deutsche Welle (o. J.): Didaktisierungstool. Lingo Fox, o. O. https://lingofox.dw.com/index.php?url=c-test (Abruf am 23.11.2020).

Deutsches Zentrum für Lehrerbildung Mathematik (o.J.): Sprachbildend unterrichten. https://pikas-kompakt.dzlm.de/node/33 (Abruf am 6.7.2020).

Dijek, T. A./Kintsch, W. (1983): Strategies of discourses comprehension.

Dik, S. C./Hengeveld, K. (1997): Complex and Derived Constructions.

Ditton, H. (2010): Selektion und Exklusion im Bildungssystem, 53–71. In: Quenzel, G./Hurrelmann, K. (Hrsg.): Bildungsverlierer. Neue Ungleichheiten.

Döll, M. (2012): Beobachtung der Aneignung des Deutschen bei mehrsprachigen Kindern und Jugendlichen. Modellierung und empirische Prüfung eines sprachdiagnostischen Beobachtungsverfahrens.

Döring, N./Bortz, J. (2016): Forschungsmethoden und Evaluation in den Sozial- und Humanwissenschaften. 5. vollst. überarb. akt. und erw. Aufl.

Dröse, J. (2019): Textaufgaben lesen und verstehen lernen.

Dröse, J./Prediger, S. (2019): Scaffolding für fachbezogene textsortenspezifische Lesestrategien – Entwicklungsforschungsstudie zur Förderung des Umgangs mit Textaufgaben, S. 107–134. In: Ahrenholz, B. et al. (Hrsg.): Fachunterricht, Sprachbildung und Sprachkompetenzen.

Drumm, S. (2017): Gemischte Zeichenkomplexe verstehen lernen: Arbeit mit Sachtexten im Fach Biologie, S. 37–53. In: Ahrenholz, B./Hövelbrinks, B./Schmellentin, C. (Hrsg.): Fachunterricht und Sprache in schulischen Lehr-/Lernprozessen.

Duarte, J. et al. (2011): Sprachlich bedingte Schwierigkeiten von mehrsprachigen Schülerinnen und Schülern bei Textaufgaben, S. 35–53. In: Prediger, S./Özdil, E. (Hrsg.): Mathematiklernen unter Bedingungen der Mehrsprachigkeit. Stand und Perspektiven der Forschung und Entwicklung in Deutschland.

Dudenredaktion (Hrsg.) (2011): Das Bedeutungswörterbuch. Wortschatz und Wortbildung.

Dulay, H. C./Burt, M. K. (1974): You Can't Learn without Goofing, S. 95–123. In: Richards, J. C. (Hrsg.): Error analysis. Perspectives on second language acquisition.

Dumont, H. et al. (2014): Soziale Ungleichheiten beim Übergang von der Grundschule in die Sekundarstufe I: Theorie, Forschungsstand, Interventions- und Fördermöglichkeiten, S. 141–165. In: Maaz, K./Neumann, M./Baumert, J. (Hrsg.): Herkunft und Bildungserfolg von der frühen Kindheit bis ins Erwachsenenalter.

Düppe, N. (2013): Wortschatzarbeit im Geografieunterricht, S. 125–167. In: Senatsverwaltung für Bildung, Jugend und Wissenschaft (Hrsg.): Sprachsensibler Fachunterricht.

Handreichung zur Wortschatzarbeit in den Jahrgangsstufen 5 – 10 unter besonderer Berücksichtigung der Fachsprache.

Duval, R. (2006): A Cognitive Analysis of Problems of Comprehension in a Learning of Mathematics. In: Educational Studies in Mathematics 61, 1–2, S. 103–131.

Eckhardt, A. G. (2008): Sprache als Barriere für den schulischen Erfolg. Potentielle Schwierigkeiten beim Erwerb schulbezogener Sprache für Kinder mit Migrationshintergrund. Dissertation.

Edelson, D. C. (2002): Design Research: What We Learn When We Engage in Design. In: The Journal of the learning sciences 11, 1, S. 105–121.

Ehmke, T./Jude, N. (2010): Soziale Herkunft und Kompetenzerwerb, S. 231–254. In: Klieme, E. et al. (Hrsg.): PISA 2009. Bilanz nach einem Jahrzehnt.

Eichner, S. et al. (2019): „Ja, das ist auch so ein Begriff" – Zum Potential von Scaffolding als Unterstützungsstrategie zur Begriffsbildung im Geschichtsunterricht, S. 239–266. In: Butler, M./Goschler, J. (Hrsg.): Sprachsensibler Fachunterricht.

Europarat (Hrsg.) (2001): Gemeinsamer europäischer Referenzrahmen für Sprachen. Lernen, lehren, beurteilen.

Fang, Z. (2006): The Language Demands of Science Reading in Middle School. In: International Journal of Science Education 28, 5, S. 491–520.

Fang, Z. et al. (2006): Understanding the Language Demands of Schooling. Nouns in Academic Registers. In: Journal of Literacy Research 38, 3, S. 247–273.

Faul, F. et al. (2007): G*Power 3: A flexible statistical power analysis program for the social, behavioral, and biomedical sciences. In: Behavior Research Methods 39, 2, S. 175–191.

Feilke, H. (2012a): Bildungssprachliche Kompetenzen – fördern und entwickeln. In: Praxis Deutsch, 233, S. 4–13.

Feilke, H. (2012b): Schulsprache – Wie Schule Sprache macht, S. 149–178. In: Günthner, S. et al. (Hrsg.): Kommunikation und Öffentlichkeit. Sprachwissenschaftliche Potenziale zwischen Empirie und Norm.

Felder, E. (2006): Sprache als Medium und Gegenstand des Unterrichts, S. 42–51. In: Bredel, U. et al. (Hrsg.): Didaktik der deutschen Sprache. Ein Handbuch. 2., durchgesehene Auflage.

Felzmann, D./Conrad, D. (2017): Übertragung gestattet? Wissenschaftliche Metaphern unter die Lupe nehmen!, S. 155–167. In: Budke, A./Kuckuck, M. (Hrsg.): Sprache im Geographieunterricht. Bilinguale und sprachsensible Materialien und Methoden.

Fend, H. (2001): Qualität im Bildungswesen. Schulforschung zu Systembedingungen Schulprofilen und Lehrerleistung. 2. Aufl.

Feulner, B. et al. (2015): Design-Based Research – ein Ansatz empirischer Forschung und seine Potenziale für die Geographiedidaktik. In: Zeitschrift für Geographiedidaktik, 3, S. 205–231.

Fix, M. (2008): Texte schreiben. Schreibprozesse im Deutschunterricht. 2. Aufl.

Fögele, J. (2016): Entwicklung basiskonzeptionellen Verständnisses in geographischen Lehrerfortbildungen.

FörMig Berlin (2009): Wege zur durchgängigen Sprachbildung. Ein Orientierungsrahmen für Schulen. http://foermig-berlin.de/materialien/Wege_zur_durchgaengigen_Sprachbil dung___.pdf (Abruf am 25.3.2017).

Fornol, S. (2017): Bildungssprachliche Kompetenzen in der Primarstufe im Medium der Schrift, S. 285–305. In: Ahrenholz, B./Hövelbrinks, B./Schmellentin, C. (Hrsg.): Fachunterricht und Sprache in schulischen Lehr-/Lernprozessen.

Fornol, S. L. (2020): Bildungssprachliche Mittel. Eine Analyse von Schülertexten aus dem Sachunterricht der Primarstufe.

Frank, M./Gürsoy, E. (2015): Sprachliches Verstehen im Mathematikunterricht – Studien zum Umgang mit Textaufgaben in der Sekundarstufe I und Perspektiven für die Lehrerbildung, S. 135–162. In: Benholz, C./Frank, M./Gürsoy, E. (Hrsg.): Deutsch als Zweitsprache in allen Fächern. Konzepte für Lehrerbildung und Unterricht.

Freckmann, J./Komorek, M. (2019): Sprachsensibles Handeln im Physikunterricht, S. 221–239. In: Butler, M./Goschler, J. (Hrsg.): Sprachsensibler Fachunterricht.

Frederking, V. et al. (2017): Erleben und Verstehen. Das emotionale Potenzial literarischer Texte, S. 42–55. In: Rat für Kulturelle Bildung e.V. (Hrsg.): Wenn. Dann. – Befunde zu den Wirkungen Kultureller Bildung.

Fries, C. (1945): Teaching and learning English as a foreign language.

Fuhrhop, N./Olthoff, S. (2019): Komposita als Herausforderung in Schulbuchtexten?, S. 35–68. In: Butler, M./Goschler, J. (Hrsg.): Sprachsensibler Fachunterricht.

Gantefort, C. (2013): 'Bildungssprache' – Merkmale und Fähigkeiten im sprachtheoretischen Kontext, S. 71–105. In: Gogolin, I. et al. (Hrsg.): Herausforderung Bildungssprache – und wie man sie meistert.

Gantefort, C./Roth, H.-J. (2008): Ein Sturz und seine Folgen. Zur Evaluation von Textkompetenz im narrativen Schreiben mit dem FörMig-Instrument „Tulpenbeet". In: Klinger, T./Schwippert, K./Leiblein, B. (Hrsg.): Evaluation im Modellprogramm FörMig. Planung und Realisierung eines Evaluationskonzepts.

Geist, B. (2017): Wortschatz von Kindern mit Deutsch als Zweitsprache. In: Frühe Bildung 6, 3, S. 124–132.

Geist, B./Krafft, A. (2017): Deutsch als Zweitsprache. Sprachdidaktik für mehrsprachige Klassen.

Gellert, U. (2011): Mediale Mündlichkeit und Dekontextualisierung. Zur Bedeutung und Spezifik von Bildungssprache im Mathematikunterricht der Grundschule, S. 97–116. In: Prediger, S./Özdil, E. (Hrsg.): Mathematiklernen unter Bedingungen der Mehrsprachigkeit. Stand und Perspektiven der Forschung und Entwicklung in Deutschland.

Geuther, G. (21.10.2020): „Rasse"-Begriff soll aus Grundgesetz verschwinden.

Gibbons, P. (2010): Learning Academic Registers in Context: Challenges and Opportunities in Supporting Migrant Learners, S. 25–37. In: Benholz, C./Kniffka, G./Winters-Ohle, E. (Hrsg.): Fachliche und sprachliche Förderung von Schlern mit Migrationsgeschichte. Beiträge des Mercator-Symposions im Rahmen des 15. AILA-Weltkongresses „Mehrsprachigkeit: Herausforderung und Chancen".

Gibbons, P./Cummins, J. (2002): Scaffolding language, scaffolding learning. Teaching second language learners in the mainstream classroom.

Glinz, H. (2006): Geschichte der Sprachdidaktik, S. 17–29. In: Bredel, U. et al. (Hrsg.): Didaktik der deutschen Sprache. Ein Handbuch. 2., durchgesehene Auflage.

Gogolin, I. et al. (2004): Mathematiklernen im Kontext sprachlich-kultureller Diversität. Forschungsbericht an die DFG, Hamburg. https://www.ew.uni-hamburg.de/ueber-die-fakultaet/personen/gogolin/pdf-dokumente/mathe-bericht.pdf (Abruf am 23.11.2020).

Gogolin, I. et al. (2007): Schulversuch bilinguale Grundschulklassen in Hamburg – Wissenschaftliche Begleitung. Bericht 2007 unter Mitarbeit von Annette Grevé und Throsten Klinger. Abschlussbericht über die italienisch-deutschen, portugiesisch-deutschen und spanisch-deutschen Modellklassen, Hamburg.

Gogolin, I./Lange, I. (2011): Bildungssprache und Durchgängige Sprachbildung, S. 107–127. In: Fürstenau, S./Gomolla, M. (Hrsg.): Migration und schulischer Wandel. Mehrsprachigkeit.

Gottwald, A. (2016): Sprachförderndes Experimentieren im Sachunterricht.

Götze, D. (2018): Schriftliches Erklären operativer Muster fördern. In: Journal für Mathematik-Didaktik 35, 1, S. 147.

Grießhaber, W. (2006): Sprachstandsdiagnose im kindlichen Zweitspracherwerb. Funktional-pragmatische Fundierung der Profilanalyse.

Grießhaber, W. (2010): Spracherwerbsprozesse in Erst- & Zweitsprache. Eine Einführung. 3., unveränderte Auflage.

Grotlüschen, A. et al. (2019): Leo 2018 – Leben mit geringer Literalität (Abruf am 24.6.2020).

Grundler, E./Vogt, R. (Hrsg.) (2013): Unterrichtskommunikation. Grammatik, Experimente, Gleichungen.

Guckelsberger, S./Reich, H. H. (2008): Diskursive Basisqualifikation, S. 83–93. In: Bundesministerium für Bildung und Forschung (Hrsg.): Referenzrahmen zur altersspezifischen Sprachaneignung. Forschungsgrundlagen.

Günther, B./Günther, H. (2004): Erstsprache und Zweitsprache. Einführung aus pädagogischer Sicht.

Günther, H./Ludwig, O. (Hrsg.) (1994): Schrift und Schriftlichkeit. Ein interdisziplinäres Handbuch.

Habermas, J. (Hrsg.) (1981a): Kleine politische Schriften.

Habermas, J. (1981b): Umgangssprache, Wissenschaftssprache, Bildungssprache, S. 327–342. In: Habermas, J. (Hrsg.): Kleine politische Schriften.

Habermas, J. (1984): Wahrheitstheorien, S. 130. In: Habermas, J. (Hrsg.): Vorstudien und Ergänzungen zur Theorie des kommunikativen Handelns. 2. Aufl.

Hager, W. (2004): Testplanung zur statistischen Prüfung psychologischer Hypothesen. Die Ableitung von Vorhersagen und die Kontrolle der Determinanten des statistischen Tests.

Halliday, M. A. K. (1978): Language as social semiotic. The social interpretation of language and meaning.

Hammond, J./Gibbons, P. (2005): Putting scaffolding to work: the contribution of scaffolding in articulating ESL education.

Handro, S. (2018): Sprachbildung im Geschichtsunterricht. Leerformel oder Lernchance, S. 13–42. In: Grannemann, K./Oleschko, S./Kuchler, C. (Hrsg.): Sprachbildung im Geschichtsunterricht. Zur Bedeutung der kognitiven Funktion von Sprache.

Handt, C./Weis, I. (2015): Sprachförderung im Sachunterricht, S. 73–92. In: Benholz, C./Frank, M./Gürsoy, E. (Hrsg.): Deutsch als Zweitsprache in allen Fächern. Konzepte für Lehrerbildung und Unterricht.

Hardy, I. et al. (2019): Sprachliche Bildung im Fachunterricht: Theoretische Grundlagen und Förderansätze, S. 31–61. In: Ziehm, J. et al. (Hrsg.): Schule migrationssensibel gestalten. Impulse für die Praxis.

Härtig, H. (2010): Sachstrukturen von Physikschulbüchern als Grundlage zur Bestimmung der Inhaltsvalidität eines Tests.

Härtig, H. et al. (2012): Sind Fachsprache und Fachwissen bezogen auf Physik unterscheidbar? In: Zeitschrift für Didaktik der Naturwissenschaften 18, S. 381–390.

Härtig, H. et al. (2019): Kann man Sachtexte vereinfachen? – Ergebnisse einer Generalisierungsstudie zum Textverständnis. In: Zeitschrift für Didaktik der Naturwissenschaften 25, 1, S. 273–287.

Härtig, H./Kohnen, N. (2017): Die Rolle der Termini beim Lernen mit Physikschulbüchern, S. 55–72. In: Ahrenholz, B./Hövelbrinks, B./Schmellentin, C. (Hrsg.): Fachunterricht und Sprache in schulischen Lehr-/Lernprozessen.

Hartung, O. (2018): Sprachhandeln und kognitive Prozesse von Schülerinnen und Schülern beim Schreiben über Geschichte, S. 67–90. In: Grannemann, K./Oleschko, S./Kuchler, C. (Hrsg.): Sprachbildung im Geschichtsunterricht. Zur Bedeutung der kognitiven Funktion von Sprache.

Hattie, J. (2012): Visible learning for teachers. Maximizing impact on learning.

Hayes, J. R./Flower, L. S. (1980): Identifying the Organization of Writing Processes, S. 3–30. In: Gregg, L. W./Steinberg, E. R. (Hrsg.): Cognitive Processes in writing.

Heilmann, B. (2009): Sprachkompetenzen in der Sekundarstufe I. Erste Ergebnisse der Langzeitstudie Deutsch & PC, S. 255–271. In: Ahrenholz, B. (Hrsg.): Empirische Befunde zu DaZ-Erwerb und Sprachförderung. Beiträge aus dem 3. Workshop „Kinder mit Migrationshintergrund".

Heine, L. et al. (2018): Modellierung sprachlicher Anforderungen in Testaufgaben verschiedener Unterrichtsfächer: Theoretische und empirische Grundlagen. In: Zeitschrift für angewandte Linguistik 2018, 69, S. 69–96.

Heinze, A. et al. (2007): Mathematikkenntnisse und sprachliche Kompetenz bei Kindern mit Migrationshintergrund zu Beginn der Grundschulzeit. In: Zeitschrift für Pädagoik 53, 4, S. 562–581.

Heinze, A. et al. (2011): Die Rolle von Kenntnissen der Unterrichtssprache beim Mathematiklernen. Ergebnisse einer quantitativen Längsschnittstudie in der Grundschule, S. 11–33. In: Prediger, S./Özdil, E. (Hrsg.): Mathematiklernen unter Bedingungen der Mehrsprachigkeit. Stand und Perspektiven der Forschung und Entwicklung in Deutschland.

Heise, F./Höttecke, D. (2006): Schwimmen oder Sinken? Mit Fachbegriffen arbeiten, S. 116–119. In: Gropengießer, H. et al. (Hrsg.): Mit Aufgaben lernen. Unterricht und Material 5–10.

Heller, V./Morek, M. (2015): Unterrichtsgespräche als Erwerbskontext: Kommunikative Gelegenheiten für bildungssprachliche Praktiken erkennen und nutzen. In: leseforum.ch, 3, S. 1–23.

Helmke, A. (2009): Unterrichtsqualität und Lehrerprofessionalität. Diagnose Evaluation und Verbesserung des Unterrichts.

Hemmer, I./Hemmer, M. (Hrsg.) (2010): Schülerinteresse an Themen, Regionen und Arbeitsweisen des Geographieunterrichts. Ergebnisse der empirischen Forschung und deren Konsequenzen für die Unterrichtspraxis.

Hempel, M. et al. (2019): Komplexe Attributionen in Schulbuchtexten der Fächer Biologie und Geographie, S. 135–158. In: Ahrenholz, B. et al. (Hrsg.): Fachunterricht, Sprachbildung und Sprachkompetenzen.

Hengeveld, K./Mackenzie, J. L. (2008): Functional Discourse Grammar.

Heppt, B. et al. (2012): Beherrschung von Bildungssprache bei Kindern im Grundschulalter. In: Diskurs Kindheits- und Jugendforschung, 3, S. 349–356.

Heppt, B. et al. (2016): Everyday and academic language comprehension: Investigating their relationships with school success and challenges for language minority learners. In: Learning and Individual Differences 47, S. 244–251.

Herwartz-Emden, L. (2007): Migrant/-innen im deutschen Bildungssystem, S. 7–24. In: Bundesministerium für Bildung und Forschung (Hrsg.): Migrationshintergrund von Kindern und Jugendlichen: Wege zur Weiterentwicklung der amtlichen Statistik.

Hess-Lüttich, E. W. B. (1998): Fachsprachen als Register, S. 208–218. In: Hoffmann, L./Kalverkämper, H./Wiegand, H. E. (Hrsg.): Fachsprachen. Ein internationales Handbuch zur Fachsprachenforschung und Terminologiewissenschaft.

Heuzeroth, J. (2017): Memory – eine spielerische Form der Wiederholung erdkundlichen Wortschatzes, S. 71–81. In: Budke, A./Kuckuck, M. (Hrsg.): Sprache im Geographieunterricht. Bilinguale und sprachsensible Materialien und Methoden.

Hiller, F. (2017): Niveaudifferenzierte Sachtexte zur Förderung fach- und bildungssprachlicher Fähigkeiten bei Schülerinnen und Schülern mit Deutsch als Zweitsprache, S. 135–151. In: Fuchs, I./Jeuk, S./Knapp, W. (Hrsg.): Mehrsprachigkeit: Spracherwerb, Unterrichtsprozesse, Seiteneinstieg. Beiträge aus dem 11. Workshop „Kinder mit Migrationshintergrund“, 2015.

Hillmert, S. (2014): Bildung, Ausbildung und soziale Ungleichheiten im Lebenslauf, S. 73–94. In: Maaz, K./Neumann, M./Baumert, J. (Hrsg.): Herkunft und Bildungserfolg von der frühen Kindheit bis ins Erwachsenenalter.

Hoffmann, J./Engelkamp, J. (2017): Lern- und Gedächtnispsychologie. 2., überarbeitete Auflage.

Hoffmann, L. (1998): Fachsprachen als Subsprachen, S. 189–199. In: Hoffmann, L./Kalverkämper, H./Wiegand, H. E. (Hrsg.): Fachsprachen. Ein internationales Handbuch zur Fachsprachenforschung und Terminologiewissenschaft.

Hofmann, R. et al. (2012): SprachRäume – Potenziale der produktionsorientierten Literaturdidaktik für den linguistic turn im Geographieunterricht. In: GW-Unterricht, 126, S. 17–124.

Hogrefe Verlag (2017): LGVT 5–12+ - Lesegeschwindigkeits- und Verständnistest für die Klassen 5–12+ – Hogrefe Verlag.

Höttecke, D. (2006): Vom Messen in Maßen. Den Umgang mit der Fachsprache trainieren, S. 86–91. In: Gropengießer, H. et al. (Hrsg.): Mit Aufgaben lernen. Unterricht und Material 5–10.

Höttecke, D. et al. (2017): Vergleichende Messung fachsprachlicher Fähigkeiten in den Domänen Physik und Sport. In: Zeitschrift für Didaktik der Naturwissenschaften, S. 1–17.

Hövelbrinks, B. (2017): Bildungssprachliche Diskursfunktionen im frühen naturwissenschaftlichen Lernen. Lexikalische Mittel im sprachlichen Handeln einsprachig und mehrsprachig aufwachsender Kinder zu Schulbeginn, S. 185–203. In: Ahrenholz, B./Hövelbrinks, B./Schmellentin, C. (Hrsg.): Fachunterricht und Sprache in schulischen Lehr-/Lernprozessen.

Hußmann, A. et al. (Hrsg.) (2017): IGLU 2016. Lesekompetenzen von Grundschulkindern in Deutschland im internationalen Vergleich.

Hußmann, A. et al. (2017): Soziale Herkunft und Lesekompetenzen von Schülerinnen und Schülern, S. 195–218. In: Hußmann, A. et al. (Hrsg.): IGLU 2016. Lesekompetenzen von Grundschulkindern in Deutschland im internationalen Vergleich.

Jäckle, S. (2015): Experimente, S. 13–36. In: Hildebrandt, A. et al. (Hrsg.): Methodologie, Methoden, Forschungsdesign. Ein Lehrbuch für fortgeschrittene Studierende der Politikwissenschaft.

Jeuk, S. (2010): Analyse der diskursiven Basisqualifikation bei mehrsprachigen und einsprachigen Kindern zum Zeitpunkt der Einschulung, S. 123–139. In: Rost-Roth, M. (Hrsg.): DaZ-Spracherwerb und Sprachförderung Deutsch als Zweitsprache. Beiträge aus dem 5. Workshop „Kinder mit Migrationshintergrund".

Jost, J. (2017): Prinzipien und Methoden lernförderlicher Schreibumgebungen, S. 173–186. In: Becker-Mrotzek, M./Grabowski, J./Steinhoff, T. (Hrsg.): Forschungshandbuch empirische Schreibdidaktik.

Jost, J. et al. (2017): Sprachsensibler Mathematikunterricht in Hauptschulen. Sprache im Fach aus Sicht von Sprachfördercoaches, Lehrkräften und Lernenden in einem BiSS-Projekt, S. 161–182. In: Ahrenholz, B./Hövelbrinks, B./Schmellentin, C. (Hrsg.): Fachunterricht und Sprache in schulischen Lehr-/Lernprozessen.

Junk-Deppenmeier, A. (2009): Sprachstandserhebung bei Schülerinnen und Schülern mit Deutsch als Zweitsprache in der Sekundarstufe, S. 83–91. In: Jeuk, S./Schmid-Barkow, I. (Hrsg.): Differenzen diagnostizieren und Kompetenzen fördern im Deutschunterricht.

Kelly, A. E./Lesh, R. A./Baek, J. Y. (Hrsg.) (2008): Handbook of design research methods in education. Innovations in science, technology, engineering, and mathematics learning and teaching.

Kemp, R. F. et al. (2008): Morphologisch-syntaktische Basisqualifikation, S. 63–82. In: Bundesministerium für Bildung und Forschung (Hrsg.): Referenzrahmen zur altersspezifischen Sprachaneignung. Forschungsgrundlagen.

Kempert, S. et al. (2016): Die Rolle der Sprache für zuwanderungsbezogene Ungleichheiten im Bildungserfolg, S. 157–241. In: Diehl, C./Hunkler, C./Kristen, C. (Hrsg.): Ethnische Ungleichheiten im Bildungsverlauf. Mechanismen, Befunde, Debatten.

Kern, F. et al. (2017): Zur Rolle von Sprache und multimodalen Ressourcen beim Erwerb von Rechenstrategien, S. 225–245. In: Ahrenholz, B./Hövelbrinks, B./Schmellentin, C. (Hrsg.): Fachunterricht und Sprache in schulischen Lehr-/Lernprozessen.

Kestler, F. (2014): Einführung in die Didaktik des Geographieunterrichts. Grundlagen der Geographiedidaktik einschließlich ihrer Bezugswissenschaften. 2., überarb. und erw. Aufl.

Kipf, S. (2017): Lateinunterricht im gesellschaftlichen Kontext – von der Zweitsprachförderung zur Sprachbildung, 169–183. In: Lütke, B./Petersen, I./Tajmel, T. (Hrsg.): Fachintegrierte Sprachbildung. Forschung, Theoriebildung und Konzepte für die Unterrichtspraxis.

Kiraly, D. C. (2017): Introducing Scaffolded Language Emergence – An approch but not a method, S. 11–13. In: Kiraly, D. C./Signer, S. (Hrsg.): Scaffolded language emergence in the classroom. From theory to practice.

Klann-Delius, G. (2008): Spracherwerb.

Klein, D. (2017): Task-based Learning im bilingualen Geographieunterricht: Uganda and the UK – the Connection between Population and Development, 115–124. In: Budke,

A./Kuckuck, M. (Hrsg.): Sprache im Geographieunterricht. Bilinguale und sprachsensible Materialien und Methoden.

Kniffka, G. (2015): Scaffolding – Möglichkeiten, im Fachunterricht sprachliche Kompetenzen zu vermitteln, S. 221–237. In: Michalak, M./Kuchenreuther, M. (Hrsg.): Grundlagen der Sprachdidaktik Deutsch als Zweitsprache. 3., überarb. Aufl.

Kniffka, G./Neuer, B. S. (2008): Wo geht's hier nach ALDI? Fachsprachen lernen im kulturell heterogenen Klassenzimmer, S. 121–135. In: Budke, A. (Hrsg.): Interkulturelles Lernen im Geographieunterricht.

Kniffka, G./Roelcke, T. (2016): Fachsprachenvermittlung im Unterricht.

Koch, P./Oesterreicher, W. (1985): Sprache der Nähe – Sprache der Distanz. Mündlichkeit und Schriftlichkeit im Spannungsfeld von Sprachtheorie und Sprachgeschichte. In: Romanistisches Jahrbuch 36, 85, S. 15–43.

Koch, P./Oesterreicher, W. (1994): Schriftlichkeit und Sprache, S. 587–604. In: Günther, H./Ludwig, O. (Hrsg.): Schrift und Schriftlichkeit. Ein interdisziplinäres Handbuch.

Köhne, J. et al. (2015): Bildungssprachlicher Wortschatz – linguistische und psychologische Fundierung und Itementwicklung, S. 67–92. In: Redder, A./Naumann, J./Tracy, R. (Hrsg.): Forschungsinitiative Sprachdiagnostik und Sprachförderung – Ergebnisse.

Komor, A./Reich, H. H. (2008): Semantische Basisqualifikation, S. 49–61. In: Bundesministerium für Bildung und Forschung (Hrsg.): Referenzrahmen zur altersspezifischen Sprachaneignung. Forschungsgrundlagen.

Krashen, S. D. (1982): Principles and practice in second language acquisition.

Kuckuck, M. (2014): Konflikte im Raum. Verständnis von gesellschaftlichen Diskursen durch Argumentation im Geographieunterricht.

Kuckuck, M. (2015): Argumentationsrezeptionskompetenzen von SchülerInnen – Bewertungskriterien im Fach Geographie, S. 78–88. In: Budke, A. et al. (Hrsg.): Fachlich argumentieren lernen. Didaktische Forschungen zur Argumentation in den Unterrichtsfächern.

Kuckuck, M. (2019): Vom Text zum Diagramm: Texte erschließen mit dem Wechsel von Darstellungsformen, S. 179–186. In: Peuschel, K./Burkard, A. (Hrsg.): Sprachliche Bildung und Deutsch als Zweitsprache in den geistes- und gesellschaftswissenschaftlichen Fächern.

Kuckuck, M./Röder, J. (2017): Förderung des Leseverstehens im Geographieunterricht durch reziprokes Lesen am Beispiel eines Textes zur Entwicklungszusammenarbeit, 231–224. In: Budke, A./Kuckuck, M. (Hrsg.): Sprache im Geographieunterricht. Bilinguale und sprachsensible Materialien und Methoden.

Kultusministerkonferenz (2005): Einheitliche Prüfungsanforderungen in der Abiturprüfung Geographie. https://www.kmk.org/de/dokumentation-statistik/beschluesse-und-veroeffentlichungen/bildung-schule/allgemeine-bildung.html (Abruf am 28.12.2020).

Kunter, M./Trautwein, U. (2013): Psychologie des Unterrichts.

Kurtz, G. et al. (2015): Sprachintensiver Unterricht. Ein Handbuch.

Lado, R. (1957): Linguistics across cultures.

Lange, G./Weinhold, S. (Hrsg.) (2010): Grundlagen der Deutschdidaktik. Sprachdidaktik – Mediendidaktik – Literaturdidaktik. 4., korrigierte Aufl.

Lange, I./Gogolin, I. (2010): Durchgängige Sprachbildung. Eine Handreichung.

Langer-Plän, M. (2003): Problem Quellenarbeit. Werkstattbericht aus einem empirischen Projekt. In: Geschichte in Wissenschaft und Unterricht 54, 5–6, S. 319–336.

Langer-Plän, M./Beilner, H. (2006): Zum Problem historischer Begriffsbildung, S. 215–249. In: Günther-Arndt, H./Sauer, M. (Hrsg.): Geschichtsdidaktik empirisch. Untersuchungen zum historischen Denken und Lernen; Beiträge einer Tagung die am 14./15. Januar 2005 an der Universität Göttingen stattgefunden hat.

Leckie-Tarry, H. (1995): Language and context. A functional linguistic theory of register.

Leder, S. (2015): Bildung für nachhaltige Entwicklung durch Argumentation im Geographieunterricht, S. 139–150. In: Budke, A. et al. (Hrsg.): Fachlich argumentieren lernen. Didaktische Forschungen zur Argumentation in den Unterrichtsfächern.

Leisen, J. (2005): Wechsel der Darstellungsformen. Ein Unterrichtsprinzip für alle Fächer. In: Der fremdsprachliche Unterricht Englisch 78, S. 9–11.

Leisen, J. (2011): Sprachsensibler Fachunterricht. Ein Ansatz zur Sprachförderung im mathematisch-naturwissenschaftlichen Unterricht, S. 143–162. In: Prediger, S./Özdil, E. (Hrsg.): Mathematiklernen unter Bedingungen der Mehrsprachigkeit. Stand und Perspektiven der Forschung und Entwicklung in Deutschland.

Leisen, J. (2013): Handbuch Sprachförderung im Fach. Sprachsensibler Fachunterricht in der Praxis; Grundlagenwissen, Anregungen und Beispiele für die Unterstützung von sprachschwachen Lernern und Lernern mit Zuwanderungsgeschichte beim Sprechen, Lesen, Schreiben und Üben im Fach.

Leisen, J. (2015): Lernumgebung und Lernschritte durch Moderation steuern. Wie man „anders" im Unterricht kommunizieren kann. In: Pädagogik 67, 11, S. 14–17.

Leisen, J./Seyfarth, M. (2006): Was macht das Lesen von Fachtexten so schwer? In: Naturwissenschaften im Unterricht – Physik, 5, S. 9–11.

Lenz, T. (2013): Bilingualer Geographieunterricht. In: Geographie heute, S. 48.

Lindau, A.-K./Renner, T. (2017): Wer, wie, was … wieso, weshalb, warum? Von der Kunst des Fragenstellens, S. 193–207. In: Budke, A./Kuckuck, M. (Hrsg.): Sprache im Geographieunterricht. Bilinguale und sprachsensible Materialien und Methoden.

Linnemann, M. et al. (2017): Funktionale Sprachvermittlung im Mathematikunterricht, S. 265–284. In: Ahrenholz, B./Hövelbrinks, B./Schmellentin, C. (Hrsg.): Fachunterricht und Sprache in schulischen Lehr-/Lernprozessen.

Luchtenberg, S. (1988): Sprachliche Varietäten in der Primarstufe und ihre Bedeutung für ausländische Kinder. In: Sachunterricht und Mathematik der Primarstufe 16, 3, S. 136–142.

Lumer, J./Winter, K. (2019): Herausforderungen und Chancen einer sprachsensiblen Textarbeit im Biologieunterricht – ein Lehr-Lern-Konzept, S. 47–78. In: Danilovich, Y./Putjata, G. (Hrsg.): Sprachliche Vielfalt im Unterricht.

Maas, U. (2010): Orat und literat. Grundbegriffe der Analyse geschriebener und gesprochener Sprache. In: Grazer Linguistische Studien 73, S. 21–150.

MacKenzie, D. A. (1981): Statistics in Britain, 1865–1930. The social construction of scientific knowledge.

Mackey, A. (2002): Beyond production: learners' perceptions about interactional processes. In: International Journal of Educational Research 37, 3–4, S. 379–394.

Mafaalani, A. e. (2020): Mythos Bildung. Die ungerechte Gesellschaft, ihr Bildungssystem und seine Zukunft.

Marx, N. (2014): Häppchen oder Hauptgericht? Zeichen der Stagnation in der deutschen Mehrsprachigkeitsdidaktik. In: Zeitschrift für Interkulturellen Fremdsprachenunterricht 19, 1.

Mathiebe, M. (2018): Wortschatz und Schreibkompetenz.

Matschke, K. (2018): Gesprächsanalytische Perspektiven auf bildungssprachliche Normerwartungen im Geschichtsunterricht, S. 179–200. In: Grannemann, K./Oleschko, S./Kuchler, C. (Hrsg.): Sprachbildung im Geschichtsunterricht. Zur Bedeutung der kognitiven Funktion von Sprache.

McKenney, S./Reeves, T. C. (2019): Conducting educational design research. Second edition.

Mehren, M./Mehren, R. (2015): Kompetenzorientiert Unterrichten aufgezeigt am Beispiel des Fachs Geographie, S. 57–79. In: Bresges, A. et al. (Hrsg.): Kompetenzen perspektivisch. Interdisziplinäre Impulse für die LehrerInnenbildung.

Meier, C. (2018): Fragebogen Heft 1. Projekt „LisE".

Memminger, J. (2009): Schulung historischen Denkens oder bloß fiktionale Spielerei? Über kreative Schreibformen im Geschichtsunterricht. In: Geschichte in Wissenschaft und Unterricht 60, S. 204–211.

Merzyn, G. (1994): Physikschulbücher, Physiklehrer und Physikunterricht. Beiträge auf der Grundlage einer Befragung westdeutscher Physiklehrer.

Meyer, C. et al. (2017): „COWSPIRACY, Climate Change and Sustainability" – Anregungen zur Arbeit mit der Methode „Vorhersage mit Filmen" im bilingualen Geographieunterricht, S. 125–138. In: Budke, A./Kuckuck, M. (Hrsg.): Sprache im Geographieunterricht. Bilinguale und sprachsensible Materialien und Methoden.

Meyer, H. (2004): Was ist guter Unterricht?.

Meyer, H. (2014): Leitfaden Unterrichtsvorbereitung. Der neue Leitfaden. 7. Aufl.

Meyer, M./Prediger, S. (2011): Vom Nutzen der Erstsprache beim Mathematiklernen. Fallstudien zu Chancen und Grenzen erstsprachlich gestützter mathematischer Arbeitsprozesse bei Lernenden mit Erstsprache Türkisch, S. 185–204. In: Prediger, S./Özdil, E. (Hrsg.): Mathematiklernen unter Bedingungen der Mehrsprachigkeit. Stand und Perspektiven der Forschung und Entwicklung in Deutschland.

Meyer, M./Tiedemann, K. (Hrsg.) (2017): Sprache im Fach Mathematik.

Michalak, M. (2012a): Bilder im Fremd- und Zweitsprachenunterricht. Einführung in den Themenschwerpunkt. In: Zeitschrift für Interkulturellen Fremdsprachenunterricht 17, 2, S. 88.

Michalak, M. (2012b): Der Gebrauch von Sprachregistern und ihre Vermittlung als Grundlage für die DaZ-Förderung, S. 67–88. In: Ohm, U./Bongartz, C. (Hrsg.): Soziokulturelle und psycholinguistische Untersuchungen zum Zweitspracherwerb. Ansätze zur Verbindung zweier Forschungsparadigmen.

Michalak, M. et al. (2015): Sprache im Fachunterricht. Eine Einführung in Deutsch als Zweitsprache und sprachbewussten Unterricht.

Michalak, M. et al. (2017): „Wenn ich hingucke, seh ich immer erst das Obere". Kompetenzen von Lernenden mit Deutsch als Zweitsprache beim Umgang mit diskontinuierlichen Darstellungsformen, S. 77–94. In: Fuchs, I./Jeuk, S./Knapp, W. (Hrsg.): Mehrsprachigkeit: Spracherwerb, Unterrichtsprozesse, Seiteneinstieg. Beiträge aus dem 11. Workshop „Kinder mit Migrationshintergrund", 2015.

Michalak, M./Bachtsevanidis, V. (2012): Zweitsprache Deutsch in Chemie, Geschichte und Co. Sprachliche Voraussetzungen und didaktische Anforderungen im fachsprachlichen Unterricht, 3, S. 4–19.

Michalak, M./Müller, B. (2015): Vermittlung fachsprachlicher Kompetenzen. Umgang mit diskontinuierlichen Darstellungsformen, S. 142–160. In: Bresges, A. et al. (Hrsg.): Kompetenzen perspektivisch. Interdisziplinäre Impulse für die LehrerInnenbildung.

Michalak, M./Müller, B. (2016): Sprach- und Kulturlernen mit Sprach-Fach-Netzen: Arbeit an diskontinuierlichen Darstellungsformen, S. 25–51. In: Feldmeier, A./Eichstaedt, A. (Hrsg.): Lernkulturen – Schriftsprache in DaZ – Grammatik – Sprachliche Anforderungen in den Fächern. 41. Jahrestagung des Fachverbandes Deutsch als Fremd- und Zweitsprache an der Universität Münster 2014.

Michalak, M./Müller, B. (2017): Durch Sprache zum systemischen Denken, S. 111–138. In: Arndt, H. (Hrsg.): Systemisches Denken im Fachunterricht.

Mietzel, G. (2017): Pädagogische Psychologie des Lernens und Lehrens. 9. Aufl.

Moosbrugger, H./Kelava, A. (Hrsg.) (2012): Testtheorie und Fragebogenkonstruktion. 2. aktualisierte und übarbeitete Auflage.

Morawski, M. et al. (2017a): Kooperative und begleitende Konzepte zur Sprachsensibilisierung und Sprachförderung im Fachunterricht Geographie: Geographisches Peer- Review, der Sprach-Checker, das Kulturtagebuch und das sprachbewusste Lexikon, S. 39–54. In: Budke, A./Kuckuck, M. (Hrsg.): Sprache im Geographieunterricht. Bilinguale und sprachsensible Materialien und Methoden.

Morawski, M. et al. (2017b): Sprachsensibles Material für die Kartenauswertung in Vorbereitungsklassen und im sprachbewussten Geographieunterricht, S. 83–97. In: Budke, A./Kuckuck, M. (Hrsg.): Sprache im Geographieunterricht. Bilinguale und sprachsensible Materialien und Methoden.

Morawski, M. (2019): Von und mit Sprache lernen – Identifikation von Sprachbewusstsein und Entwicklung von Förderstrategien für den sprachsensiblen Geographieunterricht durch eine Analyse des bilingualen Geographieunterrichts.

Morawski, M./Budke, A. (2017): Language awareness in geography education. An analysis of the potential of bilingual geography education for teaching geography to language learners. In: European Journal of Geography 8, 1, S. 61–84.

Morek, M./Heller, V. (2012): Bildungssprache? Kommunikative, epistemische, soziale und interaktive Aspekte ihres Gebrauchs. In: Zeitschrift für angewandte Linguistik 57, 1.

Mücke, S. (2007): Einfluss personeller Eingangsvoraussetzungen auf Schülerleistungen im Verlauf der Grundschulzeit, S. 277–280. In: Möller, K. et al. (Hrsg.): Qualität von Grundschulunterricht. Entwickeln, erfassen und bewerten. 1. Aufl.

Müller, A. (2005): Schreiben in der Zweitsprache und Schreibförderung im Bereich der beruflichen Bildung.

Müller, A. (2015): Spracherwerbstheoretische Aspekte der (Zweit-)Sprachdidaktik, S. 123–139. In: Klages, H. (Hrsg.): Linguistisch fundierte Sprachförderung und Sprachdidaktik. Grundlagen Konzepte Desiderate.

Müller, K./Ehmke, T. (2016): Soziale Herkunft und Kompetenzerwerb, S. 285–316. In: Reiss, K. et al. (Hrsg.): PISA 2015. Eine Studie zwischen Kontinuität und Innovation.

Neubauer, A./Stern, E. (2007): Lernen macht intelligent. Warum Begabung gefördert werden muss.

Neuland, E./Peschel, C. (2013): Einführung in die Sprachdidaktik.

Nickel, S. (2011): Literalität – Familie – Family Literacy. Die Transmission schriftkultureller Praxis und generationenübergreifende Bildungsprogramme als Schlüselstrategie. In: Psychologie & Gesellschaftskritik 35, 3, S. 53–77.

Nitz, S. et al. (2012): Entwicklung eines Erhebungsinstruments zur Erfassung der Verwendung von Fachsprache im Biologieunterricht. In: Zeitschrift für Didaktik der Naturwissenschaften 18, S. 117–139.

Nodari, C./Steinmann, C. (2008): Fachdingsda. Fächerorientierter Grundwortschatz für das 5. – 9. Schuljahr.

Nückles, M./Wittwer, J. (2014): Lernen und Wissenserwerb, S. 225–252. In: Seidel, T./Krapp, A. (Hrsg.): Pädagogische Psychologie. Mit Online-Materialien. 6. vollst. überarb. Aufl.

Nünning, A. (Hrsg.) (2004): Grundbegriffe der Literaturtheorie.

OECD (2019): PISA 2018 Results (Volume I, II & III). Combined executive summaries.

Ohm, U. et al. (2007): Sprachtraining für Fachunterricht und Beruf. Fachtexte knacken – mit Fachsprache arbeiten.

Olczyk, M. et al. (2016): Migranten und ihre Nachkommen im deutschen Bildungssystem: ein aktueller Überblick, S. 33–72. In: Diehl, C./Hunkler, C./Kristen, C. (Hrsg.): Ethnische Ungleichheiten im Bildungsverlauf. Mechanismen, Befunde, Debatten.

Oleschko, S. (2015): Lernaufgaben und fachdidaktische Aufgabenanalyse in Politik. Zur Bedeutung der Sprache bei Aufgabenanalysen. In: Weißeno, G. (Hrsg.): Empirische Forschung in gesellschaftswissenschaftlichen Fachdidaktiken. Ergebnisse und Perspektiven.

Oleschko, S. et al. (2016): Praxishandbuch Sprachbildung Geographie. Sprachsensibel unterrichten – Sprache fördern.

Oleschko, S. (2017a): Differenzielle Lernmilieus und Sprachbildung – zur Bedeutung der Sprachsoziologie für den Diskurs um Sprachfähigkeit in der Schule, S. 51–68. In: Lütke, B./Petersen, I./Tajmel, T. (Hrsg.): Fachintegrierte Sprachbildung. Forschung, Theoriebildung und Konzepte für die Unterrichtspraxis.

Oleschko, S. (2017b): Sprachsensibles Unterrichten fördern. Angebote für den Vorbereitungsdienst, Anrnsberg.

Oleschko, S. (2018): Sprachsoziologische Erkundung eines sprachbildenden Geschichtsunterrichts, S. 43–66. In: Grannemann, K./Oleschko, S./Kuchler, C. (Hrsg.): Sprachbildung im Geschichtsunterricht. Zur Bedeutung der kognitiven Funktion von Sprache.

Oomen-Welke, I. (2008): Didaktik der Sprachenvielfalt, S. 479–492. In: Ahrenholz, B. (Hrsg.): Deutsch als Zweitsprache.

Oomen-Welke, I./Rösch, H. (2015): Wissen über Sprachen erwerben – Sprachengebrauch reflektieren und respektieren, S. 179–220. In: Oomen-Welke, I. (Hrsg.): Mehrsprachigkeit in der Klasse wahrnehmen – aufgreifen – fördern. 3. Aufl., [Nachdr.].

Ortner, H. (2009): Rhetorisch-stilistische Eigenschaften der Bildungssprache, S. 2227–2249. In: Fix, U. et al. (Hrsg.): Handbücher zur Sprach- und Kommunikationswissenschaft. = Handbooks of linguistics and communication science.

Oser, F./Baeriswyl, F. (2001): Choreographies of Teaching: Bridging Instruction to Learning, S. 1031–1065. In: Richardson, V. (Hrsg.): Handbook of research on teaching. 4. ed., 1. impression.

Ossner, J. (2006): Sprachdidaktik Deutsch. Eine Einführung für Studierende. 2. Aufl.

Otto, K.-H. (2012): Didaktische Modelle und Prinzipien, S. 27–55. In: Haversath, J.-B. (Hrsg.): Geographiedidaktik. Theorie – Themen – Forschung.

Paetsch, J. et al. (2015): Der Zusammenhang von sprachlichen und mathematischen Kompetenzen bei Kindern mit Deutsch als Zweitsprache. In: Zeitschrift für Pädagogische Psychologie 29, 1, S. 19–29.

Paetsch, J. et al. (2016): Sprachkompetenz als Prädiktor mathematischer Kompetenzentwicklung von Kindern deutscher und nicht-deutscher Familiensprache. In: Zeitschrift für Entwicklungspsychologie und Pädagogische Psychologie 48, 1, S. 27–41.

Pagonis, G. (2009): Überlegungen zum Altersfaktor am Beispiel eines kindlichen und jugendlichen DaZ-Erwerbs, S. 193–212. In: Ahrenholz, B. (Hrsg.): Empirische Befunde zu DaZ-Erwerb und Sprachförderung. Beiträge aus dem 3. Workshop „Kinder mit Migrationshintergrund".

Pertzel, E./Schütte, A. U. (2016): Schreiben in Biologie, Geschichte und Mathematik (Klasse 5/6). Schriftlichkeit im sprachsensiblen Fachunterricht.

Petersen, I. (2017): Schreiben im Fachunterricht – mögliche Potenziale für lernende mit Deutsch als Zweitsprache, S. 99–125. In: Lütke, B./Petersen, I./Tajmel, T. (Hrsg.): Fachintegrierte Sprachbildung. Forschung, Theoriebildung und Konzepte für die Unterrichtspraxis.

Peuschel, K./Burkard, A. (2019a): DaZ, Sprachbildung und der geistes- und gesellschaftswissenschaftliche Unterricht, S. 53–102. In: Peuschel, K./Burkard, A. (Hrsg.): Sprachliche Bildung und Deutsch als Zweitsprache in den geistes- und gesellschaftswissenschaftlichen Fächern.

Peuschel, K./Burkard, A. (2019b): Sprachliche Heterogenität in der Schule, S. 15–52. In: Peuschel, K./Burkard, A. (Hrsg.): Sprachliche Bildung und Deutsch als Zweitsprache in den geistes- und gesellschaftswissenschaftlichen Fächern.

Philipp, M. (2017): Wirksame Schreibförderung – metaanalytische Befunde, S. 187–202. In: Becker-Mrotzek, M./Grabowski, J./Steinhoff, T. (Hrsg.): Forschungshandbuch empirische Schreibdidaktik.

Piaget, J. (1972): Sprechen und Denken des Kindes. (Übers.: Nicole Stöber).

Pineker-Fischer, A. (2017): Sprach- und Fachlernen im naturwissenschaftlichen Unterricht. Umgang von Lehrpersonen in soziokulturell heterogenen Klassen mit Bildungssprache.

Pohl, T. (2014): Entwicklung der Schreibkompetenzen, S. 101–142. In: Feilke, H. (Hrsg.): Schriftlicher Sprachgebrauch – Texte verfassen.

Prediger, S. et al. (2015): Sprachkompetenz und Mathematikleistung – Empirische Untersuchung sprachlich bedingter Hürden in den Zentralen Prüfungen 10. In: Journal für Mathematik-Didaktik 36, 1, S. 1–27.

Prediger, S. (2019): Welche Forschung kann Sprachbildung im Fachunterricht empirisch fundieren?, S. 19–40. In: Ahrenholz, B. et al. (Hrsg.): Fachunterricht, Sprachbildung und Sprachkompetenzen.

Prediger, S. (2020): Alle Sprachen als Ressourcen, S. 24–44. In: Prediger, S. (Hrsg.): Sprachbildender Mathematikunterricht in der Sekundarstufe – ein forschungsbasiertes Praxisbuch.

Prediger, S./Hein, K. (2017): Learning to meet language demands in multi-step mathematical argumentations: Design research on a subject-specific genre. In: European Journal of Applied Linguistics 5, 2, S. 1–27.

Prediger, S./Wessel, L. (2011): Darstellen – Deuten – Darstellungen vernetzen. Ein fach- und sprachintegrierter Förderansatz für mehrsprachige Lernende im Mathematikunterricht, S. 163–184. In: Prediger, S./Özdil, E. (Hrsg.): Mathematiklernen unter Bedingungen der Mehrsprachigkeit. Stand und Perspektiven der Forschung und Entwicklung in Deutschland.

Prediger, S./Wessel, L. (2013): Fostering German-language learners' constructions of meanings for fractions—design and effects of a language- and mathematics-integrated intervention. In: Mathematics Education Research Journal 25, 3, S. 435–456.

Prediger, S./Wessel, L. (2018): Brauchen mehrsprachige Jugendliche eine andere fach- und sprachintegrierte Förderung als einsprachige? In: Zeitschrift für Erziehungswissenschaft 21, 2, 1–20.

Prediger, S./Zindel, C. (2017): School Academic Language Demands for Understanding Functional Relationships: A Design Research Project on the Role of Language in Reading and Learning. In: EURASIA Journal of Mathematics, Science and Technology Education 13, S. 4157–4188.

Quehl, T./Scheffler, U. (2008): Möglichkeit fortlaufender Sprachförderung im Sachunterricht, S. 66–79. In: Bainski, C./Krüger-Potratz, M. (Hrsg.): Handbuch Sprachförderung. [Nachdr.].

Quehl, T./Trapp, U. (2020): Sprachbildung im Sachunterricht der Grundschule. Mit dem Scaffolding-Konzept unterwegs zur Bildungssprache. 2. Auflage.

Rank, A. et al. (2018): Bildungssprachliche Kompetenzen bei Vorschulkindern mit Deutsch als Erst- und Zweitsprache. In: Zeitschrift für Grundschulforschung 11, 1, S. 115–129.

Recknagel, L./Hempowicz, J. (2017): Begriffsbildung im Geographieunterricht am Beispiel des Themas Bodendegradation, S. 181–192. In: Budke, A./Kuckuck, M. (Hrsg.): Sprache im Geographieunterricht. Bilinguale und sprachsensible Materialien und Methoden.

Rehbein, J. (2011): ‚Arbeitssprache' Türkisch im mathematisch-naturwissenschaftlichen Unterricht der deutschen Schule – ein Plädoyer, S. 205–232. In: Prediger, S./Özdil, E. (Hrsg.): Mathematiklernen unter Bedingungen der Mehrsprachigkeit. Stand und Perspektiven der Forschung und Entwicklung in Deutschland.

Reich, H. H. (2007): Forschungsstand und Desideratenaufweis zu Migrationslinguistik und Migrationspädagogik für die Zwecke des „Anforderungsrahmens", S. 121–169. In: BMBF (Hrsg.): Anforderungen an Verfahren der regelmäßigen Sprachstandsfeststellung als Grundlage für die frühe und individuelle Förderung von Kindern mit und ohne Migrationshintergrund.

Reich, H. H. (2008): Materialien zum Workshop „Bildungssprache". Unveröffentlichtes Schulungsmaterial für die FörMig-Weiterqualifizierung „Berater(in) für sprachliche Bildung, Deutsch als Zweitsprache".

Reich, H. H./Roth, H.-J./Neumann, U. (Hrsg.) (2007): Sprachdiagnostik im Lernprozess. Verfahren zur Analyse von Sprachständen im Kontext von Zweisprachigkeit.

Reinfried, S. (2015): Wissen erwerben und Einstellungen reflektieren, S. 53–98. In: Reinfried, S./Haubrich, H. (Hrsg.): Geographie unterrichten lernen. Die Didaktik der Geographie.

Reisch, J. (2017): Klimadiagramme auswerten und vergleichen mithilfe sprachsensibler Unterrichtsmaterialien, S. 55–70. In: Budke, A./Kuckuck, M. (Hrsg.): Sprache im Geographieunterricht. Bilinguale und sprachsensible Materialien und Methoden.

Reiss, K. et al. (2019): PISA 2018. Grundbildung im internationalen Vergleich. Zusammenfassung.

Rempfler, A. (Hrsg.) (2018a): Wirksamer Geographieunterricht.

Rempfler, A. (2018b): Wirksamer Geographieunterricht – Eine Einführung, S. 19–24. In: Rempfler, A. (Hrsg.): Wirksamer Geographieunterricht.

Rempfler, A. (2018c): Wirksamer Geographieunterricht – Eine Synthese aus 18 Experteninterviews, S. 206–219. In: Rempfler, A. (Hrsg.): Wirksamer Geographieunterricht.

Rendel, A. (2013): Fördern und Fordern – mit Differenzierung im „Nebenfach" zum Lernerfolg?.

Renkl, A. (2015): Wissenserwerb, S. 4–24. In: Wild, E./Möller, J. (Hrsg.): Pädagogische Psychologie. 2., vollständig überarbeitete und aktualisierte Auflage.

Reumont, F. von/Morawski, M. (2017): Comics und Sprachförderung im Geographieunterricht – Eine sprachbewusste Unterrichtssequenz zur Dekonstruktion des Entwicklungsbegriffs, S. 209–229. In: Budke, A./Kuckuck, M. (Hrsg.): Sprache im Geographieunterricht. Bilinguale und sprachsensible Materialien und Methoden.

Reusser, K./Pauli, U. (2010): Unterrichtsgestaltung und Unterrichtsqualität – Ergebnisse einer internationalen und schweizerischen Videostudie zum Mathematikunterricht: Einleitung und Überblick, S. 15–20. In: Reusser, K. (Hrsg.): Unterrichtsgestaltung und Unterrichtsqualität. Ergebnisse einer internationalen und schweizerischen Videostudie zum Mathematikunterricht.

Riebling, L. (2013): Heuristik der Bildungssprache, S. 106–153. In: Gogolin, I. et al. (Hrsg.): Herausforderung Bildungssprache – und wie man sie meistert.

Riegger, M. et al. (2017): Berücksichtigung von Herkunftssprachen im schulischen Kontext. Erfahrungen und Einschätzungen von Schülerinnen und Schülern, S. 155–171. In: Fuchs, I./Jeuk, S./Knapp, W. (Hrsg.): Mehrsprachigkeit: Spracherwerb, Unterrichtsprozesse, Seiteneinstieg. Beiträge aus dem 11. Workshop „Kinder mit Migrationshintergrund", 2015.

Rincke, K. (2010): Alltagssprache, Fachsprache und ihre besonderen Bedeutungen für das Lernen. In: Zeitschrift für Didaktik der Naturwissenschaften 16, S. 235–260.

Roelcke, T. D. (2020): Fachsprachen. 4., neu bearbeitete und wesentlich erweiterte Auflage.

Rösch, H. (2005): Nahtstelle Übergang Primar- zum Sekundarbereich, S. 110–120. In: Bartnitzky, H. (Hrsg.): Deutsch als Zweitsprache lernen.

Rösch, H. (2011): Deutsch als Zweit- und Fremdsprache.

Rösch, H./Paetsch, J. (2011): Sach- und Textaufgaben im Mathematikunterricht als Herausforderung für mehrsprachige Kinder, S. 55–76. In: Prediger, S./Özdil, E. (Hrsg.): Mathematiklernen unter Bedingungen der Mehrsprachigkeit. Stand und Perspektiven der Forschung und Entwicklung in Deutschland.

Rosebrock, C./Nix, D. (2017): Grundlagen der Lesedidaktik und der systematischen schulischen Leseförderung. 8. korrigierte Auflage.

Rost, D. H. (2013): Interpretation und Bewertung pädagogisch-psychologischer Studien. Eine Einführung. 3., vollst. überarb. und erw. Aufl...

Rost, J. (2004): Lehrbuch Testtheorie – Testkonstruktion. 2., vollst. überarb. und erw. Aufl.

Ruberg, T. et al. (2013): Spracherwerb und sprachliche Bildung. Lern- und Arbeitsbuch für sozialpädagogische Berufe.

Sauer, M. (2015): Begriffsarbeit im Geschichtsunterricht. In: Geschichte lernen 28, 168, S. 2–11.

Saussure, F. de (1913): Ferdinand de Saussure: Cours de linguistique générale. Studienausgabe in deutscher Sprache.

Scheuer, R. et al. (2010): Experimentieren als neuer Weg zur Sprachförderung, S. 91–114. In: Köster, H. (Hrsg.): Handbuch Experimentieren. 2. unveränd. Aufl.

Schleppegrell, M. (2001): Linguistic Features of the Language of Schooling. In: Linguistics and Education 4, 12, S. 431–459.

Schleppegrell, M. (2006): The challenges of acadamic language in school subjects, S. 47–69. In: Lindberg, I./Sandwall, K. (Hrsg.): Språket och kunskapen – att lära på sitt andraspråk i skola och högskola…

Schleppegrell, M. J. (2004): The language of schooling. A functional linguistics perspective.

Schmellentin, C. et al. (2012): Fachlernen und Literalität. In: leseforum.ch, 3, S. 1–12.

Schmellentin, C. et al. (2017): Sprachliche Anforderungen in Biologielehrmitteln, S. 73–91. In: Ahrenholz, B./Hövelbrinks, B./Schmellentin, C. (Hrsg.): Fachunterricht und Sprache in schulischen Lehr-/Lernprozessen.

Schmiemann, P. (2011): Fachsprache in biologischen Testaufgaben. In: Zeitschrift für Didaktik der Naturwissenschaften 17, S. 115–136.

Schmölzer-Eibinger, S. (2013): Sprache als Medium des Lernens im Fach, S. 25–40. In: Becker-Mrotzek, M. (Hrsg.): Sprache im Fach. Sprachlichkeit und fachliches Lernen.

Schmölzer-Eibinger, S. et al. (2013): Sprachförderung im Fachunterricht in sprachlich heterogenen Klassen.

Schmölzer-Eibinger, S./Langer, E. (2010): Sprachförderung im naturwissenschaftlichen Unterricht in mehrsprachigen Klassen. Ein didaktisches Modell für das Fach Chemie, 203–217. In: Ahrenholz, B. (Hrsg.): Fachunterricht und Deutsch als Zweitsprache. 2. akt. Aufl.

Schneider, H. et al. (2013): Expertise zur Wirksamkeit von Sprachförderung.

Schneider, H. et al. (2019): Prinzipien der Verständlichkeit in Schulbüchern der Biologie auf der Sekundarstufe 1, S. 61–86. In: Ahrenholz, B. et al. (Hrsg.): Fachunterricht, Sprachbildung und Sprachkompetenzen.

Schneider, W. et al. (2017): LGVT 5–12+.

Scholten-Akoun, D. et al. (2012): Der C-Test als ein Instrument zur Messung der Schriftsprachkompetenzen von Lehramtsstudierenden (auch) mit Migrationshintergrund – eine Studie, S. 307–330. In: Ahrenholz, B. (Hrsg.): Sprachstand erheben – Spracherwerb erforschen. Beiträge aus dem 6. Workshop „Kinder und Jugendliche mit Migrationshintergrund“, 2010.

Schoormann, M./Schlak, T. (2012): Sollte korrektives Feedback „maßgeschneidert“ werden? Zur Berücksichtigung kontextueller und individueller Faktoren bei der mündlichen Fehlerkorrektur im Zweit-/ Fremdsprachenunterricht. In: Zeitschrift für Interkulturellen Fremdsprachenunterricht 17, 2, S. 93.

Schratz, M./Pant, H. A. (2018): Vorwort, S. 9–10. In: Rempfler, A. (Hrsg.): Wirksamer Geographieunterricht.

Schroeter-Bauss, S. et al. (2018): Sprache im naturwissenschaftlichen Unterricht.

Schwarze, S. (2019): Sprachsensibler Geographieunterricht, S. 107–122. In: Danilovich, Y./Putjata, G. (Hrsg.): Sprachliche Vielfalt im Unterricht.

Schwenck, C./Schneider, W. (2003): Der Zusammenhang von Rechen- und Schriftsprachkompetenz im frühen Grundschulalter. In: Zeitschrift für Pädagogische Psychologie 17, 3/4, S. 261–267.

Sedlmeier, P./Renkewitz, F. (2008): Forschungsmethoden und Statistik in der Psychologie.

Seidel, T./Reiss, K. (2014): Lerngelegenheiten im Unterricht, S. 253–275. In: Seidel, T./Krapp, A. (Hrsg.): Pädagogische Psychologie. Mit Online-Materialien. 6. vollst. überarb. Aufl.

Selinker, L. (1972/1974): Interlanguage, S. 31–54. In: Richards, J. C. (Hrsg.): Error analysis. Perspectives on second language acquisition.

Serwene, P. (2017): Mentor Texts – Zur Förderung der Textproduktion im bilingualen Geographieunterricht beim Darstellungswechsel vom Diagramm zum Text, S. 101–114. In: Budke, A./Kuckuck, M. (Hrsg.): Sprache im Geographieunterricht. Bilinguale und sprachsensible Materialien und Methoden.

Shadish, W. R. et al. (2002): Experimental and quasi-experimental designs for generalized causal inference.

Siebert-Ott, G. M. (2001): Frühe Mehrsprachigkeit. Probleme des Grammatikerwerbs in multilingualen und multikulturellen Kontexten.

Siems, M. (2013): Verfahren der Sprachstandsfeststellung für Schülerinnen und Schüler mit Deutsch als Zweitsprache.

Simon, H. A. (1955): A Behavioral Model of Rational Choice. In: The Quarterly Journal of Economics 69, 1, S. 99.

Skinner, B. F. (1957): Verbal behavior.

Spiegel, C. (2009): Zuhören im Gespräch, S. 189–203. In: Krelle, M./Spiegel, C. (Hrsg.): Sprechen und Kommunizieren. Entwicklungsperspektiven Diagnosemöglichkeiten und Lernszenarien in Deutschunterricht und Deutschdidaktik.

Stanat, P. et al. (Hrsg.) (2019): IQB-Bildungstrend 2018. Mathematische und naturwissenschaftliche Kompetenzen am Ende der Sekundarstufe I im zweiten Ländervergleich.

Stecken, T. (2013): Diagrammkompetenz von Grundschülern. Eine empirische Erhebung; Entwicklung, Validierung und Auswertung eines Diagrammverständnistests auf Basis eines Kompetenzmodells für den Mathematikunterricht.

Stein, M. (2017): Allgemeine Pädagogik. 3., überarbeitete Auflage.

Steinhoff, T. (2007): Wissenschaftliche Textkompetenz. Sprachgebrauch und Schreibentwicklung in wissenschaftlichen Texten von Studenten und Experten.

Steinhoff, T. et al. (2017): Herausforderungen der empirischen Schreibdidaktik, S. 9–24. In: Becker-Mrotzek, M./Grabowski, J./Steinhoff, T. (Hrsg.): Forschungshandbuch empirische Schreibdidaktik.

Steinhoff, T. (2018): Schreibarrangements. Impulse für einen lernförderlichen Schreibunterricht. In: Der Deutschunterricht, 3, S. 2–10.

Steinig, W./Huneke, H.-W. (2015): Sprachdidaktik Deutsch. Eine Einführung. 5., neu bearbeitete und erweiterte Auflage.

Steinmüller, U./Schwarnhorst, U. (1987): Sprache im Fachunterricht. Ein Beitrag zur Diskussion über Fachsprachen im Unterricht mit ausländischen Schülern. In: Zielsprache Deutsch 18, 4, S. 3–12.

Stephany, S. et al. (2013): Schreiben als Mittel des mathematischen Lernens, S. 66–94. In: Becker-Mrotzek, M. (Hrsg.): Sprache im Fach. Sprachlichkeit und fachliches Lernen.

Stubbe, T. C. et al. (2020): Soziale Disparitäten in den mathematischen und naturwissenschaftlichen Kompetenzen von Viertklässerinnen und Viertklässern, S. 263–289. In: Schwippert, K. et al. (Hrsg.): TIMSS 2019. Mathematische und naturwissenschaftliche Kompetenzen von Grundschulkindern in Deutschland im internationalen Vergleich.

Swain, M. (1985): Communicative competence: Some roles of comprehensible input and comprehensible output in its development. In: Gass, S. M./Madden, C. G. (Hrsg.): Input in second language acquisition.

Tajmel, T. (2010): DaZ-Förderung im naturwissenschaftlichen Fachunterricht, S. 167–184. In: Ahrenholz, B. (Hrsg.): Fachunterricht und Deutsch als Zweitsprache. 2. akt. Aufl.

Technische Universität Dortmund (o.J.): MuM – Mathematiklernen unter Bedinungen der Mehrsprachigkeit. http://www.mathematik.uni-dortmund.de/~prediger/projekte/mum/home.html (Abruf am 18.10.2018).

Thürmann, E. (2012): Lernen durch Schreiben? Thesen zur Unterstützung sprachlicher Risikogruppen im Sachfachunterricht. In: dieS-online, 1, S. 1–28.

Topalovic, E./Michalak, M. (2015): Sprachreflexion und Grammatik zwischen DaM und DaZ, S. 238–262. In: Michalak, M./Kuchenreuther, M. (Hrsg.): Grundlagen der Sprachdidaktik Deutsch als Zweitsprache. 3., überarb. Aufl.

Uhlenwinkel, A. (2015): Geographisches Wissen und geographische Argumentation, S. 46–61. In: Budke, A. et al. (Hrsg.): Fachlich argumentieren lernen. Didaktische Forschungen zur Argumentation in den Unterrichtsfächern.

Videosott, G. (2006): Die Mehrsprachigkeit. Versuch einer begrifflichen Klärung, S. 51–55. In: Wiater, W. (Hrsg.): Didaktik der Mehrsprachigkeit. Theoriegrundlagen und Praxismodelle.

Vogel, P. M. (2012): Sprachgeschichte.

Vollmer, H. J./Thürmann, E. (2010): Modellierung eines Referenzrahmens für Deutsch als Zweitsprache, S. 107–132. In: Ahrenholz, B. (Hrsg.): Fachunterricht und Deutsch als Zweitsprache. 2. akt. Aufl.

Vollmer, H. J./Thürmann, E. (2013): Sprachbildung und Bildungssprache als Aufgabe aller Fächer der Regelschule, S. 41–57. In: Becker-Mrotzek, M. (Hrsg.): Sprache im Fach. Sprachlichkeit und fachliches Lernen.

Volmert, J. (2005): Sprache und Sprechen: Grundbegriffe und sprachwissenschaftliche Konzepte, S. 9–28. In: Volmert, J. (Hrsg.): Grundkurs Sprachwissenschaft. Eine Einführung in die Sprachwissenschaft für Lehramtsstudiengänge. 5., korrigierte und erg. Aufl.

Voyer, D./Voyer, S. D. (2014): Gender differences in scholastic achievement: a meta-analysis. In: Psychological bulletin 140, 4, S. 1174–1204.

Vygotskij, L. S. et al. (Hrsg.) (1974): Denken und Sprechen. 5. korr. Aufl. der Lizenzausg.

Wäschle, K. et al. (2015): Journal writing in science: Effects on comprehension, interest, and critical reflection. In: Journal of Writing Research 7, 1, S. 41–64.

Wassong, E./Kuckuck, M. (2017): Spielend lernen – Sprachsensible Spiele am Beispiel der Behandlung von endogenen Prozessen im Geographieunterricht der Sekundarstufe II, S. 167–179. In: Budke, A./Kuckuck, M. (Hrsg.): Sprache im Geographieunterricht. Bilinguale und sprachsensible Materialien und Methoden.

Weber, P. (2015): Förderung der Gesprächskompetenz in sprachlich heterogenen Klassen, S. 95–128. In: Michalak, M./Kuchenreuther, M. (Hrsg.): Grundlagen der Sprachdidaktik Deutsch als Zweitsprache. 3., überarb. Aufl.

Wecker, C./Fischer, F. (2014): Lernen in Gruppen, S. 277–296. In: Seidel, T./Krapp, A. (Hrsg.): Pädagogische Psychologie. Mit Online-Materialien. 6. vollst. überarb. Aufl.

Weinert, S. et al. (2016): Bildungssprachliche Kompetenzen (BiSpra): Anforderungen, Sprachverarbeitung und Diagnostik. Skalenhandbuch zur Dokumentation der Erhebungsinstrumente.

Weis, M. et al. (2019): Soziale Herkunft, Zuwanderungshintergrund und Lesekompetenz, S. 129–162. In: Reiss, K. et al. (Hrsg.): PISA 2018. Grundbildung im internationalen Vergleich. Redaktionsschluss: 05.11.2019.

Weißenburg, A. (2013): „Der mehrsprachige Raum“ – Konzept zur Förderung eines mehrsprachig sensiblen Geographieunterrichts. In: GW-Unterricht, 131, S. 28–41.

Wellenreuther, M. (2010): Fördern im Mathematikunterricht – aber wie? In: Lehren & Lernen, 4, S. 20–24.

Wellenreuther, M. (2013): Lehren und Lernen – aber wie? Empirisch-experimentelle Forschungen zum Lehren und Lernen im Unterricht. 6., vollst. überarb. Aufl.

Wendt, H./Schwippert, K. (2017): Lesekompetenz von Schülerinnen und Schülern mit und ohne Migrationshintergrund, S. 219–234. In: Hußmann, A. et al. (Hrsg.): IGLU 2016. Lesekompetenzen von Grundschulkindern in Deutschland im internationalen Vergleich.

Wenzel, H. (2010): Chancengleichheit in der Schule – eine nicht abgegoltene Forderung, S. 57–68. In: Krüger, H.-H. et al. (Hrsg.): Bildungsungleichheit revisited. Bildung und soziale Ungleichheit vom Kindergarten bis zur Hochschule.

Wessel, L. (2015): Fach- und sprachintegrierte Förderung durch Darstellungsvernetzung und Scaffolding. Ein Entwicklungsforschungsprojekt zum Anteilbegriff.

Wiater, W. (Hrsg.) (2006): Didaktik der Mehrsprachigkeit. Theoriegrundlagen und Praxismodelle.

Wiese, H. et al. (2010): Die sogenannte „Doppelte Halbsprachigkeit“: eine sprachwissenschaftliche Stellungnahme.

Wild, J./Pissarek, M. (o.J.): Ratte. Regensburger Analysetool für Texte. https://www.uni-regensburg.de/sprache-literatur-kultur/germanistik-did/downloads/ratte/index.html (Abruf am 19.9.2020).

Wildemann, A./Fornol, S. (2016): Sprachsensibel unterrichten in der Grundschule. Anregungen für den Deutsch- Mathematik- und Sachunterricht. 2. Auflage.

Wilhelm, M. et al. (2018): Qualitätsvoller Fachunterricht, S. 11–18. In: Rempfler, A. (Hrsg.): Wirksamer Geographieunterricht.

Wilhelm, T./Hopf, M. (2014): Design-Forschung, S. 31–42. In: Krüger, D./Parchmann, I./Schecker, H. (Hrsg.): Methoden in der naturwissenschaftsdidaktischen Forschung.

Wittmann, E. C. (1981): Grundfragen des Mathematikunterrichts. 6. neubearb. Aufl…

Zydatiß, W. (2017): Zur Entwicklung bildungssprachlichen Lernens im Fachunterricht – eine CLIL Perspektive auf die Ontogenese der acadamic literacy, 33–49. In: Lütke, B./Petersen, I./Tajmel, T. (Hrsg.): Fachintegrierte Sprachbildung. Forschung, Theoriebildung und Konzepte für die Unterrichtspraxis.

The manufacturer's authorised representative in the EU is Springer Nature Customer Service Centre GmbH, Europaplatz 3, 69115 Heidelberg, Germany. If you have any concerns regarding our products, please contact ProductSafety@springernature.com

Printed and bound by CPI Group (UK) Ltd, Croydon, CR0 4YY

28/04/2026

02098489-0004